Peter Schellenbaum

Nimm deine Couch und geh!

Heilung mit Spontanritualen

Kösel

ISBN 3-466-30333-8

Druck und Bindung: Kösel, Kempten
Umschlag: Elisabeth Petersen, Glonn
Umschlagmotiv: Tanzender Etrusker. Tarquinia: Tomba del Triclinio
1 2 3 4 5 · 96 95 94 93 92

Inhalt

»Eine Reise von tausend Meilen
beginnt mit einem Schritt.«

(Tao Tê King)

»Eines Nachts als er den Kopf auf den Händen
am Tisch saß sah er sich aufstehen und gehen.«

(Samuel Beckett, »Immer noch nicht mehr«)

Hinweise

Mein Erzählstil soll nicht darüber hinwegtäuschen, daß dieses Buch, bei allen bereits bekannten Elementen, vom Grundansatz her eine notwendige Fortentwicklung der Psychotherapie signalisiert. Die Bemühung stand bei mir im Vordergrund, Leserinnen und Leser in den Fluß gleichzeitigen Miterlebens und Begreifens zu locken. Wer darüber hinaus theoretische Grundlagen zu der von mir entwickelten Psychoenergetik und in deren Rahmen des Spontanrituals sucht, wird diese in den entsprechenden Erfahrungszusammenhängen finden. – Lücken und Unzulänglichkeiten in meinen Ausführungen gehen auf die Neuigkeit der Methode zurück. In den letzten Jahren konnte ich feststellen, daß deren Anwendungsmöglichkeiten ebenso vielfältig wie die seelischen Entwicklungsmöglichkeiten eines Menschen sind. Ein Buch wie dieses steht und fällt mit der sorgfältigen Beschreibung von Beispielen. Ich habe es in einer Weise abgefaßt, daß keine Rückschlüsse auf die Identität der Hauptfiguren in den Spontanritualen gezogen werden können, indem ich viele, an sich sehr aufschlußreiche, aber zu sehr ins Private gehende Beispiele gar nicht erst aufgenommen und in den schließlich ausgewählten Berichten alles weggelassen habe, was nicht auch bei vielen anderen Menschen möglich wäre. Die Beschränkung auf typische menschliche Heilungs- und Wachstumsmotive erlaubt den Leserinnen und Lesern ein ungeteilteres Mitgehen. Der Verzicht auf biographische Details tut der Kernaussage des Buches keinen Abbruch. Abgesehen von der notwendigen Diskretion hoffe ich durch meine Zurückhaltung auch zu erreichen, daß in den Leserinnen und Lesern keine Gier auf fremde Schicksale von der Aufmerksamkeit für die eigene Entwicklung ablenkt. Trotzdem ist die Tatsache, daß der Inhalt von persönlichen Spontanritualen der Öffentlichkeit zugänglich gemacht wird, ein Übel, wenn auch leider ein unvermeidliches. Ich bin den Menschen, von deren Spontanritualen ich berichte, dankbar, daß sie durch ihr Einverständnis dieses Übel in Kauf nehmen und so ermöglichen, daß die Therapieform der Spontanrituale Eingang in die öffentliche Diskussion findet.

Um den flüssigen Gang der Sprache nicht immer wieder empfindlich zu stören, habe ich nach längerem Zögern meist darauf verzichtet, das kollektive »er« oder »Mitspieler« usw. in »sie oder er« oder »Mitspielerin oder Mitspieler« usw. aufzuschlüsseln. Ich hoffe, daß der Inhalt des Buches einen damit verbundenen etwaigen Verdacht auf Diskriminierung der Frau auflösen wird.

Einführung

Ist seelische Heilung möglich? Wenn ja, müssen wir verschiedene Ansätze, die zu ihr beitragen, miteinander verbinden. Psychotherapie als Fachdisziplin hat keinen Alleinanspruch auf seelische Heilung. Auch Religion, Meditation, Kunst, Literatur, Theater, Sport, körperliche Arbeit, packende Lebensaufgaben, sozialer Einsatz und vor allem pulsierende Partnerschaft und Freundschaft haben seit Menschengedenken die seelische Heilung Unzähliger gefördert. In all diesen Bereichen menschlicher Selbstmitteilung gilt es, den heilenden Impuls herauszuschälen und der bewußten Wahrnehmung zugänglich zu machen. Unvoreingenommen, ohne Anhänglichkeit an private Heilungshobbies, haben wir einzubeziehen, was Heilung bewirkt. Es ist zu vermuten, daß sich das zu Verbindende, sobald es verbunden ist, als einfach und einleuchtend erweisen wird.

Was ist Heilung? Ein Auto, das kaputt am Straßenrand stehenbleibt, kann mit mehr oder weniger Aufwand repariert werden. Ein Mensch dagegen, in welchem das Herz aufgehört hat zu schlagen und die Hirnwellen verebbt sind, kann, weil er tot ist, nicht mehr geheilt werden. Der Prozeß der Auflösung schreitet in ihm unumkehrbar fort. Auch seelische Heilung bezieht sich nie bloß auf ein Einzelproblem, einen zu reparierenden Einzelteil. Wenn der seelisch-körperliche Organismus als Ganzes nicht mitspielt, ist alle Liebesmüh umsonst. Wir leben in einer Welt, wo die Auflösung der großen Zusammenhänge in allen Bereichen und somit die Neigung zur Zergliederung, Zersetzung, Auflösung und Vereinzelung zunimmt. Die isolierte Lösung eines Problems führt zur Schaffung eines nächsten, größeren. Diese Erfahrung ist spezifisch für die Zeit vor allem seit dem Zweiten Weltkrieg, und sie verschärft sich von Jahr zu Jahr. Kompensatorisch dazu entstehen Einheitsutopien, die der komplexen Alltagswirklichkeit nicht gerecht werden: halluzinierte Heilung losgelöst von den kleinen und großen Problemen einzelner und der Gesellschaft. Aber auch in ihnen gilt es, den Heilungsimpuls zu befreien. Ihre Verachtung wäre töricht.

Hat Sigmund Freud, den die analytische Rückführung eines Einzelproblems bis in die frühe Kindheit faszinierte, dessen Lösungszusammenhang mit dem Lebensprozeß als Ganzem unterschätzt? Diese Frage zu bejahen, käme einem Irrtum in der Perspektive gleich. Wie den meisten Menschen seiner Zeit war ihm die Vorstellung der Einheit der Welt selbstverständlich, auch wenn er sie mehr kausal als final, mehr vom ursprünglichen Chaos als vom zu ordnenden Kosmos her sah: »Die Einheit dieser Welt scheint mir das Selbstverständliche, was der Hervorhebung nicht wert ist. Was mich interessiert, ist die Scheidung und Gliederung dessen, was sonst in einem Urbrei zusammenfließen würde.«[1] – Diese Selbstverständlichkeit ist uns mittlerweile abhanden gekommen. Besonders Ökologie, Soziologie und Psychologie gehen in ihren Untersuchungen von der Tatsache einer gestörten oder gar verlorenen Einheit aus. Die Psychologie tut dies in der Erforschung des Narzißmus: Dem narzißtischen Menschen mangelt es am emotionalen Zugang zum eigenen Lebensfluß.

Heilung bezieht sich auf ein einzelnes in einem Ganzen. Der konkrete erste Schritt, durch den wir uns als ganze Menschen in Bewegung setzen, um Heilung zu finden, ist entscheidend. Die weiteren Schritte folgen der durch ihn gewiesenen Spur.

Seelische Störungen sind nicht als Defizite zu sehen. Mit spürendem Bewußtsein wahrgenommen, motivieren sie uns zur Entwicklung, das heißt zur Erweiterung der eigenen Lebensmöglichkeiten. Der Entwicklungstrieb wirkt auf ähnliche Weise im noch unentwickelten Kind und im Erwachsenen, dessen Entwicklung sich in früheren Krisensituationen fixiert hat. Wachstumsschmerz und Wachstumslust wollen sich in beiden paaren.

Wer einen bestimmten Wachstumsschritt getan hat, will ihn immer wieder tun. Vor einiger Zeit habe ich erlebt, wie die vielen mühsamen Versuche meines damals viermonatigen Patenkindes, sich von der Rücken- zur Bauchlage zu drehen, von Erfolg gekrönt waren: Die erste Drehung war ihm gelungen. Von nun an drehte sich der Säugling mit wachsender Lust immer wieder vom Rücken auf den Bauch und vom Bauch auf den Rücken. Am folgenden Tag bekam ich den Anruf einer Frau, mit der ich ein Jahr zuvor in einer deutschen Gruppe gearbeitet hatte. Sie sagte mir: »Damals in der Gruppe ist mir die

erste Drehung gelungen. Seither drehe ich mich immer wieder.« Heilung bedeutet eine nach Verzögerung schließlich doch noch erfolgte Entwicklung und Reifung.
In den ersten acht Jahren meiner psychotherapeutischen und analytischen Arbeit beschränkte ich mich auf das Gespräch. Menschen, die auf der Couch lagen oder mir gegenüber im Sessel saßen, erzählten mir ihre Erinnerungen, Wünsche, Ängste, Sehnsüchte, Phantasien und Träume. Tauchte ein rätselhaftes Traumbild auf, ließ ich sie dazu assoziieren. Manchmal steuerte ich eine Deutung bei. Von Anfang an achtete ich bei allem, was mir berichtet wurde, auf den Gefühlston und bezog mich in meinen Reaktionen auf ihn. Trotzdem spürte ich immer schmerzlicher, daß in meiner Arbeit ein wesentliches Element fehlte. Oft bemerkte ich, daß das therapeutische Gespräch als Abwehr und Ersatz eines angezeigten Lebensschrittes mißbraucht wurde. Auch dies analysierte ich, aber die Kluft zwischen Sprechen und Tun blieb bestehen. Letzteres war ausschließlich dem Leben außerhalb des therapeutischen Raumes vorbehalten. Diese unnötige Bewegungshemmung innerhalb der Therapie selbst erschwerte den Heilungsprozeß.
Folgende Geschichte geschah zu einer Zeit, als ich noch rein analytisch arbeitete. – Eine 35jährige Frau liegt auf der Couch in meiner Praxis. Zum vielleicht hundertsten Mal erzählt sie mir von ihrer lähmenden Ehesituation und dem fehlenden Schwung, diese zu ändern. Im Kampf mit meiner Müdigkeit hebe ich den Kopf und lasse den Blick über sie gleiten. Da fällt mir auf, wie sie spontan ganz sachte den Kopf hin und her bewegt, immer wieder, als wolle sie anfangen, nein zu sagen. Plötzlich dreht sie sich zu mir hin, bemerkt, daß ich sie anschaue und läßt den Kopf beruhigt zurücksinken. Jetzt verstärkt sich das unwillkürliche Kopfschütteln und gleichzeitig beginnen sich ihre Fußspitzen wie beim Gehen im Gegentakt vor- und zurückzubewegen und auch diese Bewegung intensiviert sich. Ihre Augen sind halb geschlossen. – Ich bin beunruhigt und zunehmend irritiert. Ihre Fersen verursachen auf der Unterlage ein reibendes Geräusch, das mich enerviert. Aber meine Müdigkeit ist verschwunden.
»Sie soll bei ihren Phantasien bleiben und diese nicht in Körperbe-

wegungen hineinverpuffen. Es bringt nichts, wenn sie ausagiert. Das muß ich ihr sagen.« So dachte ich, immer unangenehmer von der Frau berührt, die sich wie in einer leichten Trance völlig sicher bewegt. Doch kommt sie meinen Worten zuvor, indem sie auf einmal aufsteht, mit schlafwandlerischer Zielstrebigkeit durch den Raum schreitet, dabei ihren Kopf immer entschiedener hin und her wirft und nun auch noch, um das Maß voll zu machen, wütend »Nein« schreit, immer wieder »Nein«.

Gebannt folge ich ihren Bewegungen und Ausrufen, unfähig ein deutendes und zur Ordnung mahnendes Wort auszusprechen. Während sie immer kräftiger geht und schreit, bemerke ich zu meinem Erstaunen, wie ihre Gesichtszüge und Bewegungen klarer und harmonischer werden und sie bei aller aufgewühlten Bewegtheit eine angenehme und gelöste Atmosphäre verbreitet, die ich in den zwei Jahren Analyse mit ihr zusammen noch nie empfunden habe. Mich überkommt Ehrfurcht. Ich vergesse, daß ich sie soeben noch unterbrechen wollte und folge auf einmal entspannt der Szene, die sich im Praxisraum abspielt. Immer noch schlafwandlerisch schreitend und den Kopf schüttelnd, doch ruhiger geworden, beginnt sie jetzt zu sprechen. Sie redet anders als sonst, nämlich mit einer tiefen und klaren Stimme. Sie scheint mit ihren Worten einen Vorgang zu begleiten, dessen Ursprung nicht Worte sind: »So geht es nicht mehr weiter. Ich gehe. Ich bin auch jemand ohne meinen Mann. Um das zu lernen, gehe ich. Vielleicht komme ich wieder zu ihm zurück, wenn ich es gelernt habe. Es stimmt: Ich liebe ihn. Aber ich verliere mich nicht mehr in ihm. Ich bin nicht die Frau, die ich ihm vorgespielt habe. Ich bin eine andere Frau.« – Und immer noch wirft sie den Kopf hin und her und geht festen Schrittes kreuz und quer durch den kleinen Raum.

Als erwache sie aus einem Traum, schaut sie mich jetzt abwesend an, besinnt sich und legt sich wieder auf die Couch. Aus einer gewissen, jetzt stimmigen Distanz heraus, die vorhin nicht da war, fährt sie fort zu phantasieren, wie sie nun die Trennung von ihrem Mann in die Tat umsetzen kann, ohne die Beziehung zu zerstören, und wie sie ihren beiden Kindern davon Mitteilung macht. Eigentlich handelt es sich dabei nicht mehr um Phantasien, sondern um die konkrete Planung einer bereits gefaßten Entscheidung. Kurz schießt mir durch den Kopf: »Wir haben doch vereinbart, daß sie vor Beendigung der Analyse keine wichtigen Entschlüsse fällt.« Doch die Richtigkeit dessen, was sich abspielt, ist für mich so spürbar, daß ich auch diese Bemerkung unterlasse. Beim Händedruck zum Abschied schaut sie mich herzlich und dankbar an, und ich bleibe verwirrt zurück, im Zwiespalt zwischen dem, was eine richtige Analyse nach meinen bisherigen Kenntnissen erfordert, und dem, was sich soeben abgespielt hat.

Allerdings schob ich das Geschehene bald beiseite: Ich verstand es nicht. Vom Tag der geschilderten Ereignisse an gelang es, die meisten der offen gebliebenen Fragen in bezug auf die Antriebsschwäche, deretwegen die Frau in die Analyse gekommen war, zu deuten und einzuordnen. Die Analyse dauerte noch etwa drei Monate.

In meinem Leben folgten, ausgelöst durch eine schwere gesundheitliche Krise, entscheidende Jahre des Umbruchs und der Neuorientierung. Ohne mich an die Vorkommnisse mit dieser Frau bewußt zu erinnern, entwickelte ich meine therapeutische Arbeitsweise hin zu dem, was ich von nun an *Psychoenergetik* nannte. Konsequent folgte ich den Menschen, mit denen ich arbeitete, auf der Energiespur der stärksten Empfindung, der faszinierendsten Vorstellung, des wirksamsten Wortes, des sich am dringlichsten meldenden Körperteils – mit Lebenslust oder Krankheit –, ohne dabei eigenen Vorurteilen und Wertungen Raum zu geben, und erfuhr in meiner Arbeit eine unglaubliche, neue Effizienz. Persönlich fühlte ich mich dabei wie neu geboren. In diesem Vorgehen verbinden sich die Tiefenpsychologie Jungs und Freuds mit körperbezogenen Therapien, unter anderem der Gestalttherapie, Bioenergetik, Biodynamik, Primärtherapie wie auch mit der Zen-Meditation und Impulsen der christlichen und östlichen Mystik. All diese bekannten Ansätze zur Heilung ordnete ich der stets neu gestellten Frage nach der jeweils stärksten Manifestation der Lebensenergie unter. Ich habe dieses Vorgehen in den Büchern »Abschied von der Selbstzerstörung« und »Die Wunde der Ungeliebten« beschrieben. Nach einem Prinzip der Psychoanalyse achtete ich darauf, daß die auslösenden Initiativen immer vom Menschen kamen, mit dem ich mich gerade auf einem gemeinsamen

Stück Wegs befand. Wenn ich diesem mit eigenen Initiativen zuvorkam, merkte ich, daß er binnen kurzem oder langem genau zu dem Punkt seiner Entwicklung zurückfiel, wo ich seine durch meine Initiative ersetzt hatte. Ich verzichtete also auf jede Form von Verhaltenstherapie und auch auf alle programmierten körpertherapeutischen Übungen, obschon ich aus Erfahrung wußte, daß neue, authentische, aus dem »wahren Selbst« (D. W. Winnicott) quellende Lebensimpulse oft nicht das Durchsetzungsvermögen der alten, traumatischen, vom Selbst entfremdeten, eingefleischten Verhaltensweisen haben. Ihnen fehlt das Element der Konditionierung, Gewöhnung und Einübung, auf das sich die Verhaltenstherapien beziehen.

Wie ließ sich dieses Dilemma lösen? Die Frage stellte sich mir sowohl in der Einzel- als auch in der Gruppenarbeit. Zwar stützte ich nun ganz bewußt spontane Inszenierungen wie die im Falle der 35jährigen Frau beschriebenen und erlebte dabei eine früher unvorstellbare Beschleunigung und Vertiefung der seelischen Entwicklung. Trotzdem blieb das Problem der oft übermächtigen, tief eingekerbten, alten seelischen Rillen, vor allem aus früher Kindheit, ungelöst.

Etwa fünf Jahre nach Abschluß ihrer Analyse traf ich die erwähnte Frau zufällig auf der Straße. Sie machte auf mich einen zufriedenen Eindruck. Sie fragte mich sinngemäß: »Erinnern Sie sich an die entscheidende Analysestunde, in der sich das, was vorher nur in meinen Phantasien lebte, plötzlich ohne meine Absicht buchstäblich in Bewegung gesetzt hat?« Ich bejahte, und sie fuhr fort: »Ich muß Ihnen dazu etwas Merkwürdiges erzählen. Die damalige Erfahrung mit den beiden spontanen Bewegungen – dem Kopfschütteln und den Füßen, die gehen mußten – wurde für mich schließlich notwendig wie ein lebensrettendes Medikament. Ich konnte mich nicht daran hindern, sie später zu wiederholen. Wenn ich bemerkte, daß ich mich in meinen Mann hineinverlor und den Kontakt mit mir selbst aufgab, zog ich mich so schnell wie möglich zurück, legte mich auf die Couch oder das Bett oder auf den Boden, und fast jedes Mal stellte sich bei mir die gleiche Empfindung und der gleiche Bewegungsimpuls wie in jener Analysestunde wieder ein. Mein Kopf warf sich zum Nein hin und her, und meine Füße bewegten sich wie beim Gehen. In jeder Wiederholung erlebte ich wie im Traum ein sich steigerndes, fließendes Glücksgefühl. Wenn es intensiv genug war, stand ich auf – mußte ich aufstehen –, ging durch den Raum und ließ es zu, daß sich der Kopf hin und her warf und es »Nein« aus mir schrie. Dieses heimliche Spiel war mein Talisman gegen die Trennung von mir selbst. Das mache ich nun schon seit drei Jahren und manchmal ändere ich es ein wenig. Wenn ich mich nicht zurückziehen kann, genügt oft schon die Vergegenwärtigung dieses Ablaufs, um mich stärker und präsenter zu fühlen. – Und übrigens: Es war schließlich nicht mehr notwendig, mich von meinem Mann zu trennen. Die Beschäftigung mit meiner Ehe – ob ich sie aufgeben oder retten soll – trat hinter das Bedürfnis, den Kontakt mit meiner eigenen Lebendigkeit zu finden und zu bewahren, zurück, – sehr zugunsten auch der Partnerschaft mit meinem Mann.«

Die Geschichte dieser Frau ließ mich nicht mehr los. Sie war die Antwort auf mein Dilemma. Ich erinnerte mich nun, daß ich oft bei spontanen Bewegungsabläufen, durch die Menschen in einem tranceähnlichen und doch wachen Zustand ein Stück eigener Lebendigkeit befreiten, das Bedürfnis nach *Wiederholung* bemerkt hatte. Konnte nicht die bewußt herbeigeführte, spontan variierte Wiederholung von Schlüsselgebärden aus dem »wahren Selbst« zur Lösung des Problems beitragen, wie die Lebensenergie von einer alten traumatischen Spur dauerhafter auf eine neue Lebensspur geleitet werden kann? Dieser Einfall war der erste Schritt zur Geburt des Spontanrituals als einem therapeutischen Weg zur Heilung im Rahmen der Psychoenergetik. Sein Heilungspotential bildet das Thema dieses Buches.

In diese Einführung gehört auch eine kleine Geschichte, die sich im Vorfeld der Entstehung dieses Buches abgespielt hat. Vor einem Vierteljahr ließ ich in einem Hotel 250 Seiten Notizen, die als Grundlage für seine Abfassung hätten dienen sollen, liegen: Protokolle von Gruppen- und Einzelsitzungen, Auszüge aus und Bemerkungen zu passenden Büchern und die Beschreibung therapeutischer Spiele, die ich in bestimmten Gruppensituationen entwickelt hatte. Schon zu Beginn meines Hotelaufenthalts waren mir die vitalen und harmonischen Bewegungen einer jungen schwarzen Hotelangestellten aufgefallen, die das Zimmer, in dem meine Frau und ich wohnten, in Ordnung hielt. Als ich den Verlust der Papiere bemerkte, gab man

mir an der Rezeption die Auskunft, sie seien wohl von dieser Angestellten als Altpapier weggeworfen worden und nicht mehr auffindbar. Ich mußte also zur Kenntnis nehmen, daß das mühselig während eines Jahres zusammengetragene Material Altpapier war und irgendwo durch Recycling in neuer Form wieder auftauchen würde. In dem zu schreibenden Buch konnte ich mich nicht mehr auf vergangene Notizen, sondern mußte mich auf Vergegenwärtigungen durch Erinnerung stützen. Diese mir aufgezwungene Neuorientierung nahm ich zur Kenntnis, auch dann noch, als ich einen Teil der früheren Notizen wieder rekonstruiert hatte. Dabei waren mir übrigens viele Menschen mit Anmerkungen, die sie im Anschluß an Gruppen- und Einzelsitzungen abgefaßt hatten, außerordentlich behilflich. Ihnen und allen anderen, durch deren Spontanrituale ich bewegende Erfahrung von Heilung und Wandlung – bei ihnen und auch bei mir selbst – machen durfte, danke ich von Herzen. Ihnen sei dieses Buch gewidmet.
Möge die »Bewegungspräsenz« der jungen Afrikanerin seine Abfassung begleiten.

Zürich, im Februar 1992 *Peter Schellenbaum*

Erster Teil

Träum dich wach!

1
Aller Anfang ist klein

Das eigene Selbst, nicht der Psychotherapeut heilt

Dieses Buch kann als Bericht von Reisen durch faszinierende Länder der Seele gelesen werden. Bereits dies würde eine Wirkung auf die in der Phantasie Mitreisenden ausüben. Für die Phase der Teilnahme durch Lesen und noch einige Zeit darüber hinaus könnten die beschriebenen inneren Reisen zu einer Steigerung des Lebensgefühls führen. Nach einiger Zeit würden die in diesem Reiseführer beschriebenen Länder allerdings wieder verblassen. Vielleicht würden Leserinnen und Leser dann Menschen beneiden, die solche tiefen Regionen der Seele nicht nur mit der Phantasie bereisen.

Es gibt noch einen zweiten, direkteren Weg, um mit dem hier Beschriebenen auf Du und Du zu kommen, nämlich es durch die Entwicklung eigener Spontanrituale als Impuls zur Selbstheilung zu gebrauchen. Dies kann dadurch geschehen, daß die geschilderten, zum Teil dramatischen Abläufe in Gruppen- und Einzeltherapien mit all ihren Figuren mit eigenen Erfahrungen in Verbindung gebracht werden. Jedesmal, wenn eine Leserin oder ein Leser auf irgendeine Figur eines meiner Berichte mit positiven oder negativen Gefühlen reagiert, ist dies ein Indiz dafür, daß eigenes Leben angesprochen ist. Deshalb gilt es, der Entwicklung dieser Figur mit wachem Bewußtsein zu folgen. Warum nicht ihre Handlungen probeweise selber ausführen und, falls sie ein Spontanritual vollzieht, dieses selber spielen und durch eigene Impulse individuell variieren? Die Einladung: »Nimm deine Couch und geh!« richtet sich auch an die Leserinnen und Leser. Sie mögen das Buch ab und zu beiseite legen und sich in Bewegung setzen. Vielleicht spürt jemand eben jetzt den Impuls, es der Frau in der Einführung gleich zu tun und eigene Gebärden eines abgrenzenden Nein zu finden. Erst im Mit-Tun wird eindeutig erfahren, inwiefern es beim Beschriebenen auch um das eigene Leben geht. Keine Angst vor Peinlichkeit! Bleiben wir lange genug in der Wiederholung einer passenden Gebärde, erfaßt und wandelt sie uns nach und nach von innen her. Keine noch so scharfsinnige Überlegung kann dies erreichen.

Auch der Psychotherapeut als Begleiter eines Spontanrituals ist eine Figur, die eigene Lebensimpulse spiegeln kann, sowohl in den unmittelbar Beteiligten als auch in den Leserinnen und Lesern. Er verkörpert also nicht einfach die äußere Instanz einer Fachkraft, deren Arbeitsleistung bezahlt wird. Alles, was an therapeutischen Interventionen über die stützende und ermutigende Spiegelfunktion hinausgeht, verdient den Namen Psychotherapie nicht: Es wäre Manipulation. Folglich ist jeder Psychotherapeut glücklicherweise ersetzbar, nämlich durch die erlebte Verbindung mit dem eigenen Selbst.

Jedesmal, wenn auf den folgenden Seiten die Bezeichnung »Psychotherapeut« auftaucht oder meine Funktion als solcher erwähnt wird, mögen Leserinnen und Leser versuchen, dieses Wort durch den Ausdruck »mein eigenes Selbst« zu ersetzen, also das Tun des Therapeuten als eigenen inneren Impuls probeweise zu verstehen. So können beschriebene Prozesse Anstöße zu eigenen Spontanritualen geben. Der Brückenschlag von fremden zu eigenen Lebensimpulsen wird dadurch erleichtert, daß es in diesem Buch um Entwicklungsschritte geht, die zwar individueller Art sind, jedoch in ihren Grundmustern als Potential in jedem Menschen schlummern.

Die Rolle des Psychotherapeuten ist die eines Regieassistenten für das noch gefangene Selbst der Menschen, mit denen er arbeitet. Dieses allein führt Regie, wie im Laufe der Lektüre einleuchten wird. Im Grunde genommen leistet Psychotherapie nur dann gute Arbeit, wenn sie in Vergessenheit gerät, sich also in der völligen Zuordnung zu natürlichen Lebensprozessen schließlich auflöst. Auch eine Hebamme geht weg, wenn die Geburt geglückt ist.

In dem Maße, da sie sich von den heilenden Lebensimpulsen im Menschen nicht mehr unterscheidet, kann sie aus dem Blickfeld verschwinden. Das ist eine für die Glaubwürdigkeit der therapeutischen Arbeit notwendige Utopie. Wenn Leserinnen und Leser bei der Lektüre dieses Buches mit der Zeit vergessen, daß sie ein

psychotherapeutisches Buch lesen und sich einfach in die Handlungsabläufe und begleitenden Überlegungen hineinziehen lassen, hat das Buch seinen Zweck erfüllt, nämlich natürliche Lebensprozesse zu fördern und einen Beitrag zur wünschenswerten Selbstauflösung der Psychotherapie zu leisten. Die Inflation des Wortes Therapie bereitet seinen Abgang vor. Lassen wir es einmal in der Phantasie beiseite: An die Stelle der Musiktherapie tritt dann die vom ganzen Menschen bewußt getriebene Musik. Statt Spieltherapie zu praktizieren, spielen wir aus vollem Herzen usw. Das Wort Psychotherapie hat uns gelehrt, daß jede menschliche Tätigkeit: Gespräch, Traum, Fehlleistung, spontaner Einfall, Drama, Gestaltungen aller Art, Arbeit, Spiel, Sexualität, Meditation usw. wertvoll und heilend ist. Ihr Sinn liegt in der Entfaltung unseres inneren Kerns. Haben wir das begriffen, können wir das Wort Therapie wieder weglassen. Daß jede menschliche Tätigkeit einer gewissen Methodik bedarf, hat uns nicht erst die Psychotherapie gelehrt. Die heilenden Faktoren in unserem Leben brauchen jedoch keinen Sonderstatus. Sie sind in allen Lebensäußerungen, sofern wir sie mit ganzer Aufmerksamkeit und Hingabe betreiben, als ihr bewegender Kern mitenthalten.
Wer ist es, der die Aufforderung ausspricht: »Nimm deine Couch und geh!«? Nicht ein Psychotherapeut, ein professioneller Heiler, ein Magier der Gesundung und schon gar nicht der Schreiber selbst, sondern das eigene verborgene Selbst in jedem Menschen. Von diesem ging wohl auch der Heilungsimpuls bei jenem Gelähmten aus, den Jesus im Neuen Testament zur Eigenbewegung aufforderte: »Steh auf, nimm dein Bett und geh!« (Mk 2,9)

Phantasierendes Tun

Die Versuchung, in bloßen Phantasien über das Leben stecken zu bleiben, statt diese in einem neuen Lebensschritt zu konkretisieren, ist groß. Reden, das zu einem Automatismus wird, sich also im Kreise dreht und der frischen innovativen Kraft ermangelt, bedeutet Ausweichen vor dem Tun. Gewiß kann es auch notwendig und bereits selber ein Tun sein. Das zeigt sich dann an den immer klarer werdenden Körperbewegungen, welche die Worte begleiten und eine Einübung in die Gebärden der Verwirklichung bedeuten. Doch wenn beim Reden die Worte immer spröder und dürftiger werden, oder sich im Gegenteil unrealistisch blumig und bildreich vom Boden, auf dem allein wir gehen können, entfernen, dann ist die Hemmung, eine isolierte Wortgestalt in eine Bewegungsgestalt hinein zu befreien, am Werk.

Beim phantasierenden Sprechen behalten wir die Kontrolle leichter über uns als beim phantasierenden Tun. Sobald wir uns in dieses hineinwagen, entfaltet es eine kreative Eigendynamik, durch die alte einengende Kontrollmechanismen außer Kraft gesetzt werden. Aus Angst vor Kontrollverlust und Verbindlichkeit verzögern Menschen den Übergang vom einführenden Erzählen ihrer Problematik zum Eintritt ins Handlungsfeld der Gruppenmitte oder des Praxisraumes oft lange hinaus. Regelmäßig habe ich konstatiert, daß in diesem Übergang der entscheidende Schritt einer wirksamen Psychotherapie liegt, weil es ein Schritt ins Leben ist. In vielen Fällen dauern Analysen freudscher oder jungscher Prägung so lange, weil sie den Schritt in die selbstgestalterische Gebärde vermeiden. Sicher, eine Analyse, insofern sie einen organischen Reifungsprozeß und keine trickreiche Umprogrammierung anstrebt, braucht ihre Zeit. Doch oft nimmt sie sich zu viel Zeit, weil sie selbst den natürlichen Drang nach verantwortungsvoller Selbstgestaltung hemmt.

Es gibt wertvolle und unverzichtbare Elemente in der Tiefenpsychologie, so etwa in Freuds Psychoanalyse die frei schwebende Aufmerksamkeit für die Sprache des Unbewußten und das Wissen um die Abwehrmechanismen, und zusätzlich in der Analytischen Psychologie C. G. Jungs die Berücksichtigung der archetypischen, das heißt in jedem Menschen angelegten Wachstumsmuster der Psyche, die den Individuationsweg symbolisch vorzeichnen.

Doch hat jeder Gedanke, jedes Wort, jedes Vorstellungsbild eine natürliche Verbindung zu einer Gebärde, die Körper, Seele und Geist zur dynamischen Einheit verbindet und im sozialen Umfeld die Weltwirklichkeit verändert. Die Abspaltung des Geistes vom Körper, wie er in unserer Zivilisation die Regel ist, führt zu einer Abspaltung des Wortes vom Tun und somit zu einer unnatürlichen Trennung von Gedanken und Wort einerseits und Handlung in einem sozialen Aktionsfeld andererseits. Dabei ist es offensichtlich, daß wir nichts denken und sagen können, ohne auch etwas zu tun, das heißt zu bewirken. Es existieren keine Gedanken und Wörter im beziehungsleeren Raum, also außerhalb der Beziehung zum eigenen Selbst und zur Umwelt. Außerdem gibt es keine Gedanken und kein Wort ohne körperlichen Ausdruck. Achten wir zum Beispiel auf den warmen oder kalten, klaren oder trüben Glanz in den Augen eines Gesprächspartners, wenn dieser einen bestimmten Gedanken ausspricht. Wir können uns nicht daran hindern, körperlich auszudrücken, was wir denken oder sagen. Die Abspaltung vom Körper, die eine Verdrängung des von uns in der Welt Bewirkten zur Folge hat, vermag folglich die Verbindung von Körper, Seele und Geist nicht zu zerstören. Allerdings macht sie diese Verbindung unbewußt und lenkt die Lebensprozesse in die destruktive Richtung. Daher ist die *bewußte* Befreiung unserer Gebärden im Handlungsfeld der Welt ein Gebot des Lebens.

Bei vielen Menschen fördern Gesprächstherapien, auch solche die analytisch orientiert oder eigentliche Analysen sind, die Abspaltung vom Tun. Worte können zu Ersatzgebilden werden, mit deren Hilfe die natürliche Verleiblichung eines Lebensimpulses vermieden wird. Das gilt nicht nur für Worte, sondern auch für symbolische Bilder in Träumen und Mythen. Auch diese können wir von außen betrachten, ohne mit entsprechenden Gebärden in ihre Bewegungsmuster einzustimmen. Dabei meinen diese symbolischen Bilder eben dies. So stellen beispielsweise Symbole der Wiedergeburt Verknüpfungen von Handlungsabläufen dar, durch die ein Mensch in seinem Leben tiefgreifende Veränderungen – Wandlungen – vollzieht. Im Mythos der Nachtmeerfahrt zum Beispiel wird der Held von einem Meeresungeheuer, etwa einem Wal, bei Sonnenuntergang verschlungen und bei Sonnenaufgang wie ein Neugeborenes nackt und haarlos wieder ausgespuckt, oder er befreit sich selber. Der Abschied von unpassend gewordenen Verhaltenshülsen läßt uns schließlich in der eigenen Seelentiefe kreative Gebärden finden, mit denen wir, zurück im Tageslicht der äußeren Welt, die Wirklichkeit neu gestalten. Solche

Neugeburt ereignet sich in allen Spontanritualen. Ohne Bezug zu konkreten Entwicklungsschritten, wie sie in diesen stattfinden, sind Symbole ästhetische Spielerei.

Ähnlich wie Mythen beinhalten auch Träume dramatische Handlungsabläufe. Sie sind Phantasien von und zu Lebensprozessen. Als solche fordern sie den vom Traum Erwachten auf, in deren Strom einzutauchen und das Geträumte handelnd weiterzuentwickeln oder, bei destruktiven Träumen, es als abschreckende Warnung und Ausgangspunkt für eine Neuorientierung des eigenen Lebensweges zu gebrauchen.

Dies meine ich mit dem Titel des ersten Teils: »Träum dich wach!« Diese Aufforderung bedeutet auch: Jeder wirkliche Wachzustand hat Traumcharakter. Ohne Phantasie und Traum sind wir nicht richtig wach. Träume und Phantasien sind die wichtigsten Bewegkräfte in einem sinnvollen Tun.

Probehandeln

Kehren wir zurück zu dem so schwierigen ersten Schritt von der bloßen Vorstellung ins Tun, zu dem die Einladung »Träum dich wach« ermutigt. Freud nennt das bloße Handeln in der Phantasie bereits *Probehandeln.* Tatsächliches Probehandeln aber, das diesen Namen verdient, meint den entscheidenden Übergang von der inneren Phantasiebewegung hinein ins Aktionsfeld. Da dieser erste Schritt noch nicht erprobt ist, ist er probeweises Handeln, Ausprobieren einer noch unbekannten Gebärde im schützenden Bezirk des Therapieraums. – Jeden neuen Schritt ins Unbekannte begleitet natürliche *Angst.* Diese wird oft als Signal mißverstanden, den ersten Schritt und somit alle weiteren zu unterlassen. Dabei signalisiert sie meistens: »Sei stärker als deine Angst! Nimm deine Couch und geh!«

Daß Sprechen allein nicht heilt, möge folgende Geschichte aus der Analyse eines 40jährigen Mannes veranschaulichen. Dieser träumte, er befinde sich als Beobachter in der Ecke eines großen Raums. Ein zweiter Mann hängt hoch über dem Boden in der Raummitte an zwei

Kabelenden, die er mit seinen Händen festhält. Diese krümmen sich aufeinander zu, und der zuschauende Träumer weiß, daß im Moment ihrer Berührung der Mann elektrisiert sterben wird. Er ruft ihm zu, die Kabelenden loszulassen und sich auf den Boden fallenzulassen, doch der Mann hört ihn nicht. Auch eine dritte Gestalt, die sich beim elektrischen Schalter in der dem Träumer gegenüberliegenden Ecke befindet, hört ihn nicht, als er sie auffordert, die Elektrizität abzudrehen. Kurz vor dem zerstörerischen Funken erwacht der Träumer. Diesem gelang es, den Traum auf befriedigende Weise zu deuten: Wenn er den Boden der Realität verließ, geriet er durch widersprüchliche Emotionen, wie etwa Liebe und Haß oder Aggression und Abhängigkeit in Hochspannung, verlor den Zugang zum inneren Beobachter, das heißt den Überblick über eine destruktive Situation. Die Möglichkeit, diese zu entschärfen, kam ihm dann abhanden. Auf diese Weise waren schon mehrere Katastrophen in seinem Leben passiert. Dabei hatte er sich jeweils wie seine Mutter verhalten; diese fiel ihm sofort zur Traumgestalt am Schalter ein. Ihr ähnlich konnte auch er nicht abschalten; seine Emotionen eskalierten bis zur Explosion. Zur Gestalt, die an den beiden Drahtenden hing, kam ihm sein Vater in den Sinn, der sich implosiv in kochende Wut hineinsteigerte, aber nicht gehen und fallen lassen konnte und von seinen inneren Spannungen zerrissen wurde. Der Träumer selbst schwankte als Kind zwischen Mutter und Vater, zwischen der Explosivität der ersten und der Implosivität des zweiten, hin und her; so wurde sein späteres Leben zu einer ständigen anstrengenden Zerreißprobe.

Es war seltsam: Bei all den richtigen und anschaulichen Erklärungen blieben die Gesichtszüge, die Schultern und der Nacken des Mannes äußerst verkrampft. Und auch seine gepreßte Stimme wies auf die nach wie vor bestehende tiefe Spannung zwischen Verstehen und Erfahren, Worten und Emotionen hin. Die tödliche Spannung des Traumes hielt unvermittelt an. Daher fragte ich ihn, ob er mir zeigen könne, wie sich die Fäuste mit den Kabelenden im Traum einander langsam genähert hatten. Er steht auf und setzt mehrmals zu dieser lebensgefährlichen Gebärde an. Anfänglich ist es eher eine äußere Darstellung, ein »So-tun-als-ob«, doch läßt er nicht locker, sondern bleibt so lange beim Versuch, bis er sich nicht mehr wie der Träumer in seinem Traum von außen zuschaut, sondern ganz mit seiner Gebärde identisch wird. Da beginnen seine Fäuste, Oberarme und sein Nacken in Hochspannung zu zittern. Die Annäherung der Fäuste vollzieht sich auf Brusthöhe. Durch die Anstrengung perlt der Schweiß von seinem zur Fratze verzerrten Gesicht. Unmittelbar vor dem Kurzschluß scheint er zu erwachen. Er realisiert die tödliche Gefahr, in der er schwebt, löst die Fäuste von den beiden Kabelenden und läßt sich fallen. Dies zeigt sich darin, daß sich sein ganzer Körper auf einmal völlig entspannt. Gleichzeitig löst er sich also von der Explosivität seiner Mutter und der Implosivität seines Vaters. Später sagte er mir, in diesem plötzlichen Erwachen sei eine große stimmige und unstörbare Ruhe über ihn gekommen, wie er sie noch nie erlebt habe. Nun war er nicht mehr das ohnmächtige Kind, das den Spannungen zwischen seinen Eltern hilflos ausgeliefert war. Indem er beide losließ, konnte er mit beiden sich verbinden. Dies war der erste Schritt, durch den seine gegensätzlichen Emotionen, zum Beispiel Aggressivität und Bedürfnis nach Nähe, zupackende Lebenslust und verhaltene Innerlichkeit, in einen einheitlichen Lebensfluß zusammenströmten.

Seine beiden jetzt offenen Hände legt er sorgfältig und liebevoll auf die Brustmitte. Kraftvolle Sammlung geht nun von ihm aus, und er beginnt zu sprechen, diesmal mit freier, unbehinderter Stimme. Er erzählt von den Drucksituationen, unter die er sich täglich stellt. Seine Sprache ist farbig und direkt. Weil sie in seiner Emotionalität wurzelt, vermag sie auch mich zu berühren. Ein heilender Vorgang ist im Gange. Er spricht von seiner Situation in Partnerschaft und Beruf, von der körperlichen Empfindung des Überdrucks in seiner Brust und der damit verbundenen Angst vor einer Herzkrankheit. Er beschreibt den inneren Zwiespalt, der den emotionalen Überdruck in ihm erzeugt. Und nie entfernt sich sein Erzählen von dem in der Inszenierung seines Traumes soeben Erlebten, und auch nicht von der heilenden Empfindung, die von seinen beiden Händen auf der Brustmitte herrühren. Deren Gebärde drückt die Auflösung seiner Widersprüche aus.

Ich mache ihn zum Schluß darauf aufmerksam, wie fest er jetzt dasteht. Zu Beginn hatten seine Fersen den Boden kaum berührt, und

seine Knie waren so durchgedrückt, daß er wie im Raum schwebte, seine Energie im Oberkörper gefangen blieb und in der Brust Überdruck erzeugte.
Die körperliche Erfahrung des ersten Schrittes relativiert den Unterschied zwischen dem Therapieraum und der Alltagswelt. Weil wir angefangen haben zu gehen, können wir leichter weitergehen, über die Schwelle des Therapieraumes hinaus. Das Spontanritual ist der erste spürende Schritt ins Handlungsfeld, und es ist nur natürlich, daß auf den ersten ein zweiter folgt.
Im Probehandeln erfahren wir auch, ob unsere Worte wahr oder falsch sind. So sagte eine Frau in einer Gruppe: »Ich möchte mich mal wieder verlieben und von einem Mann in die Arme genommen werden.« Auf meine Anregung hin wählte sie in der Gruppe einen ihr sehr sympathischen Mann. Dieser nahm sie liebevoll und einfühlend in die Arme. Doch bald stieß sie ihn zurück: »Es stimmt gar nicht. Was ich wirklich brauche, ist eine langsame Annäherung. Damit, daß ich in der Vergangenheit immer wieder einem Mann plötzlich in die Arme gefallen bin, habe ich ja nur schlechte Erfahrungen gemacht. Ich brauche einen neuen Weg.« Nun ließ sie den von ihr gewählten Partner drei Meter von sich entfernt aufstellen und schaute ihm lange in die Augen. So fand sie Kontakt zu ihm, ohne den Kontakt zu sich selbst zu verlieren. Wir spürten, daß sich die Energie zwischen den beiden zu intensivieren begann, ohne daß sich die Frau im Mann auslöschte. Der erste Schritt in ein neues Beziehungsmodell auf der erotischen Spur war getan. Da die Frau ihre Autonomie behielt, mußte es nicht mehr zum Abstoßreflex kommen. Sie hatte erfahren, daß sie die ihr bekömmliche Nähe selbst wählen konnte.

Auf der Traumspur

Solche kleinen ersten Schritte sind völlig unspektakulär, doch bewirken sie mehr als alles Analysieren einer Lebenssituation. Denn im Anschluß an sie finden wir zu neuen Gebärden, neuen körperlich-seelischen Bewegungsabläufen, die uns wohltun. Wer eine solche

Erfahrung noch nie gemacht hat, kann sich kaum vorstellen, wie tief sie greift und ergreift. Deswegen ist auch die beschriebene Hemmung von Gebärde und Bewegung so groß. Eher kopieren wir die passive Liegehaltung des Träumenden, in dem wir uns darauf beschränken, über das Geträumte zu sprechen, als die Phantasiebewegung des Traumes durch eine Wachbewegung freizusetzen. Die Psychoanalyse kopiert den Traum, insofern sie den Körper in der Ruhestellung – liegend oder sitzend – beläßt. Dadurch aber verrät sie den Traum, denn dieser will uns mit dem Erwachen ins wache Leben hineinstoßen und die phantasierten Gebärden zu realen Gebärden machen. »Nimm deine Couch und geh!« Heißt: »Begeh deinen Traum, geh weiter auf seiner Spur, gestalte ihn ins wache Leben hinein.« Oder: »Geh bewußt auf der traumatischen Spur deines Traums, auf der Spur deines eigenen Schattens. Um das Weitere brauchst du dich nicht zu kümmern: Der Wechsel zur Lebensspur wird von alleine geschehen.« Der Traum verlangt nicht an erster Stelle nach dem Gespräch, sondern dem szenischen Ausdruck. Erst dieser schafft die Voraussetzung zu einer stimmigen Analyse des Traums.

Es ist für die Passivität der Gesprächstherapien, zu denen auch die Psychoanalyse gehört, bezeichnend, daß Therapeuten immer wieder die Frage gestellt wird: »Wie setze ich diesen Traum um?« Oder: »Wie setze ich diese Einsicht um?« Als würde die Einsicht *vor* dem Er-leben und Er-fahren kommen! Es geht nicht darum, einen Traum oder eine Einsicht *umzusetzen*, sondern die phantasierten Gebärden von Träumen oder Sprachbildern in wirkliche Gebärden hineinzubefreien: in erste Schritte der Verwirklichung. Nach dem erfolgten szenischen Ausdruck drängen sich Traumdeutung und Einsicht mit Evidenz auf – ohne jeden spekulativen, unverbindlichen Charakter. Die Sprache wird zur Begleiterin von Lebensprozessen, Deutung zu Verdeutlichung. Die Inszenierung ist kein Umsetzen, sondern ein Zulassen der sich von innen her spontan formenden Gebärden. Auf dem Weg der Inszenierung ist die »innere Couch« stets dabei, nämlich die Durchlässigkeit für Impulse aus dem Bereich des Nicht-Machbaren und Nicht-Verfügbaren, aus Phantasie und Traum. Eine von innen her sich gestaltende Gebärde ist ebensoweit von einer bloß vernünftigen Gebärde entfernt wie ein Traum.

Kolleginnen und Kollegen, die mit besten Gründen eine solche Weiterentwicklung der Tiefenpsychologie ablehnen, ermuntere ich: »Versucht es selbst! Tut es zur Probe! Versucht in eurem eigenen Leben den Sprung von der inneren auf die äußere Bühne, von der phantasierten zur wirklichen Gebärde. Dann laßt uns ein Gespräch darüber führen.«

Aller Anfang ist klein

Aller Anfang ist klein. Der erste Schritt in eine neue Lebensgestaltung mag noch so unscheinbar sein: Er ist bedeutungsvoller als alle großartigen Posen in längst ausgeleierten Lebensmustern. Das Unscheinbare und Kleine in jedem Anfang als Anfang wahrzunehmen und zu akzeptieren ist entscheidend. Eine junge Frau, mit der ich in einer Gruppe arbeitete, war außerordentlich durchlässig für fremde Schicksale. Befand sich ein anderes Gruppenmitglied im Zentrum, fühlte sie sich den Emotionen, die es ausdrückte, wehrlos ausgeliefert und konnte nicht mehr zwischen eigenen und fremden Empfindungen unterscheiden. War sie selber in der Mitte, neigte sie dazu, sich den bei mir vermuteten Erwartungen anzupassen und entsprechende Gebärden zu produzieren. – Einmal saß sie angelehnt an der Wand und schaute mit weit aufgerissenen Augen und leerem Blick dem dramatischen Spontanritual eines Mannes in der Mitte des Raumes zu. Tränen liefen ihr übers Gesicht, und ihre Angst näherte sich der Panik. Ich bemerkte, daß sie gleichzeitig mit ihrem Oberkörper eine kaum wahrnehmbare Schaukelbewegung von links nach rechts und von rechts nach links ausführte. Diese war ihr offensichtlich unbewußt. Die ganz feine Hin- und Herbewegung war für mein Empfinden das einzig Heilende und Wohltuende in ihrem Körperausdruck. Ich unterbrach die Arbeit mit dem Mann und wandte mich ihr zu: »Bleib in der sanften Hin- und Herbewegung deines Oberkörpers und beschränke dich darauf, wahrzunehmen, was sich da von alleine bewegt.« Meine Stimme erschreckte sie nur kurz. Dann verschmolz sie wach mit ihrer Schaukelbewegung. Im Gegensatz zu vorhin war ihr diese jetzt bewußt, so daß sich ihre heilende Wirkung entfalten konnte. Die Frau strahlte strömende glückliche Ruhe wie in sich ausweitenden Kreisen aus. Die anderen Teilnehmer wurden von ihrer stimmigen Bewegung wie verzaubert. Alle waren wir angeschlossen an einem großen, stillen und starken Atem. Auch jetzt liefen der Frau Tränen über die Augen, aber es waren Tränen der Dankbarkeit und des Glücks, wieder da und bei sich zu sein. Nach etwa zehn Minuten hielt sie inne, lächelte und schaute um sich. – Ich fuhr in der unterbrochenen Arbeit mit dem Mann in der Gruppenmitte fort.

Ein halbes Jahr später hielt ich in einer deutschen Stadt einen Vortrag. Da erblickte ich diese Frau in einer der vordersten Reihen. Wir waren uns in der Zwischenzeit nicht mehr begegnet. In der Pause gingen wir aufeinander zu und vollführten dabei gleichzeitig die kaum merkliche innige Hin- und Herbewegung des Oberkörpers. Sofort erwachte in uns die heilende Stimmung von damals wieder. Sie erzählte mir, daß sie dieses sehr kleine, spontan entstandene Ritual auf meinen damaligen Vorschlag hin in Belastungssituationen wiederhole. Daß es ein heimliches, für oberflächliche Blicke kaum wahrnehmbares Ritual war, entsprach genau ihrem Bedürfnis.

Wie in der Evolution der Pflanzen und Tiere sind auch seelische Mutationen beim Menschen für den groben Raster einer an große Zahlen und Quantitäten gewohnten Wahrnehmung nicht zu erfassen. Und doch bedeuten sie ein qualitativ neues Sein. Beim kleinen ersten Schritt wird der taoistische Satz, daß der Weg das Ziel ist, erfahrbar. *Dieser eine Schritt ist das Ziel*, das heißt eine neue Zielstrebigkeit, Orientierung, Richtung. Das gilt auch für unerwartete Vor-, Zu- und Unfälle: für jeden Schritt, der unser Leben in eine neue Dimension taucht.

Der erste Schritt in die Heilung hat meist nichts Besonderes an sich. Durch seine Selbstverständlichkeit setzt er sich von den mühsam mit willentlicher Anstrengung und Anpassung erzwungenen Schritten ab. Für alle Lebensbereiche gilt, daß authentische Schritte selbst bei größter Kraftaufwendung mühelos und leicht sind. Sogar schnelle Bewegungen wirken entspannt, als seien sie langsam. Filmaufnahmen einer vollkommenen sportlichen Leistung im Zeitlupentempo vermitteln davon einen Eindruck. Ich verstehe Langsamkeit nicht im Gegensatz zu Schnelligkeit, sondern zu Hast und Anstrengung.

In seinen Beschreibungen des natürlichen Koitus betont *Wilhelm Reich* wiederholt, daß die Lust bei langsamen und sanften Reibungen stärker ist, und die Erregung sich »durch die beidseitige, langsame, spontane und nicht angestrengte Friktion auf der Penisoberfläche und Glans, beziehungsweise den hinteren Teilen der Scheidenschleimhaut« steigert. So kann sich »ungeteiltes Versinken«[1] ereignen, entgegen aller nervösen Hast, die aus einem Mangel an Hingabe kommt und beim Mann zu verfrühter Ejakulation führt, entgegen auch der harten, stoß- und ruckartigen Form der Zuckungen. Nur der »weiche harmonische Ablauf der Bewegung«[2] ist Ausdruck der völligen Hingabe an diese. Und selbst in der Beschleunigung der sich intensivierenden Lustgebärden beseelt uns innige Langsamkeit.
Gerade aufgrund ihrer Selbstverständlichkeit, Leichtigkeit, Mühelosigkeit und Langsamkeit werden die ersten eigenen Schritte in die Heilung oft übersehen und durch den Mangel an Aufmerksamkeit und Bewußtheit wieder gebremst und zunichte gemacht. In dem von Reich beschriebenen Ablauf der sexuellen Begegnung ist der wichtigste Faktor das ungeteilte Dabeisein, und eben dies fehlt in den noch unbewußten Ansätzen zur Heilung. Ohne Gefühlsaufmerksamkeit – ich nenne sie *Spürbewußtsein* – führen diese meist nicht weiter. Das Wissen um das Gesetz von der Unscheinbarkeit des Anfangs ist eine Voraussetzung zur Erfassung des Spontanrituals. Mit diesem Gesetz sind Analytiker vielleicht eher vertraut als Körper- und Ausdruckstherapeuten. Diese arbeiten oft mit ausgearbeiteten Übungen und erzielen schnell spür- und sichtbare Erfolge: Entspannung und Befreiung des Ausdrucks. Im Spontanritual dagegen fällt dem ungeübten Therapeuten die heilende Anfangsgebärde kaum auf. Er ist wie hypnotisiert durch den vielleicht gehemmten, verkrampften Gesamteindruck des Menschen, mit dem er arbeitet. In diesem Fall mangelt es ihm an Sensibilität für die feinen Schwingungen der einsetzenden Heilung. Seine Unbewußtheit verhindert deren Verstärkung und Verbreitung. Die natürliche Entfaltung des Spontanrituals ist bedroht. Da die ersten heilenden Schwingungen vom größten Schmerz und von der stärksten Hemmung ausgesandt werden, sind sie manchmal dem leisen Wimmern eines seelisch tief verletzten Kindes vergleichbar. Dieses rührt bei

uns an eigenes frühes Leid, und wir neigen instinktiv dazu, uns vor ihm zu schützen.

Der erste entscheidende Punkt der Ausbildung in Psychoenergetik, die ich seit 1991 hauptsächlich für Psychotherapeuten und Ärzte anbiete, ist die Schulung der Wahrnehmung für die anfänglich oft winzigen ersten Schritte in die Heilung. Im sechsten Kapitel werde ich sie als Energiesignale bezeichnen und erläutern. Das geduldige, bejahende Verweilen in der schamhaft versteckten Ausgangsgebärde führt immer zu einem neuen, kreativen Selbstausdruck. Selbst wenn dieser in einem bestimmten Spontanritual noch als zu begrenzt erscheinen mag, ist er doch zukunfts- und heilungsträchtiger als alle beeindruckenden »Therapieerfolge«, die von außen, nämlich von Therapeuten induziert werden.

Sobald sich die spürende Aufmerksamkeit ganz der einen kleinen, heilenden Bewegung zuwendet, tritt ein leichter Trancezustand ein, in dem alle künstlichen Bemühungen, es »richtig« zu machen, verschwinden. Doch beeinträchtigt er die Bewußtheit keineswegs. Nur hat sich diese von einer bloß beobachtenden zu einer ihrer selbst innewerdenden Bewußtheit gewandelt. Während das beobachtende Bewußtsein sich leicht festlegt und viele passende Anregungen, etwa von Gruppenteilnehmern oder vom Therapeuten, oft nicht einmal registriert, ist das spürende Bewußtsein für alle möglichen auch äußeren Impulse jederzeit offen. Ein weiterführendes Wort oder eine hilfreiche Geste, von anderen Teilnehmern oder vom Therapeuten angeboten, wird kreativ einbezogen. Oft tritt der leichte Trancezustand bereits durch den Übergang vom Wort zur verleiblichenden Gebärde ein, denn diese ist Eintauchen in den Lebensstrom. »Sein« ist tatsächlich ein Verb der Bewegung! – Ich nenne die »Hauptdarsteller« der Spontanrituale *Selbstinitianden*: Ihr Selbst ist die in eine neue Lebensphase initiierende Instanz. Daß es bei Spontanritualen um das geht, was die traditionellen Rituale Initiation nennen, wird aus späteren Ausführungen hervorgehen.

Werden wie die Kinder

Wir finden die offene Wachheit der Selbstinitianden bereits bei Kleinkindern. In Spontanritualen werden wir »wie die Kinder«, was bekanntlich den »Himmel« erschließt. Erwachsene, die nicht wirklich Kind sein durften, fühlen sich nach Spontanritualen manchmal wie neu geboren. – Zur Entwicklung des Kindes ist eine Haltung nötig, »die mit den noch so kleinsten Entwicklungsschritten mitgeht, sie begrüßt und wiederholt hervorlockt«[3]. Eben diese drei Entwicklungsfaktoren: Begrüßung, das heißt bejahende Wahrnehmung eines neuen Selbstausdrucks, bewußte Einstimmung in seine Dynamik und Ermutigung zur Wiederholung bestimmen die Haltung sowohl des Selbstinitianden als auch des Therapeuten im Prozeß eines Spontanrituals. Die Grundstimmung in der Arbeit mit den Spontanritualen ist kindlich offen und intensiv.

Die kindliche Verfügbarkeit für neue Lebensimpulse wird meist erst durch den Zusammenbruch von »erwachsenen«, entwicklungshemmenden Charakterhaltungen möglich: ohne Zusammenbruch kein Durchbruch (C.G. Jung). Der ersten spontanen Gebärde geht oft die mehr oder weniger lange Phase einer sich bis zur »Krise« (A. Messmer) steigernden Verzweiflung voran, weil die eingefleischten Verhaltens- und Denkmodelle – die »negativen Energiemuster«[4] – das Tor zum Leben immer wieder zuschlagen. Unbestechlich gilt es so lange auszuharren, bis die konservierende Kontrolle zusammenbricht und in einer unscheinbaren Gebärde die Geburt des Kindes, das nach Meister Eckhart »kleiner als klein und größer als groß« ist, sich ereignet[5].

Oberflächlich gesehen könnte es scheinen, daß Spontanrituale nur Privatangelegenheit der Selbstinitianden sind, Ausdruck der individuellen Entwicklungssehnsucht fernab von der gesellschaftlichen Wirklichkeit. Das trifft nicht zu. Spontanrituale sind authentische Schritte hinaus in das gesellschaftliche Handlungsfeld. Finden sie in einer Gruppe statt, wird dies besonders deutlich. Sich in deren Mitte zu begeben bedeutet den Verzicht auf das nur Private und die bequemen Geheimnisse der individuellen Neurose. Das Mit-Handeln der anderen Teilnehmer steht stellvertretend für unzählige gesellschaftliche Interaktionen, für welche die Selbstinitianden bisher blind waren. Im Gegensatz zum bloßen Reden über das eigene Beziehungsnetz bewirkt das Betreten eines Beziehungsfeldes eine Wandlung des eigenen In-Beziehung-Seins, nicht nur in Partnerschaft und Freundschaft, sondern darüber hinaus in allen gesellschaftlichen Belangen, die unser Engagement erfordern. Es ist wohl nicht zufällig, daß Wilhelm Reich, der als erster Tiefenpsychologe den körperlichen Selbstausdruck in die therapeutische Arbeit einbezog, im Gegensatz zu Freud und Jung seine Aufmerksamkeit auch auf die notwendigen gesellschaftlichen Veränderungen richtete, die sich von den Erfahrungen einer befreiten Sexualität her aufdrängten. Sobald sich das Wort in der Tat verleiblicht, wird die gesellschaftliche Dimension unserer Probleme und Möglichkeiten ebenso spür- und greifbar wie der eigene Körper.

In unserer Zeit ist es »das unterstimulierte Kind, das Kind, das nicht genügend Widerhall findet«, das »zum Paradigma für das zentrale Problem des Menschen in unserer westlichen Welt geworden ist«. Es ist »das zerbröckelnde, sich auflösende, fragmentierende, geschwächte Selbst dieses Kindes und später das zerbrechliche, verwundbare, leere Selbst des Erwachsenen«[6], von dem heute jede Psychotherapie auszugehen hat. Das ungeliebte Kind in uns bedarf der Zuwendung und Aufmerksamkeit für die spontan erwachenden, ganzheitlichen Lebensprozesse. Aber dies kann nur innerhalb der realen Gesellschaft, in der wir leben, geschehen. In dieser herrschen künstlich spaltende, lebendige Zusammenhänge zerhackende, lähmende oder aufpeitschende Rhythmen vor. In diesem lebensunfreundlichen Rahmen muß sich unser Leben durchsetzen – wo denn sonst! –, nicht *gegen* das Unleben der »anderen«, sondern als Impuls im sozialen Kontext, also *mit* den »anderen«. – Dem ungeliebten, unterstimulierten Kind im Erwachsenen unserer Zeit gilt die spezifische Therapieform der Psychoenergetik. Spontanrituale vermitteln belebende, stimulierende Bewegungsmuster, die, so verschieden sie auch voneinander sein mögen, viele Menschen mit ihrer vitalen Wahrheit anstecken.

2
Wie geschieht Heilung? Antworten der Psychoenergetik

Wie geschieht Heilung? So lautet das Kernproblem meines Buches. – In diesem Kapitel nähern wir uns ihm, indem wir nach der Einstellung fragen, ohne die es keine Heilung gibt.
Oft gehen Leute zum Psychotherapeuten, wie sie zum Zahnarzt gehen: »Hier ist ein Loch. Bitte stopfe es!« Sie betrachten ihre Störung als Konstruktionsfehler oder Betriebsunfall, mit der sie nichts zu tun haben. Auf die Idee, das »Loch« könne aus eigenen »Materialien«, mit eigenem lebendigem »Gewebe« durch Wachstum gefüllt werden, kommen sie nicht. Wie beim Zahnarzt möchten sie, daß es möglichst wenig weh tut, und sie während der Behandlung zum Fenster hinausgucken und an andere Dinge denken können, indessen der Therapeut den undankbaren Job für sie erledigt. Sie selbst möchten von der ganzen Angelegenheit unberührt bleiben.

Berührung mit der eigenen Wahrheit

Eben diese sich von der eigenen Störung distanzierende Grundhaltung verunmöglicht Heilung. Denn diese geschieht durch Berührung mit der eigenen Wahrheit, durch körperliches und seelisches In-Fühlung-Treten mit dem, was schmerzt und stört, Eigenberührung im wundesten Bereich der Seele oder auch des Körpers. Das Wort *Eigen- oder Selbstberührung* wird uns wie ein Leitmotiv begleiten.
Folgende kleine Geschichte vermittelt ein ersten Gespür für das, was damit gemeint ist: In einer Gruppenarbeit läßt sich eine Frau wiederholt von anderen Teilnehmern und eigenen Zweifeln stören und verliert dadurch dic Zentrierung auf neue Lebensmöglichkeiten, die

sich aus ihr herausschälen wollen. Es ist quälend, mitanzusehen, wie sie sich stets von neuem entgleitet. Nach längerer Zeit greift sie wie zufällig nach ihrem linken Fuß und hält ihn mit beiden Händen fest. Dabei scheint sie ein wenig an innerer Kraft zu gewinnen: Ihre Stimme wird etwas kräftiger und ihre Sprache farbiger. Es geschieht immer seltener, daß sie den roten Faden, die Berührung mit ihrem emotionalen Fluß verliert. Um diese ihre Selbstberührung zu stärken, mache ich sie darauf aufmerksam und schlage ihr vor, beim Sprechen in der wachen Empfindung ihrer Berührung von Händen und Fuß zu bleiben. Dies sei wichtiger als der Inhalt dessen, was sie sage, teile ich ihr mit. Die anderen Teilnehmer rege ich dazu an, sich in die gleiche Eigenberührung zu begeben, während sie dem Geschehen in der Raummitte folgen. In Entsprechung dazu achte ich selber vor allem auf diese Gebärde der Frau und beiläufig auch auf das, was sie sagt. Sofort steigen Tonus und Konzentration der Frau an und bleiben durch die ganze schwierige Aufarbeitung ihres Problems erhalten.

Diese Gebärde kam spontan, ich habe sie nicht suggeriert. Fremdsuggestionen führen nicht in die heilende Berührung mit der eigenen Wahrheit. Meine Aufgabe bestand nur darin, die Frau auf die unwillkürliche Selbstberührung hinzuweisen und sie zu ermutigen, spürend darin zu verweilen. – Diese Art von Eigenberührung, durch die eine momentane Entwicklung gestützt wird, beobachten wir bereits bei Kleinkindern. Diese umfassen und halten gerne ihre Füße und oft führen sie einen Fuß in den Mund. Bereitet der lebendige Kontakt mit den eigenen Füßen deren Gebrauch zum Gehen vor, und meint diese Gebärde auch bei Erwachsenen die Eigenstärkung während eines wichtigen Lebensschrittes? Jedenfalls gilt, daß es ohne Selbstberührung, in welchem Bereich auch immer, kein seelisches Wachstum, keine Entwicklung gibt.

Auf der Spur traumatisierender Worte

Auch die klassische Psychoanalyse kennt die Selbstberührung durch Worte im Assoziieren zu peinlichen und schmerzlichen Erinnerungen. Die Psychoenergetik fördert darüber hinaus eine so nahe Berührung mit einer schlimmen Erinnerung und allgemein einem traumatisch empfundenen Wort oder Satz, daß kein Raum für negative Wertungen und zunächst auch nicht für Deutungen übrigbleibt. Ohne diskutiert und verstanden zu werden, wandelt sich der traumatische Inhalt auf rätselhafte Weise in eine Quelle neuer Lebendigkeit. Erst darauf folgt die inhaltliche Analyse, wenn überhaupt.

Im elften Kapitel wird ausführlich von der therapeutischen Arbeit mit energiegeladenen Worten, sogenannten *Wirkworten*, die Rede sein. Hier vermittle ich davon einen ersten Vorgeschmack. – Mein allgemeines methodisches Vorgehen in diesem Buch kann ich am besten mit dem Bild des *Einkreisens* beschreiben: Aus vielen Perspektiven kreise ich ein Thema ein, hier das Thema der Wirkworte, um auf diese Weise Empfinden und Verständnis für den zentralen Punkt oder eher: *im* zentralen Punkt, um den es geht, zu steigern. Dieses Vorgehen ist dem Thema angemessen. Nicht lineares Vorwärtsschreiten, sondern rituelle Einkreisung weckt die Lebensenergie im nun entscheidenden Bereich. Daher werde ich mehrmals – wie gerade jetzt – ähnliche Themen berühren, nicht weil ich an der Merkfähigkeit meiner Leserinnen und Leser zweifle, sondern weil ich dieses Buch als Teil dessen betrachte, was ich beschreibe, nämlich als einen Lebensprozeß in den Lesenden und im Schreibenden. Lebensprozesse aber haben zyklischen, umkreisenden und einkreisenden Charakter.

Folgender Bericht einer psychoenergetischen Arbeit mit Worten zeigt, daß entgegen dem, was aus dem bisher Gesagten scheinen könnte, Worte auch ohne szenischen Ausdruck ihre spezifische Wirksamkeit entfalten können.

Ein 50jähriger Mann bemerkte zum Beginn einer Analysestunde auf der Couch, er empfinde »schale Hoffnungslosigkeit«. Nun hatten wir in früheren Stunden dieses Gefühl ausführlich auf seine lebensgeschichtlichen Hintergründe hin analysiert, zwar mit dem Erfolg einer größeren Einsicht, doch ohne den Erfolg der Veränderung im Grundgefühl selbst. Diesmal gehe ich in meinen Reaktionen ausschließlich psychoenergetisch vor, nehme also ohne zu analysieren bloß zur Kenntnis, in welchem Lebensgefühl sich die Energie des Mannes gerade konzentriert, und bin bereit, jeder Energiebewegung einfach zu folgen. So antworte ich sinngemäß: »Das ist in Ordnung. Sie sind lebendig, und ihre Lebendigkeit äußert sich jetzt im Gefühl schaler Hoffnungslosigkeit. Das ist weder gut noch schlecht. Es *ist* einfach. Füllen Sie die beiden Worte ›schale Hoffnungslosigkeit‹ mit dieser Freiheit.« Der Mann antwortet: »Ich fühle Widerstand dagegen.« Ich: »Wie das?« – Er: »Es ist etwas Fremdes.« – Ich: »Ja.« – Er, nach längerem Schweigen ganz plötzlich: »Komisch! Ich habe ein Gefühl, wie wenn ich lachen müßte.« Und er beginnt zu lachen, und auch ich lache. Freiheit von den nicht weg zu analysierenden leidvollen Kindheitserinnerungen beginnt sich zu regen. – Nach einer Weile sagt er: »Ich fühle mich aktiv, dynamisch.« Und dann, wieder nach einer Pause: »Ich erinnere mich an Menschen unter Narkose: Sie rollen die Augen nach innen und man sieht nur noch das Weiße.« Ich antworte bloß: »Ja«. Seine Erinnerung ist nicht eine analytische, sondern eine energetische Assoziation: Sie bezieht sich nicht inhaltlich auf die »schale Hoffnungslosigkeit« zu Beginn oder das aktive, dynamische Gefühl, das er jetzt hat. Vielmehr meint sie den leichten Trancezustand, der immer dann auftritt, wenn die distanzierte Selbstbeobachtung aufhört und die Aufmerksamkeit mit dem inneren Energiefluß in eins fällt. In diesem Zustand geschieht Heilung, wie wenn jemand unter Narkose mit Erfolg operiert wird. Und in eben diesem Zustand befindet sich der Selbstinitiand. Der Unterschied zur Narkose liegt im wachen Spürbewußtsein, das den Lebensprozeß, der gerade im Gange ist, begleitet und unterstützt.

Der 50jährige fährt fort: »Das Gefühl des Fremden ist verschwunden. Ich fühle Lebendigkeit in meinen Leisten. Sie sind gesund und kräftig. In mir zentriert sich etwas.« – Es ist bezeichnend, daß auf die Selbstberührung mit dem gerade vorherrschenden Lebensgefühl, hier die »schale Hoffnungslosigkeit« früher oder später immer eine starke,

belebende Körperempfindung folgt, in diesem Fall die Empfindung in jenem Bereich, den das Yoga als Wurzelchakra bezeichnet: den Ort des Energiepotentials. Das fraglose Einverständnis in die »schale Hoffnungslosigkeit« als momentane seelische Tatsache hat sie hervorgerufen: Die in der Abspaltung noch negativ empfundene Hoffnungslosigkeit hat sich zu einem inhaltslosen, starken und bejahenden Lebensgefühl an der Wurzel gewandelt. Daß sich dieses durchzusetzen beginnt, zeigt sich in Folge der Aussage des Mannes: »Ich spüre nicht mehr das Schale, Hoffnungslose. Aber ich spüre auch nicht das Gegenteil. Es ist eine ganz andere Ebene: Ich fühle mich weder wohl und wunderbar, noch unwohl und schlecht. Ich spüre einfach. – Aber es kotzt mich an, darüber nachzudenken.« Ich werfe ein: »Denken Sie darüber nach!« Dies sage ich, weil er, indem er sich dagegen wehrt, dabei ist, nachzudenken; meine Aufgabe besteht darin, zu stützen, was auch immer im Gange ist. Außerdem war es für ihn unumgänglich, daß er sein neues, ein- und ganzheitliches Lebensgefühl in Verbindung mit seinen Alltagsproblemen bringt; zu deren Verarbeitung bedarf er auch des Denkens.
Nun sagt der Mann: »Ich denke an den Stapel von Briefen auf meinem Schreibtisch: ein schrecklich negatives Gefühl.« Und ich: »Schauen Sie weiterhin auf den Stapel von Briefen auf Ihrem Schreibtisch.« – Nach längerem Schweigen bemerkt er: »Komisch: Mein Gefühl hat sich geändert. Jetzt fühle ich mich wie meine Frau, ein gutes Gefühl. Sie beantwortet zunächst die persönlichen Briefe. Ich versuche das von nun an auch zu tun. Bis jetzt habe ich immer zuerst die Geschäftsbriefe beantwortet und es fehlte mir die Kraft für die anderen.«
Die bewußte Identifizierung mit der »schalen Hoffnungslosigkeit« – sie prägte das Lebensgefühl dieses Mannes seit früher Kindheit – führte zunächst zu deren Auflösung innerhalb des Spontanrituals und hernach als erste Auswirkung zu einer Phantasie über die Bewältigung eines Alltagsproblems. Die psychoenergetische Vorgehensweise bleibt also nicht im Allgemeinen, Unverbindlichen, bloß Gefühlshaften stecken. Im Gegenteil ermöglicht sie eine nach und nach alle Lebensbereiche einbeziehende Veränderung des bisherigen Lebensplans. An dieser Stelle drängt sich eine Bemerkung auf, die nicht

nur für die psychoenergetische Arbeit mit dem Mann im letzten Bericht, sondern auch für die Spontanrituale, die ich im Laufe dieses Buches beschreiben werde, gilt. Der im Rahmen eines Spontanrituals intuitiv erspürte Weg zur Lösung eines Lebensproblems hat nicht zur Folge, daß dieses ein für allemal gelöst bleibt. Zwar bildet das Spontanritual ein neues Lebens- und Heilungsmuster. Doch damit sich dieses im Alltag durchsetzen kann, braucht es mehr als die erstmalige Erfahrung. Zwar ist deren Bewegungsimpuls Voraussetzung zu allen weiteren Schritten. Aber diese geschehen in seiner Folge nicht einfach automatisch. Es braucht dazu vor allem noch zwei Faktoren, auf die ich immer wieder hinweisen werde: integrierende Deutung des Spontanrituals und insbesondere dessen spürbewußte Wiederholung. Da ich den Schwerpunkt meiner Darstellungen auf die Spontanrituale selber lege, könnte der irrige Eindruck entstehen, daß diese eine endgültige Heilung bewirken. Sie sind Ausgangsimpulse und Bewegungsmuster einer Heilung, die sich von Tag zu Tag in alltäglicher Lebensgeschichte vollzieht. – Gleichzeitig betone ich, daß die für Spontanrituale typischen plötzlichen Umschlagpunkte keineswegs Zauberei, sondern ein nachvollziehbares Wandlungsgeschehen bedeuten. Das Verständnis für solche plötzlichen tiefen Veränderungen ist nur aus energetischer Sicht möglich. Die uneingeschränkte Aufmerksamkeit auf den Schmerz- oder Problempunkt läßt die Lebensenergie im kritischen Moment in eine passende neue Bahn fließen. Ich werde dieses Phänomen von verschiedenen Seiten her genau beschreiben. Es hat nichts mit pseudoreligiöser Heilsgewißheit zu tun. Die Umschlagpunkte der Spontanrituale sind wegweisend für entscheidende Weichenstellungen in der Lebensgestaltung.

Versöhnung mit der verachteten Gebärde

Anerkennung des Tatsächlichen, auch wenn dieses beschämend oder bedrückend ist, Anerkennung also der momentanen eigenen Wahrheit und Versöhnung mit ihr: das ist die Einstellung, die zur Entstauung, Befreiung, Entwicklung führt. Die Grundhaltung der heilenden Enthüllung finden wir bereits bei Naturvölkern. Im afrikanischen Stamm der Ndembu galt als wichtiges rituelles Prinzip *ku-sola*, das heißt sichtbar machen, enthüllen[1]. Nur das Verborgene ist gefährlich und schädlich. Allerdings führt das Aufdecken mit Worten allein noch nicht zur heilenden Enthüllung. Wesentlich ist die *emotionale Entblößung*. Sie ist Ausgangspunkt einer psychoenergetischen Therapie. Nur sie führt schließlich zur Versöhnung mit dem Offenbarten. Emotionale Entblößung aber ist eine körperliche Angelegenheit. Deshalb ereignet sie sich am radikalsten in Gebärden. Die Sprache der Gefühle ist vor allem eine Sprache von Gebärden.

Die Scham über eigene Gebärden geht tiefer als die Scham über eigene Worte. Weniger als das, was wir sagen, ist das, was wir sind und aus unserem körperlich-seelischen Sein unwillkürlich in Gebärden ausdrücken, Quelle von Beschämung, und wir versuchen, uns unsichtbar, unspürbar zu machen. Ein Freund sprach in diesem Zusammenhang von *Daseinsscham*. Weil wir in Gebärden unmittelbarer als in Worten da sind, verachten wir uns zuallererst in ihnen. Bei gehemmten Gebärden erotischer Verbindung und Verschmelzung schmerzt es besonders. Heilung beginnt durch Versöhnung mit dem eigenen Leib und seinen spontanen Gebärden.

Eine Lehrerin verbirgt ihr Gesicht in beiden Händen, während sie in der Gruppe über ihre Probleme mit Schülern erzählt. Als sie es merkt, sagte sie selbstquälerisch: »Das ist typisch für mich.« In einer solchen Situation wäre es gänzlich unangebracht, nachzudoppeln: »Ich verstehe dich nicht, solange du dein Gesicht verbirgst«, oder umgekehrt mit einer scheinbaren Ermutigung seine Hilfe anzubieten: »Du brauchst dich nicht zu schämen.« Solche »erzieherischen« Bemerkungen verstärken nämlich die Beschämung und die Abspaltung vom Tatsächlichen. Zwar bewirken sie unter Umständen eine willentliche Korrektur der Gebärde, stabilisieren aber die dahinter stehende selbstverachtende Grundeinstellung. Eine Gebärde bedarf keiner äußeren Deutung. Sie ist ihre eigene Deutung. Daher sage ich auch zu dieser Frau: »Das bist du jetzt: die Berührung zwischen deinem Gesicht und deinen Händen. Das ist richtig so. Du bist es ganz und bleibst ruhig in der Berührung.« Als sie sich in diese ihre Gebärde ergibt, geschieht das, was in Sternmomenten seelischer Entwicklung immer geschieht: Ihre Ausstrahlung wird fließend, warm und intensiv und es geht ein Aufatmen durch die Gruppe. Allen wird offensichtlich, daß die Schutzgebärde der Frau eine notwendige Abgrenzung nicht nur bedeutet, sondern auch bewirkt, solange sie bewußt mit ihr identisch ist, sich also mit ihr versöhnt. Diese Gebärde der Abgrenzung führt sie von nun an regelmäßig aus, um stärker als ihre Daseinsscham zu werden. Nach einigen zeitlos scheinenden Minuten der Sammlung und Selbstzentrierung löst sie die Hände vom Gesicht, das jetzt offen, klar und harmonisch wirkt. Mit Hilfe anderer inszeniert sie schließlich eine besonders prekäre Schulsituation, die sie mit Phantasie, Humor und Durchsetzungsvermögen bewältigt.

Nach meiner Fortbildung in Psychodrama arbeitete ich in Gruppen zunächst ausschließlich mit psychodramatischen Rollenspielen, also noch ohne das Element der Gebärden, die im Trancezustand ungeteilter Selbstfühlung spontan erwachen: das, was am Spontanritual wesentlich ist. Dabei wurde mir die Gefahr des Über-Spielens von Gefühlshemmungen immer deutlicher bewußt. Oft reicht das Psychodrama nicht aus, um diese zu lösen. Dann braucht es zusätzlich das beschriebene Ineinsfließen mit einem hemmenden Wort, einer beschämenden Gebärde, einer verhinderten Bewegung, damit das Rollenspiel wieder »greifen« kann. Und manchmal ist dieses gar nicht mehr nötig.

Heilung bedeutet nicht immer körperliche Gesundung

Einigen Leserinnen und Lesern ist vielleicht aufgefallen, daß ich in meinen bisherigen Berichten allgemein von Heilung sprach, meist ohne das Adjektiv »seelisch« hinzuzufügen. Der Grund dafür ist folgender: Es gibt keine bloß seelische oder bloß körperliche Heilung. Heilung ist ein ganzheitliches Geschehen. Manch körperliches Gesundwerden ist in diesem Sinne keine Heilung, und manche Heilung geschieht auch ohne Gesundung des Körpers. Fast alle Krebskranken zum Beispiel, mit denen ich psychotherapeutisch arbeiten durfte, erfuhren ihr Leiden als Bedeutungsträger, als körperlichen Ausdruck eines Grundproblems. Nie habe ich von mir aus auf diesen möglichen Zusammenhang hingewiesen, aber wenn er vom Kranken angesprochen wurde, sind wir gemeinsam dieser Spur nachgegangen. Das fühlende Einswerden mit dem wuchernden Organ befreit einen Lebensschmerz, der sich bisher resignativ in den Körper zurückgezogen und hier Zerstörung angerichtet hat. Nun regen sich im Gegenzug Trauer über lang nicht Gelebtes und Wut über sich und andere Menschen, die an dieser Grundhemmung mitgewirkt haben. Diese ins Leben lockenden Gefühle werden stärker als die Verzweiflung über und die Angst vor dem vielleicht Unwiderruflichen. Je länger Menschen in der Erfahrung: »Ich spalte das kranke Organ nicht als böse ab. Ich bin bewußt identisch und solidarisch mit ihm und wende mich ihm zu, bleibe mit und in ihm, weil es ich ist und ich es bin«, ausharren, desto eindeutiger befreien sich ungelebte oder zu wenig gelebte Gefühle in ihnen.

In dieser Grundhaltung legt eine Frau mit Gebärmutterkrebs, während sie die Augen geschlossen hält, ihre Hände auf den Unterleib, und nachdem sie aus der Energie dieser Selbstberührung eine lange Skala heilsamer »negativer« Emotionen durchlebt hat, tritt eine Wende ein: Mit wachsender Klarheit spürt sie, wie aus dem kranken Körperteil, gleich einer Lebensquelle, starke Liebe in ihren ganzen Organismus und ihre Umgebung ausströmt. Das hat sie noch nie erlebt, und sie weint vor Dankbarkeit. In einer noch vor wenigen Minuten ungeahnten Weise entfaltet sie ihre Fähigkeit zur Hingabe. Sie schmiedet Pläne, wie sie Erotik und Sexualität endlich leben würde. Ein Telefongespräch mit einem Bekannten, den sie seit langem heimlich liebt, inszeniert sie in einem Rollenspiel – offensichtlich als Probehandlung für das reale Telefongespräch, das noch am gleichen Abend stattfindet und zu ihrer ersten Liebesbeziehung seit sehr langem führt. Als ich sechs Monate später die Frau aus den Augen verliere, dauert die Liebesbeziehung noch an.

Ich weiß nicht, wie es mit ihrer Krebserkrankung weiterging. Doch hatte sie einen Schritt in die Heilung getan, und die Chancen, daß auf ihn weitere Schritte folgen würden, waren gut. Selbst wenn ihr körperlicher Krebs nicht heilen würde, war sie auf dem Weg zur

Heilung, denn sie hatte ihren seelischen Krebs, die Hemmung ihrer Sehnsucht nach Hingabe und sexueller Lust, in einem ersten Schritt überwunden.

Davon war sie nun geheilt, und der Krankheitsprozeß, der möglicherweise immer noch in ihrem Leib fortschritt, hatte wohl mit dem zu tun, was sie einmal gewesen war, aber kaum mehr etwas mit dem, was sie nun lebte. – In den Ohren von Menschen, die das Leid einer schweren Krankheit bei sich oder anderen aus eigener Erfahrung kennen, mag die Unterscheidung zwischen Heilung und körperlicher Gesundung skandalös klingen. Sie stammt nicht von mir, sondern von einem Mann mit Magenkrebs kurz vor seinem Tod. Sie bedeutet das Gegenteil von verfrühter Einwilligung in einen unumkehrbar scheinenden Krankheitsprozeß, stärkt sie doch den Gesundungswillen des ganzen Menschen. Ich bin in einigen Fällen fast sicher, daß diese neue, heilende Grundeinstellung zur tatsächlich erfolgten auch körperlichen Gesundung wesentlich beigetragen hat. Dies läßt sich natürlich nie schlüssig beweisen. Wichtig bleibt allein die Feststellung, daß Heilung letztlich nicht von körperlicher Gesundung abhängt. Manchmal drückt sie sich in dieser aus und manchmal nicht. Immer aber ist das kranke Organ als Bedeutungsträger auch Quelle der Heilung. Das Symptom weist die Lebensspur. – Ich weiß von einigen »Heilern«, die die erwähnte Unterscheidung nicht treffen – und auch von kranken Menschen, die unter deren Einfluß von schweren Schuldgefühlen geplagt werden, nicht genug für ihre Genesung zu tun.

Heilung durch Selbstliebe

Im beschriebenen Fall wurde also die kranke Gebärmutter zum Ausgangsort einer intensiven heilenden Ausstrahlung in den ganzen Organismus, doch erst, nachdem sich die Frau mit ihr über längere Zeit im Gefühl solidarisiert und somit zu einer ganzheitlichen Lebensbejahung gefunden hatte. Dieses *Gesetz der Ausstrahlung*, die von dem Körperteil, der am meisten verwundet ist, ausgeht, gilt nicht

nur für körperliche, sondern symbolisch auch für seelische Krankheiten und allgemein für seelisches Leiden. Auch dieses ist immer mit genau lokalisierbaren Körperempfindungen verbunden. So gehören, um das einfachste Beispiel zu nehmen, in allen Sprachen der Welt Herz und Liebe zusammen. Das Herz tut uns weh, wenn wir in uns Liebe abwürgen oder wenn unsere Liebe enttäuscht wird.
Ein Mann erzählt, sein Vater habe ihm als Jugendlicher entgegengeworfen: »Diesen Schwachkopf will ich nicht als Sohn haben«, – ein vernichtender Satz, der im Sohn die Entwicklung von Liebe und Vertrauen zu sich selbst als Mann hemmte. Während er viele Jahre später davon berichtet, legt er, ohne es zunächst selber zu merken, die linke Hand auf die Brustmitte, den körperlichen Bereich von Liebe und Vertrauen, die durch diesen Satz verletzt wurden, und läßt sie hier mit einer sanften Bewegung kreisen, wie um sich an der Stelle der stärksten Verwundung mit Energie aufzuladen. Ich bringe ihm diese spontane Gebärde ins Bewußtsein. Von nun an ist sie für ihn ein kleines Ritual, das er dann vollzieht, wenn Selbstliebe und Selbstvertrauen wie Blut aus einem verletzten Gewebe ausfließen und er sich leer und überflüssig vorkommt.
Während er seine Brustmitte kreisend reibt, realisiert er auf einmal, daß er mit beiden Füßen fest und sicher auf dem Boden steht, und er spricht diese neue Empfindung aus. Doch sogleich wird er wieder zum Opfer seines Vaters, denn er kritisiert sich selbst: »Das ist typisch für mich, dieses Hin und Her zwischen dem Herzen und den Füßen. Ich kann nicht bei einem bleiben.« Durch diesen Selbstvorwurf unterbricht er die kurz erlebte Verbindung zwischen seinem Herzen und seinen Füßen, also zwischen seiner Liebesfähigkeit und seiner alltäglichen Beziehungsrealität. Ich lade ihn ein: »Begib dich wieder in dieses Hin und Her, in den Energiefluß zwischen dem Herzen und den Füßen!« Doch entmutigt zuckt er mit den Schultern: »Es geht nicht.« Mit meinem Vorschlag bin ich für ihn der durch Befehle hemmende Vater geworden. Ich lache und sage: »Also begib dich *nicht* in diese Verbindung!« Und sogleich ist die vibrierende Verbindung wieder hergestellt. Da lacht auch er, und ist für Inszenierungen bereit, in denen es um die Lösung von Beziehungsproblemen geht. Zum Schluß erwähnt er, daß von diesen beiden Zentren aus die

Energie nun durch seinen ganzen Organismus pulsiere. Sowohl seelische Störungen als auch seelische Heilung werden immer körperlich empfunden. Wirkliche Heilung ereignet sich durch körperlich-seelische Energieerfahrungen.
Ich fasse zusammen: Heilung nimmt ihren Anfang am Ort der stärksten Betroffenheit und tiefsten Verletzung, aber sie geschieht erst, wenn sie den ganzen Organismus umfaßt. Der Weg, den sie dabei einschlägt, zeigt die genaue Abfolge der in dieser besonderen Situation zur Heilung notwendigen Schritte. Wenn wir aber die Versöhnung mit einem symbolisch oder auch real kranken Organ verweigern und dieses weiterhin von uns abspalten, dann kann dieser entscheidende Körperteil nicht ausstrahlen. Er wird im Gegenteil zu einem Magnet, der immer mehr Lebensenergie komplexhaft an sich zieht, bis es zu einer gefährlichen Überladung und Überhitzung und vielleicht zu körperlicher Krankheit oder, falls sie schon da ist, zu deren Verschlimmerung kommt. Vom Heilsträger, als der er gemeint war, ist er zum Unheilsträger geworden.

Heilung aus dem Sich-Lassen

Heilung beginnt nach dem Verzicht auf die unzählige Male wiederholten, bekannten Versuche, die uns jedesmal eine Verstärkung der Störung beschert haben. »Mehr vom Gleichen« (P. Watzlawick) bringt ein Mehr an Krankheit. Es fällt schwer, das »Gleiche« loszulassen, weil wir mit diesen vertrauten therapeutischen Alibiübungen unsere Angst vor dem Unbekannten eindämmen wollen. Doch Heilung ohne *»Sich-Lassen«* (Meister Eckhart), ohne *Loslassen* des Vertrauten ist Augenwischerei. Bevor wir »uns lassen«, quält uns Angst vor einem *Sturz ins Ganze*, wie sich eine Frau ausdrückte, das heißt vor Ichverlust und Psychose, auch wenn wir es nicht so nennen. Sobald wir aber losgelassen haben, ist es, als würde uns eine sichere Hand ergreifen und in der zu uns passenden Gangart Schritt um Schritt auf einen Weg führen, dessen subtile Weisheit und differenzierte Gestaltung wir uns mit aller Klugheit nie hätten ausdenken können. Dies gilt sogar für psychosegefährdete Menschen, allerdings nur bei sorgfältiger therapeutischer Begleitung, die vor allem kleine, unscheinbare Worte und Gebärden ins spürende Bewußtsein hebt und durch deren Wiederholung zur Verankerung der Identität beiträgt. So geschieht das »Sich-Lassen« ohne die Gefahr seelischer Überschwemmung. Besonders bei psychosegefährdeten Menschen, aber nicht nur bei diesen, entscheidet die emotionale Verbindung zum Therapeuten, zum Beispiel erkennbar am lebendigen Blickkontakt, ob ein Spontanritual auf der bisherigen Spur weitergeführt werden darf. Wenn jedoch der emotionale Kontakt abbricht und der Blick leer und diffus wird, dann gilt es sofort, auf eine neue, lebendige Spur zu wechseln und auf dieser den Gefühlskontakt wiederherzustellen. Falls der Therapeut im Ausdruck des Selbstinitianden keine neue Lebensspur findet, muß er das Spontanritual vorläufig abbrechen.

Östliche Philosophie und Religion haben den Weg des »Sich-Lassens« zu großer Vollkommenheit entwickelt. Der Buddhismus predigt das »Auslöschen des Durstes«, was ein Name für das Nirwana ist. »Durst« im buddhistischen Sinne meint Abhängigkeit und Unfreiheit. Selbst »Durst« nach Heilung ist ohne Heil, weil die Fixierung auf Heilung zwar die Willenskräfte mobilisiert, aber die Offenheit und Verfügbarkeit für unerwartete Heilungsimpulse aus der Außen- und Innenwelt einschränkt. Solange wir etwas Bestimmtes wollen oder nicht wollen, ist Kampf: das Gegenteil von Sich-Lassen.

Mehr als der in erster Linie für Mönche entwickelte Buddhismus untersucht die *Bhagavadgîtâ*, die im Hinduismus die gleiche Bedeutung hat wie das Evangelium im Christentum, die Möglichkeiten zur heiteren, freien Gelassenheit mitten im Handlungsfeld der Welt. »Auf die Früchte seiner Taten verzichten« bedeutet »frei von jeder Abhängigkeit« im Tun die Freiheit des Nicht-Tuns zu wahren – zwar das zu Tuende mit größtmöglichem Einsatz auszuführen, aber ohne sich von Erfolg oder Mißerfolg abhängig zu machen. Diese Haltung schenkt Zufriedenheit. Es ist ein *»friedvolles Handeln«*, das nicht durch die »Gier nach der Frucht« motiviert wird. Diese grandiose Synthese der Bhagavadgîtâ versöhnt und verbindet Aktivität und Mystik[2]. In der christlichen Spiritualität haben Meister Eckhart und

Pierre Teilhard de Chardin, letzterer besonders in der Schrift »Der göttliche Bereich« (1924), eine vergleichbare Synthese erreicht.
Ohne das, was, mit der Bhagavadgîtâ vergleichbar, der Taoismus »wu-wei«, das heißt »das Geschehenlassen, das *Tun im Nicht-Tun*« nennt[3], fehlt die wichtigste Voraussetzung zum Spontanritual. In diesem geschieht Heilung erst nach der Loslösung von der bewußten Absicht.
Versuchen wir einmal in einer ruhigen Stunde nach dem vollständigen Ausatmen solange als möglich innezuhalten und dann, der Not gehorchend, wieder einzuatmen. Spüren wir dabei dem einströmenden Atem nach, so bekommen wir eine Ahnung, wie völliges Sich-Lassen offen für neues, pulsierendes Leben macht. Der *mystische Moment* des Anhaltens nach dem Ausatmen macht uns verfügbar für das, was jetzt an Weltwirklichkeit in uns eingehen und uns beleben will.
Die Grundhaltung des »Sich-Lassens« gibt einem *heiteren Lebensgefühl* Raum. Nicht zufällig wird als einziger Religionsstifter Buddha mit einem feinen innerlichen Lächeln und in China auch mit einem offenen, freien Lachen dargestellt. Heiterkeit ist Ausdruck von »Sich-Lassen«, von Freiheit. Buddha war frei vom Absolutheitsanspruch anderer Religionsstifter.
Manchmal erwähnen Selbstinitianden nach erfolgtem Spontanritual die religiöse Gestimmtheit, in der sie dieses erlebt hätten. Sie verstehen darunter, daß sie sich einer von innen her formenden zentralen »Macht« überlassen haben, und eben dies ist ein Kennzeichen religiösen Erlebens. Therapie und Religiosität sind miteinander identisch, falls beide als die Einstellung begriffen werden, durch die der Mensch sich den Selbstgestaltungsimpulsen wach und mithandelnd überläßt.

Heilung als soziales Geschehen: zum Wert der Gruppentherapie

Alle seelischen Störungen sind in einem gestörten sozialen Beziehungsnetz entstanden. Auch aus diesem Grunde ist *Gruppenarbeit* so wertvoll. Jedes Gruppenmitglied erlebt in jedem andern sowohl eine in alten Familiengeschichten fixierende und krankmachende Kraft als auch eine lockende Herausforderung zu einem bisher unerprobten, neuen freimachenden Beziehungsmuster. Beide Faktoren – den regressiven und den progressiven – lernen Menschen, die den Schritt in eine Gruppe gewagt haben, bald kennen. Gruppen verschiedener Größe ermöglichen die Erfahrung vieler fixierender und befreiender Beziehungsfacetten. Mit jedem und jeder in der Gruppe erlebe ich sowohl eine alte, heillose Beziehungsfalle als auch eine neue Chance, mit Menschen in heilende Verbindung zu treten. Zu Beginn herrscht meist das erste, mit der Zeit immer mehr das zweite vor.

Selbstinitianden beziehen mit einem unglaublich anmutenden Instinkt genau solche Gruppenmitglieder in ihr Spiel ein, deren Lebensgeschichten oft bis in kleinste, vergessene Details mit den ihnen zugedachten Rollen übereinstimmen. Mit fortschreitender Gruppentherapie wählen sie immer mehr Mitspieler aus, die ihnen Impulse zur Auflösung der alten familiären Beziehungsmuster und die Erfahrung neuer, flexibler Beziehungsmodelle vermitteln können. Von dieser Instinktsicherheit berichten auch Psychodramaleiter. So geschieht mit dem Wachstum des einzelnen das Wachstum der Gruppe als ganzes.

Viele, die therapeutische Unterstützung suchen, scheuen sich vor einer Gruppentherapie. Sie meinen, diese sei zu wenig individuell; ihr ganz besonderes Problem könne nur in einer Einzeltherapie gelöst werden. Dabei vergessen sie meist die Tatsache, daß ihre Probleme in Kollektiven, vor allem der Ursprungsfamilie, entstanden sind und folglich ein neues Kollektiv zu ihrer Lösung sich als äußerst hilfreich erweisen kann. Entschließen sich solche Menschen trotz ihres anfänglichen Zögerns doch noch zu einer passenden Gruppentherapie, dann erleben sie oft in kurzer Zeit, wie sinnvoll dieser Schritt war. Manche Gruppentherapien sind spezifischer und individueller als Einzeltherapien, weil im facettenreichen Beziehungsnetz einer Gruppe alte Störungen und neue Chancen oft schneller und präziser offenbar werden. Schon mehrmals habe ich festgestellt, daß in langen Einzelanalysen oder -therapien wichtige Probleme teilweise ausgeklammert blieben, einfach, weil sie in der konkreten Beziehung zu mir als Analytiker oder Therapeuten, also in dem, was die Psychoanalyse Übertragung nennt, nicht zum Tragen kamen. Offensichtlich bot ich keinen genügenden Aufhänger für die Projektion, die das Problem offenbart hätte. Kein Therapeut kann allen alles sein. In einer gut eingespielten Gruppe wird zusätzlich zur umfassenderen Aufdeckung der Störungen eine Vielfalt von Lebensmöglichkeiten und Empfindungen wach, für die kein einzelner in diesem Umfang Resonanzkörper sein kann. So ist die Gruppe ein unersetzliches therapeutisches Instrument: ein potenter Resonanzkörper und Verstärker für die Prozesse in der Hauptfigur.

Manchmal erlebe ich Menschen, mit denen ich zunächst nur individuell gearbeitet habe, in einer Gruppe in wichtigen Belangen neu und anders. Beim selteneren Wechsel von der Gruppen- zur Einzelarbeit habe ich diese Erfahrung in solcher Schärfe noch nie gemacht. Der größte Gewinn einer Gruppe aber liegt im energetischen Bereich. Die Tatsache, daß jemand den Schritt in die Mitte des Gruppenraums wagt, intensiviert Energie, in die eigene Mitte zu kommen. Die teilnehmende Aufmerksamkeit der anderen ist eine unersetzliche Energiequelle zum Da-Sein und »Dranbleiben«. Sie verstärkt den natürlichen Entwicklungsdruck der Persönlichkeit und den Drang nach Heilung und erschwert das bisher gewohnte Aussteigen aus dem Lebensfluß. Außerdem ist die paradoxe Erfahrung vertrauensvoller Geborgenheit in einem Kollektiv, in dem doch die schwierigsten eigenen Konflikte ausgetragen werden, für die meisten völlig neu. Bisher bedeuteten für sie Konflikte immer auch Isolierung.

Der Brückenschlag von den neuen, modellhaften Beziehungen innerhalb der Gruppe zu den Alltagsbeziehungen in Familie, Beruf, sozialen Institutionen und Freizeit rückt im Laufe einer Gruppentherapie von alleine immer mehr ins Zentrum der Aufmerksamkeit. Die Therapiegruppe ist kein Ersatz für Gesellschaft. Von ihrem Wesen her ist sie eine Übergangsgemeinschaft (vgl. Kapitel 3 und 16), deren Sinn im Überschreiten von Lebensschwellen und im Einüben neuer gesellschaftlicher Bezüge liegt. Früher oder später tauchen in den Teilnehmern Abstoßimpulse von der Gruppe auf. Sie können, aber müssen nicht darauf hinweisen, daß es Zeit zum Abschied wird. In jedem Fall soll der Therapeut sie ebenso bejahen wie die Gefühle von Gemeinschaft und Verbundenheit. So trägt er dazu bei, daß der Abschied zum richtigen Zeitpunkt vollzogen wird.

Der Therapeut als »Resonanzperson«, Regieassistent und Mitspieler

Die nutzloseste Form von Psychotherapie besteht aus guten Ratschlägen. Das Rollenspiel ist klar: Der eine hat Autorität und weiß Bescheid, der andere sucht Hilfe und ordnet sich unter; der eine fühlt sich stark, der andere schwach; der eine gibt und der andere nimmt. Ziel dieses Spiels scheint ein Anheben des Niveaus des zweiten auf das Niveau des ersten zu sein. Doch wer den gesuchten Rat gefunden hat, fühlt sich nach einiger Zeit schwächer als zuvor, war es doch nicht sein, sondern des andern Rat. Um sich wieder zu stärken, entwertet er seinen Ratgeber, schlägt seinen Rat in den Wind – und sucht sich einen neuen, mit dem er das gleiche Spielchen spielt. So füllen sich die Praxen der Ratgeber-Therapeuten: die alte Endlosbewegung zwischen Ohnmacht und Macht.

Eine weniger nutzlose, aber nicht ausreichende Form von Psychotherapie besteht im anteilnehmenden, einfühlsamen Zuhören, das höchstens von Bemerkungen wie: »Ich kann Sie gut verstehen«, oder »ich kann mich sehr wohl in Ihre Situation einfühlen«, oder einfach »ja«, »so«, »wie schön«, »wie traurig« usw. unterbrochen wird. Doch ist die Therapie zu Ende, hört der in seinem Selbstvertrauen Gestärkte in der Welt realer Beziehungen auch andere Reaktionen wie: »Ich kann Sie nicht verstehen«, oder »Ihr Verhalten stößt mich ab«, »Ihre

Situation ist mir völlig schleierhaft«, oder »ich gehe mit Ihnen in keiner Weise einig«, und nach einiger Zeit bröckelt sein Selbstwertgefühl wieder ab.

Auch in der Analyse freudscher und jungscher Prägung spielt das Zuhören eine wichtige Rolle, und zwar nicht als Trick und heimliche Besserwisserei, sondern weil die Botschaft über den andern nur von diesem selber kommen kann. Wenn jemand Jung einen Traum erzählte, pflegte er als erstes zu sagen: »Ich habe keine Ahnung, was Ihr Traum bedeutet.« Dies gab ihm die nötige Offenheit und Unvoreingenommenheit, den anderen auf dem Weg der Entschlüsselung seines Traums zu begleiten. Der Träumer erfuhr dabei, daß nicht der Analytiker, sondern er selbst den Schlüssel zur Deutung besaß.

Nach psychoanalytischem Verständnis überträgt der »Patient« auf den Analytiker unbewußt frühe Kindheitserfahrungen, die er vor allem mit seinen Eltern und Geschwistern gemacht hat: Er sieht den Analytiker mit der Brille seiner kindlichen Vater- oder Mutter- oder Geschwisterbeziehung, fühlt für ihn oder spricht mit ihm, als wäre er sein Vater oder seine Mutter oder sein Bruder oder seine Schwester. Dieser Vorgang heißt *Übertragung* (vgl. Kapitel 14). Jung vervollständigt diese Auffassung. In seinen Augen werden nicht nur frühe Erfahrungen mit Eltern oder Geschwistern auf den Analytiker übertragen, sondern auch andere unverarbeitete Beziehungserfahrungen und vor allem noch unbewußte eigene Entwicklungsmöglichkeiten: Der »Patient« überträgt also auf den Analytiker sein Selbst-Muster: den Menschen, den er zwar noch nicht realisiert hat, der jedoch in seiner Anlage zur Realisierung bereit ist. Zum Beispiel mag ein künstlerisch zwar begabter, aber noch unentwickelter Mensch auf den Analytiker die eigenen, noch unbewußten künstlerischen Fähigkeiten übertragen und ihn verzerrt für einen großen Künstler halten. Aufgrund der doppelten – regressiven und progressiven – Bedeutung der Übertragung soll deren Bewußtmachung einerseits zur Befreiung von der Tyrannei der inneren Eltern- und Geschwisterinstanzen und andererseits zur Entfaltung der eigenen Lebensmöglichkeiten führen.

Auch der Analytiker selbst überträgt auf den »Patienten« Inhalte aus dem eigenen Unbewußten. Das ist mit dem Wort *Gegenübertragung* gemeint. Für Freud ist diese bloß eine Reaktion auf die Übertragung des »Patienten«, indem der Analytiker unbewußt in die erwartete Rolle beispielsweise des sadistischen Vaters schlüpft. Aus der Sicht der jungschen Tiefenpsychologie dagegen, ereignen sich Übertragung und Gegenübertragung innerhalb eines gemeinsamen Beziehungsgeschehens, zu dessen Beschreibung Jung symbolische Bilder der sexuellen Vereinigung aus dem alchemistischen Prozeß braucht. Er führt aus, daß eine Analyse immer mehr von der verzerrten Wahrnehmung der Übertragung und Gegenübertragung fort zu einer zunehmend realistischen Beziehung führen soll, und daß sich im Laufe dieses Prozesses nicht nur der »Patient«, sondern auch der Analytiker gleichzeitig wandelt. Diese sich gegenseitig befruchtende realistische Beziehung – nicht nur zwischen Analysand und Analytiker – habe ich *»gegenseitige Leitbildspiegelung«* genannt (vgl. »Das Nein in der Liebe«): Der eine sieht in dem, was der andere in seiner Existenz bereits verwirklicht, symbolische Bilder des eigenen bisher ungelebten, noch zu lebenden Lebens, und umgekehrt[4]. Die psychoenergetische Therapie geht weniger von *Spiegelung* als von *Resonanz* aus (vgl. Kapitel 14). Der Therapeut ist »Resonanzperson« für den emotionalen Selbstausdruck des Selbstinitianden. Daher fällt die Polarisierung in der therapeutischen Beziehung und somit die Voraussetzung für Übertragung und Gegenübertragung zu einem wichtigen Teil weg. Der Therapeut folgt dem natürlichen Energiegefälle, der emotionalen Entwicklungskurve, dem schöpferischen Prozeß der Eigengestaltung im Selbstinitianden. Als Mitgänger und Begleiter läßt er dessen noch unbewußte Emotionen in sich ausschwingen, und indem er sich dieses Mitschwingens spürend bewußt wird, trägt er auch ohne Worte zu ihrer Bewußtwerdung, Verstärkung und Befreiung im Selbstinitianden bei. So kann zum Beispiel hinter einer vordergründigen Trauer eine versteckte Wut zum Ausdruck kommen, oder umgekehrt hinter einer vordergründigen Wut eine versteckte Trauer. Geschmeidig wie der Lauf des Wassers geht der Therapeut mit dem emotionalen Fluß des anderen mit, indem er sich ihm zur Resonanz der noch ungelebten Emotionen anbietet. Dieses emotionale Mitgehen entspringt nicht äußerer Anpassung, sondern zugewandter

Aufmerksamkeit. Entsteht trotzdem emotionale Polarisierung und kann diese über längere Zeit nicht durchbrochen werden, dann bedeutet dies ein klares Indiz dafür, daß die therapeutische Resonanz in der entscheidenden Emotion des Selbstinitianden noch nicht gelungen ist, vermutlich wegen einer emotionalen Hemmung im Therapeuten selber. Sobald sie gelingt, weicht die Polarisierung dem selbstschöpferischen Prozeß in beiden.
Die Resonanz des Therapeuten ist die bestmögliche Unterstützung des Selbstinitianden; sie stimuliert in ihm die jetzt notwendige Selbstkorrektur. Indem der Therapeut mitgeht, bewirkt er, daß der Selbstinitiand sich selber vorangeht. Nicht der Therapeut führt Regie – ich habe es in der Einleitung erwähnt –, sondern das auf Verwirklichung drängende Selbst des Selbstinitianden. Die Aufgabe des Therapeuten ist also die einer »Resonanzperson«, eines Regieassistenten und Mitspielers. – Resonanz heißt aber keineswegs Abwesenheit heftiger Auseinandersetzungen. Im Falle einer gehemmten Aggression zum Beispiel kann die Resonanz darin bestehen, daß der Therapeut den Selbstinitianden mit Worten oder sogar angedeuteten Gebärden angreift. Solche Aggression des Therapeuten aus Resonanz bewirkt keine Polarisierung der Beziehungspartner, sondern früher oder später deren Solidarisierung. Widerstand, der sich durch gebremste Aggression äußert, löst sich durch deren aktive Resonanz beim Therapeuten.
Das Mitgehen des Therapeuten drückt sich in allem aus, was er sagt und tut: in der Wortwahl, den Intonationsmustern, der Mimik, den Bewegungen und Gebärden. Das hat nichts mit Nachäffen zu tun. Mitgehen kommt von innen. Nur wer sich auch körperlich in die Lebensäußerungen des anderen hineinbegibt, kann dessen Persönlichkeit, Charakterstruktur und Lebenshemmung erspüren. Die Psychoenergetik ergänzt das therapeutische Instrument der Spiegelung durch das der *Mit-Gebärde*: Der Therapeut muß zumindest in Andeutungen die ein Wort, eine Emotion, eine Krankheit, eine Sehnsucht ausdrückende Gebärde des Selbstinitianden mitvollziehen, um ihre Realität und Bedeutung wirklich zu erfassen. Insofern ist er Mitspieler. Um diese Erfahrung auch den anderen Gruppenteilnehmern zu ermöglichen, lade ich sie oft ein, die Gebärde der Hauptfigur ebenfalls

auszuführen. Dadurch beleben sie die entsprechende Emotion in sich selbst und tragen zu deren Verstärkung in der Hauptfigur bei. So wirkt das Gesetz der Rückkoppelung zwischen dem Selbstinitianden und der Gruppe.

Psychoenergetik führt zur Erfahrung und Einsicht, daß alles – wirklich alles –, was ein Mensch gerade tut, sagt, in Bildern oder Gebärden ausdrückt, mag es noch so verschroben oder krank erscheinen, eine Energiequelle, seine einzige derzeitige Energiequelle bildet, sofern er es mit spürendem Bewußtsein tut, sagt, ausdrückt, also mit sich selbst einverstanden ist. Natürlich kann ich einem anderen Menschen aus guten Gründen entgegenhalten, daß mit ihm etwas nicht stimmt. Doch dann wirken in ihm nicht meine guten Gründe, sondern mein Widerstand, meine Abspaltung von dem Ort, wo seine Energie jetzt in Bewegung ist. Im Rahmen einer Psychotherapie hemmt dieser Widerstand, durch den sich ein Therapeut seinen Mitspieler zum Gegenspieler macht, den Lebensschwung beider. Er spiegelt den Widerstand des Therapeuten gegen ein Stück eigener Lebendigkeit, das heißt er ist ein Kommentar des Therapeuten über sich selbst[5]. Auch wohl gemeinte Gegenpositionen des Therapeuten verschärfen in den Menschen, die er begleitet, die Abspaltung von sich selbst. Auf diese Weise bleibt Lebensenergie gehemmt. Komplexe, Verspannungen, Verkrampfungen können sich nicht auflösen. Die sogenannte Gegenübertragung ist oft nichts anderes als Ausdruck dieses Widerstands im Therapeuten.

Eine Hemmung des Lebensschwungs im Selbstinitianden kann auch dadurch entstehen, daß der Therapeut eine kreative Gebärde, die sich in diesem vorbereitet, vorwegnimmt, sie ihm also wegnimmt, bevor er sie ausführen konnte. Eben das ist vielleicht schon in der Kindheit des Selbstinitianden geschehen. Mit dem Ende der Verschmelzungsphase des Kleinkindes – der sogenannten »Dualunion von Mutter und Kind« (E. Erikson) –, ändert eine gesunde Mutter ihre Haltung. Denn der Säugling verfügt nun über die neue Fähigkeit, seine Bedürfnisse zu signalisieren. Erst wenn das Signal erfolgt ist, befriedigt die Mutter das entsprechende Bedürfnis. Winnicotts Beschreibung von dem, was geschieht, wenn eine Mutter dem Signal ihres Kindes zuvor kommt, trifft auch für den Therapeuten zu, der den

Menschen, die er begleitet, die Gedanken aus dem Hirn, die Worte aus dem Mund, die Handlungen aus der Hand und die Gebärden aus dem Körper nimmt: »Die kreative Geste, der Schrei, der Protest, all die kleinen Zeichen, die das hervorrufen sollen, was die Mutter tut, all diese Dinge fehlen, weil die Mutter das Bedürfnis schon erfüllt hat, genauso, als wäre der Säugling noch mit ihr verschmolzen und sie mit ihm.«[6] Wie diese Mutter wird mancher Therapeut zum Dieb am Leben eines anderen Menschen.

Eine Grundregel der Psychoenergetik lautet, nie einem Signal des Selbstinitianden zuvorzukommen oder es durch eine eigene Initiative zu ersetzen. Hier liegt die Gefahr aller Therapieformen, die hauptsächlich mit mehr oder weniger festgelegten Übungen arbeiten. Ich selber fordere zum Beispiel einen Selbstinitianden nie dazu auf, tiefer zu atmen, wenn ich nicht zuvor festgestellt habe, daß sich der Atem in ihm bereits zu vertiefen begonnen hat. Und auch dann beschränkt sich meine Intervention auf die Aufforderung, in dem zu bleiben, was von alleine angefangen hat. Zumindest ein kleines Signal muß immer vorhanden sein, auf das ich mit Widerhall und Verstärkung reagieren kann (vgl. Kapitel 6). Wer im Verlauf einer neuen Erfahrung selber unwillkürlich begonnen hat, tiefer zu atmen, nachdem er Vertrauen in einen bestimmten Menschen gefaßt hat, empfindet meine Einladung, sich weiterhin dem tieferen Atem anzuvertrauen, nicht als Fremdsuggestion, sondern als passende Begleitung in einem Prozeß, zu dem er selber das Ausgangssignal gegeben hat. Zusammen mit der Eigenstärkung wächst in einer psychoenergetischen Therapie die Befreiung von Abhängigkeit und Autoritätsgläubigkeit.

Solange der Therapeut kein Signal des Selbstinitianden wahrnimmt, soll er zuwarten. Es ist richtiger, eine ganze Stunde lang nichts zu unternehmen, als den eigenen Mangel an Resonanz mit Suggestionen zu überspielen. Zuerst muß sich der Therapeut mit seiner momentanen Blindheit, die vermutlich aus einem unbewußten Widerstand kommt, versöhnen – nicht abfinden! – und auf den Wunsch verzichten, zu seiner eigenen Entlastung mit angelernter Methodik zu intervenieren. Dann hat er dem Selbstinitianden zweierlei zu vermitteln. Erstens: »Ich spüre, daß es in dir Energiequellen gibt«, und zweitens: »Gemeinsam sind wir auf dem Weg, sie ausfindig zu machen.« Das vorläufige Unvermögen des Therapeuten bewirkt im Selbstinitianden nicht Belastung, sondern im Gegenteil Entlastung: Ansprüche und Erwartungen von außen fallen weg. Was nun zählt ist einzig das, was sich aus eigenen Quellen offenbaren will. Auf der Basis dieser neuen Grundhaltung werden spontane Gebärden der Heilung entstehen, irgendwann.

3
Strukturierte Torheit: zur gesellschaftlichen und kosmischen Bedeutung von Ritualen

Hemmende und lösende Rituale

Was soll das Sprechen über *Rituale* im Zusammenhang mit dem Thema *Heilung*? Erfordert die Beschäftigung mit den psychologischen Grundgesetzen der Heilung tatsächlich den Einbezug dessen, was die Ethnologie über Rituale zu berichten hat? Ist das nicht unnützer geschichtlicher Ballast? Weshalb über spontane Rituale statt einfach über spontane Bewegungsabläufe und Gebärden reden?

Zunächst einmal: Die Psychologie erfindet nichts Neues: Sie greift nur auf, systematisiert, befragt auf Hintergründe, untersucht wissenschaftlich, was in der Menschheitsgeschichte zum Thema Heilung bereits erfahren und praktiziert wurde. Jederzeit muß sie in Kontakt mit den geschichtlichen Ursprüngen bleiben, um nicht in vereinfachende Oberflächlichkeit abzugleiten und sich von den Quellen menschlicher Lebendigkeit zu entfernen. Psychologie wird kreativ, indem sie Bereiche, die bisher noch nicht in Beziehung zueinander gesetzt wurden, so hier die ethnologischen und religionsgeschichtlichen Befunde über das Ritual einerseits und die sich spontan auf dem Weg der Heilung formenden individuellen Gebärden andererseits, mit einem einzigen verbindenden Blick betrachtet. *Kreativität* ist »synkretistisch«, das heißt wörtlich: Sie entsteht durch »*Zusammenwachsen*«.

Zum Wort Ritual fällt uns zuerst alles andere als Spontaneität ein. Dienen Rituale nicht eher der Stabilisierung der Verhältnisse und der Einordnung der Individuen in feste gesellschaftliche Strukturen? Und entbinden sie nicht den einzelnen von der Daueraufgabe, sich ständig neu definieren und situieren zu müssen? Der Mensch, insofern er ein

Ritualist ist (Chesterton), bleibt dem Alten in vielen unreflektierten Gewohnheiten verhaftet und jeder Neuerung abhold. Und beinhaltet nicht seelische Krankheit eine Ritualisierung früher Reaktionsmuster, die beibehalten werden, obschon sie das Leben einengen und hemmen? Und gerade Rituale sollen in die Heilung führen?

Wäre diese stabilisierende Eigenschaft der Rituale die einzige, so hätten wir uns über diese allenfalls in bezug auf die Hindernisse zur Heilung Gedanken zu machen. Ethnologie, Religionsgeschichte und Soziologie belegen, daß das Risiko zunehmend sinnentleerter, verknöcherter Rituale, die nur der Stabilisierung von Macht dienen, in allen Gesellschaftsordnungen jederzeit bestanden hat und besteht. Systemerhaltende Rituale nähren sich aus der Angst vor unkontrollierter Lebendigkeit und Infragestellung des Status quo. Eine Rückkehr zum ritualisierten Instinktverhalten der Tiere findet statt, mit dem Unterschied, daß Tiere mit ihren Ritualen völlig identisch sind, während der Mensch, der in äußerliche Zeremonien ausweicht, dabei seine Seele verrät. Als »Gewohnheitstier« mißbraucht er die rituelle Hülse zur Abwehr des kreativen Kerns im Ritual, von dem gleich die Rede sein wird. Durch selbstentfremdende Ritualisierungen hält er sich in überlebten sozialen Beziehungsnetzen gefangen. Mit ihren konfus intensiven Emotionen gaukeln seelische Automatismen Beheimatung vor. Diese Gefahr besteht auch für den heutigen Menschen mit seinen neurotischen und ideologischen Spielen.

Spontane Rituale stützen sich nicht auf Gewohnheiten und soziale Konventionen. Auch sie bewirken Strukturierung, aber nicht auf Kosten der Lebendigkeit. Sie ordnen menschliches Leben mit dem Ziel, seinen Fluß zu fördern. Eben dies war der ursprüngliche Sinn aller Rituale. Der *»Flußcharakter«* (Victor Turner) gehört zum Wesen des Rituals. Spontane Rituale sind Kanäle für die strukturierenden Kräfte der Selbstgestaltung. Da sie im Gegenzug zu sozialen Mustern entstehen und immer dann angewandt werden, wenn der Rückfall in diese droht, ist bei ihnen die Gefahr der Sinnentleerung gebannt. Ihr Wesen ist die Sinnerfahrung in authentischen Entwicklungsmustern des einzelnen in der Gesellschaft.

Torheit der Rituale zum Da-Sein

Rituale scheinen Torheit zu sein, Zeitverschwendung im Vergleich zu einem effizienten Tun. Dieser Schein trügt. Nehmen wir einen Sportler kurz vor dem entscheidenden Sprung oder entscheidenden Spiel unter die Lupe. Er führt ein seltsames Ritual aus: sich wiederholende Bewegungen, die zum Teil in die bevorstehenden Bewegungsabläufe einspielen, zum Teil aber wie unnütze Tricks wirken. Sobald wir auf die Energiebewegungen achten, die in letzteren zum Ausdruck kommen, verstehen wir ihren Sinn: Sie dienen der Steigerung des Tonus und der Sammlung aller Kräfte für die bevorstehende Leistung. Ihr Ablauf, obschon er nicht der funktionalen Einübung dient, hat einen Sinn. Vielleicht meint die rasche nervöse Kopfbewegung des einen ein Abschütteln von Konzentrationsschwäche, während die schnell wiederholte Berührung der Nasenspitze mit Daumen und Zeigefinger beim anderen auf einen instinktiven Zentrierungsvorgang, oder die Berührung der eigenen Geschlechtsteile bei einem dritten Kontaktaufnahme mit den Vitalkräften hinweist. Wer kennt nicht solche privaten Rituale in Momenten der Anspannung, etwa im Vorfeld einer Prüfung!

Wir alle brauchen ritualisierte Bewegungsabläufe, *um ganz da zu sein*, Gebärden einer passenden Selbstberührung als Einstieg in ein Tun nicht nur auf dem Sportplatz, sondern allgemein im öffentlichen Handlungsfeld. Der Philosoph Peter *Sloterdijk* meinte einmal, die tiefsinnigste aller Fragen sei die des Kasperle an die Kinder zu Beginn einer Vorstellung: »Seid ihr alle da?« Seit jeher wollen Rituale zum Da-Sein führen. Da wir keine Maschinen sind, die auf Knopfdruck anspringen, sind die erwähnten scheinbaren Torheiten Ausdruck eines inneren Wissens um das, was wir in einer bestimmten Lebenslage brauchen. Ihre *Struktur* ist der Schlüssel zu ihrem *Sinn.*

In jedem Ritual offenbart sich, welch heilsame Torheit auf Strukturierung hindrängt. Dies trifft sogar für die individuellen Rituale einer Neurose und die öffentlichen einer Ideologie zu, die sich im privaten und gesellschaftlichen Bereich entsprechen. So symbolisiert etwa ein Waschzwang das natürliche Bedürfnis nach Reinigung von Schuld und Schuldgefühlen, und die Demonstration militärischer Machtentfaltung in der Ritualisierung einer Parade hinter der Pose von Herrschaft und Einschüchterung die natürliche Sehnsucht nach Sicherheit und Geborgenheit in einem Kollektiv. Doch da wir in den Verstrikkungen sowohl einer Neurose als auch einer Ideologie die Symbolik unseres Tuns nicht erfassen und das Vordergründige mit dem Gemeinten verwechseln, verstricken wir uns immer tiefer in der eigenen Miscrc, nämlich in Gefühlen von Schuld und Angst. Heilende Ritualc dagegen werden vom inneren Bewußtsein ihres Sinns getragen.

Die ältesten Rituale sind *Tierrituale*: Nachahmungen von Tänzen und anderen Bewegungsabläufen bei Tieren. Die Inszenierung von Tierspielen in Kinderspielgruppen und Therapiegruppen von Erwachsenen – die Ähnlichkeit zwischen beiden ist unübersehbar –, läßt die Beteiligten in die Welt ihrer Instinkte eintauchen. Wachsende Identifizierung mit dem »eigenen« Tier löst von eingefahrenen, entleerten Gewohnheiten. – So lernte ein 40jähriger Mann sich von einer beruflichen Last, die seine Gesundheit gefährdete, zu befreien, indem er im Rahmen eines Gruppenspiels in der Haut eines Pferdes – des von ihm gewählten Tieres – fast eine Stunde lang laut wieherte und zu allen Seiten hin ausschlug. Die Befreiung der Instinktnatur des Pferdes hat in ihm bewirkt, was viele Gespräche nur vorbereiteten. Das klingt nach Folklore. In Wirklichkeit war es die entscheidende Hilfestellung in einer prekären Übergangssituation.

Bei Naturvölkern hatte die Identifizierung mit Tieren immer einen praktischen Sinn. Zum Beispiel bedeutete der Känguruhtanz der Ureinwohner Australiens folgendes: »Wenn das Känguruh bei der Dürrezeit seltener wurde und die Stammesmitglieder es schwer hatten, das Tier aufzuspüren, dann imitierten sie seine Sprünge.«[1] Der Jagdzauber beruhte also auf dem mystischen Einswerden mit dem zu erlegenden Tier durch das Ausführen von dessen Bewegungen. Die *Bewegungssolidarität* des Menschen mit dem Tier gibt Zugang zu dessen Energie. Im Jagdzauber wird das Tier mit seiner eigenen, im Jäger verkörperten Natur zur Strecke gebracht.

Zur Torheit der Rituale gehört auch, daß das Ich auf Kontrolle verzichtet und die Regie an einen inneren Zeremonienmeister abtritt, der allein die Heilung bewirkt. So ist im Isoma-Ritual der Ndembu

– einem afrikanischen Stamm – der *Schatten Zeremonienmeister*. Die Heilung kommt aus dem Dunkeln, aus dem Zentrum der Bedrohung. Das furchterregende Krankheitssymptom allein kennt den Weg zur Heilung, und es teilt ihn denen mit, die sich seiner Regie anvertrauen. Auch bei anderen Stämmen sind die Geister der Krankheit gleichzeitig Bewirker von Heilung[2]. Dieses Gesetz wirkt auch im Spontanritual. Wir sind ihm bereits begegnet.

Initiation in eigenes Da-Sein

An diesem Punkt wenden wir uns den für uns wichtigsten Ritualen der Ursprungsgesellschaften zu, nämlich den *Initiations- oder Einweihungsritualen.* Außer diesen gibt es noch andere Rituale, wie Sühne-, Bitt-, Schutz-, Reinigungs-, Bann-, Opfer- und Ahnenrituale. Sie alle enthalten Elemente, die auch im Spontanritual von Bedeutung sind. Zum Beispiel findet sich die Auseinandersetzung mit und die Abgrenzung von inneren Eltern- und Großelternbildern, wie sie in Spontanritualen häufig geschehen, in Ahnenritualen vorgezeichnet. Doch beschränke ich mich weitgehend auf Parallelen zwischen Einweihungs- und Spontanritualen.

Es gibt *drei Kategorien von Einweihungsritualen*: *Erstens* die *Kollektivrituale*, die einen ganzen Stamm betreffen und wichtige Übergänge im Leben aller markieren, etwa die *Pubertätsrituale*, in denen der Übergang zum Erwachsenenstatus vollzogen wird, *zweitens* die Rituale im Zusammenhang mit *Aufnahme in Geheimgesellschaften*, die meistens Männerbünde sind, und *drittens* Rituale, durch die die *mystische Berufung zum Schamanen oder Medizinmann* vollzogen wird. In letzteren ist die persönliche Erfahrung, der innere Weg, entscheidend wichtig. Ihr Ablauf ist weniger durch unterschiedliche sozio-kulturelle Umstände als durch archetypische Entwicklungsbereitschaften der menschlichen Seele in bezug auf Heilung vorgezeichnet. Deshalb sind ihre Grundzüge in allen Gesellschaften rund um die Erde identisch. Da sie in der individuellen Erfahrung gründen, weisen sie erstaunliche Ähnlichkeiten mit Spontanritualen auf. Zum umfassenderen Verständnis der *Spontanrituale* tragen die *Berufungsrituale* Wesentliches bei.

Zur Initiation des Schamanen gehören die *Einweihungskrankheiten.* Im Zustand der Ekstase wird er von Krankheitsdämonen und -geistern gefoltert, erfährt also die verschiedenen Krankheiten am eigenen Leib. Ohne diese Erfahrung könnte er später nicht heilen. – Auch der Selbstinitiand im Spontanritual muß die Erfahrung seiner »Krankheit« in allen Facetten bis zur extremen Krise bewußt durchlaufen, damit sich die Kräfte der Heilung in ihm durchsetzen können. Auch bei ihm wandeln sich die »Geister« – Bewußtseinskräfte – der Krankheit in »Geister« – Bewußtseinskräfte – der Heilung. Solange wir uns gegen den Strudel, der in die Tiefe zieht, wehren, wird er uns zum Verhängnis. Sobald wir aber bejahend in seine spiralenförmig sich nach unten verengende Kreisbewegung einstimmen, bekommen wir die Chance, uns im richtigen Moment freizustoßen und zur Wasseroberfläche zurückzukehren. Deshalb werden im Berufungsritual der Schamanen die Krankheitsgeister »Meister der Einweihung« genannt[3].

Einweihungskrankheiten bedeuten nicht eine Art Impfung gegen spezifische Krankheitsbilder, sondern eine *Erneuerung des ganzen Menschen.* Das zeigt die Visualisierung folgender innerer Vorgänge: Die Glieder werden abgehackt und gefoltert – das Motiv der Zerstückelung –, das Fleisch wird abgeschabt und auf das Skelett reduziert, jedes Organ ersetzt und das Blut erneuert. Darauf folgt ein Aufenthalt in der Unterwelt und Belehrung durch Dämonen und die Seelen toter Schamanen und schließlich der Aufstieg zum Himmel und die Auferstehung zur neuen Seinsweise eines Eingeweihten, der fähig ist, mit den Krankheitsgeistern zu verkehren. Im Himmel bekommt er die Heilmittel, die zur Ausnützung seiner Tätigkeit notwendig sind[4].

Wie im Zerstückelungsmotiv des schamanistischen Einweihungsrituals erfährt der Selbstinitiand im Spontanritual sein Leiden als eine Störung der leib-seelischen Ganzheit. Es flutet aus seiner lokalen Begrenzung in den gesamten Organismus, ergreift das Bewußtsein ganz und gar. Nun spüren wir, wie tief und vollständig wir von ihm betroffen sind. Dies führt zu einer Steigerung des Leidensdrucks.

Vorher haben wir nicht wirklich realisiert, wie sehr uns die Wunde stört und zerstört, wie radikal sie unseren Organismus spaltet und zerstückelt und den ursprünglich einheitlichen Fluß der Lebensenergie in stockende Rinnsale und losschießende Einzelbewegungen entzweit. Das fürchterliche Leiden, das uns jetzt überfällt, ist schon alt, doch hat es uns noch nie mit dieser Wahrhaftigkeit bedrängt. Nun sind wir in der *Mitte* unserer selbst. Auch in Berufungsritualen finden wir immer die Vorstellung der Mitte, etwa als Weltenbaum, an dem der Schamane auf- und niedersteigt, oder als Loch in der Mitte des Jurte- oder Hüttendachs, durch das die Verbindung mit den Krankheitsgeistern hergestellt wird. Wir setzen uns von der Mitte her, das heißt mit unserer Ganzheit, dem Bewußtsein eines Leidens aus, das vorbewußt seit langem wie schleichendes Gift in uns fraß. Die Angst plagt uns, mit der Krankheitsidentität alles, was wir sind, zu verlieren. Während die seit langem unkoordinierten, vereinzelten Glieder und Organe abgehackt, ausgeschabt und verbrannt werden, also das bisherige künstliche Lebensarrangement zerstört wird, haben wir keine Garantie dafür, daß in der Folge ein neuer, koordinierter, harmonischer Mensch geboren wird. Bis auf das Skelett, die Grundstruktur unseres Wesens, werden wir entblößt.

Auf einmal, auf dem Gipfel des Schmerzes, beginnt unerwartet und aus Wachstumsquellen, über die wir keine Macht haben, die Erneuerung. Aus der Mitte der Wunde, dem Abgrund der früheren Isolierung im Zerstörerischen, strömen Wärme, Zuversicht, Heilung in die leib-seelische Ganzheit: das Motiv der Auferstehung. Aus Bedrükkung richten wir uns auf, aus Entäußerung finden wir zu innerem Wachstum. Wer Spontanrituale miterlebt hat, kennt den *mystischen Moment der Umkehr zur Heilung* und stößt sich nicht an der symbolisch religiösen Sprache, die ich manchmal zu ihrer Beschreibung verwende. Sie gibt die Gestimmtheit in dieser Wende wieder. Dabei geht es nicht um Wunder und Zauberei, sondern um ein Gesetz unseres Daseins.

Die Erfahrung der Erneuerung und Wiedergeburt ist denn auch mit einem ganz neuen Zeiterleben verbunden. Die australischen Ureinwohner nennen es *Traumzeit*. In ihr wickelt sich die heilende Wandlung der Persönlichkeit ab. Traumzeit ist nicht meßbar. In wenigen

Augenblicken können komplexeste seelische Abläufe geschehen, und in einer langen, klebrigen Zeitmasse kann sich fast nichts, außer einem unmerklichen Anstieg des Energietonus, ereignen. Das Spontanritual hat tatsächlich Traumcharakter; es ist ein *Traum in Bewegung*: ein sich in die Welt hineingestaltender Traum. Daher weist es immer ein mehr oder weniger betontes *ekstatisches Moment* auf. So wird auch der Schamane durch ekstatisches Trommeln an den Weltenbaum, von dem aus er zu den Himmeln aufsteigen kann, versetzt. Seine Trommel ist übrigens aus dessen Holz geschnitzt.

Der Weg in die eigene Mitte ist kein Gang, der aus einzelnen meßbaren Schritten besteht, sondern ein plötzliches Sich-Vorfinden in der *Vertikalachse des Daseins*: In dem, was der Schamanismus als Weltenbaum bezeichnet und das Yoga als spiralförmige Emporbewegung der Kundalinischlange um die Wirbelsäule beschreibt. Wir können in unsere Mitte nicht »hineingehen« – entgegen dem gebräuchlichen Ausdruck eines gewissen Psychojargons –, sondern finden uns in ihr vor. Seit jeher waren Bäume Symbol für die Wachstumserfahrung aus dem eigenen Zentrum oder Selbst. Jeder Baum ist ein Bild des Weltenbaums. Die persönlichen Bäume der Schamanen repräsentieren den kosmischen Baum, also die zentrale Wachstumsachse der Welt. Was meint diese Vorstellung? Kontakt mit sich selbst ist immer auch Kontakt mit der Welt, und Selbstgestaltung immer auch Weltgestaltung. Auch Spontanrituale sind nicht privat. Zwar entstehen sie im Herzen einer individuellen Betroffenheit, aber sie lösen in den Mitteilnehmern eine verwandte Betroffenheit aus, sensibilisieren für Entsprechungen zum eigenen Leiden in anderen Menschen und in gesellschaftlichen und ökologischen Mißständen. Dem Leiter obliegt die Aufgabe, auf Signale dieser Sensibilisierung zu achten und sie zu verstärken.

Der Ausdruck »*zweimal geboren*« (dvi-ja) taucht in der Weltliteratur, nämlich im Atharva-Veda zum ersten Mal im Rahmen einer Berufungssituation auf: Der Lehrer wandelt den einzuweihenden Knaben in einen Embryo und behält ihn drei Tage in seinem Bauch. Am dritten Tag wird er als Brahmane wiedergeboren[5]. Die Vorstellung der Wiedergeburt ist ursprünglich die eines geistig-seelischen Wandlungsvorgangs. Die »Rückkehr in den Mutterschoß« ist ein *Opfer* –

Loslassen des vertrauten Lebens –, das in einem *rituellen Tod* gipfelt. Opfer und Eingehen in den Mutterschoß sind in der Religionsgeschichte oft austauschbare Bilder[6]. Opfer bedeutet in erster Linie *Hingabe* an ein Wandlungsgeschehen. Das Opfer, bzw. der Tod des alten Menschen ist die Voraussetzung zur Geburt des neuen Menschen, der nun ein »zweimal Geborener« ist.

Der regenerierende Abgrund von Übergangsgemeinschaften

Die meisten Rituale werden in *Gruppen* vollzogen. Diese sind jedoch nicht Teil der geltenden Gesellschaftsordnung. In Absonderung bilden *»Übergangsmenschen«* eigene Gemeinschaften, deren Sinn die Begleitung in dieser prekären Phase ist. Sie genießen weder die Rechte, noch haben sie die Pflichten des Establishments. Der Ethnologe Victor Turner ist diesem hochbedeutsamen Aspekt der Initiation, der uns noch mehrmals beschäftigen wird, nachgegangen. Er bezeichnet die *Übergangsgemeinschaft* mit dem lateinischen Wort »communitas«[7]. Im Gegensatz zur Nüchternheit funktionellen Handelns in festen sozialen Mustern zeichnet sich das Tun der Angehörigen einer Übergangsgemeinschaft durch weitgehende Narrenfreiheit aus. Im Grenzraum zwischen der alten und neuen Lebensform ist jede vorgezeichnete Struktur aufgehoben, und was sich an Neuem gestaltet, kommt aus der Erfahrung der Mitte in der Zentralachse des Daseins. Die Regelmäßigkeiten dieser Erfahrung sind nicht sozial angelernter, sondern sozial archetypischer Art, treten also in den Individuen spontan auf. Die spontan sich entfaltende Existenz hat etwas Magisches an sich. Kein Ort ist schöpferischer als der Ort auf der Grenze. Die Mechanik gewohnten Handelns fällt weg. Uralte Gebärden werden im sich wach träumenden Dasein mit jugendlicher Frische neu geboren.

In allen Ursprungs- und einigen anderen Gesellschaften tauchen die Individuen von Zeit zu Zeit in den »regenerierenden Abgrund«[8] solcher Übergangsgemeinschaften, sei es in Initiationsgruppen oder durch vorübergehende Aufenthalte in Klöstern wie im Buddhismus.

Die Freiheit von jeglichem Status macht alle gleich. Auch darin gleichen sie nackten Neugeborenen. Das Wegfallen von Privilegien äußert sich in der einfachen Bekleidung, die bei allen gleich ist. Oft werden Initianden von den Initiationsmeistern ausgelacht und gedemütigt, damit sie die letzten Reste ihrer früheren sozialen Identität aufgeben. Die Identität, die jetzt heranwächst, kommt zunächst bloß aus dem nackten Dasein. Durch gefährliche Prüfungen wird das Ausharren im schutzlosen Geworfensein auf eine harte Probe gestellt. Dies gilt nicht nur für die schamanistische Einweihung. Auch Pubertätsrituale sind kein »So-tun-als-ob«: Die in der Initiation beschleunigte und besiegelte Reifung zum Erwachsenen bedeutet für jeden einen risikoreichen individuellen Weg.
Übergangsgemeinschaften sind nicht auf Dauer angelegt, sondern gelten nur für die Phase des Übergangs. Sie leiten zu einem neuen sozialen Status oder einer neuen Berufung über. Insofern dient ihre destabilisierende Wirkung der Stabilisierung der Stammesgemeinschaft und der Integrierung des einzelnen in diese. Diese Aussage bekommt in den Ohren heutiger Menschen einen negativen Klang, so als würden Rituale mangelhafte Verhältnisse zementieren und Entwicklung verhindern. Doch dürfen wir nicht vergessen, daß die Stabilität der Ursprungsgesellschaften über deren Fortbestand entschied. Die heute bewußten Unterschiede zwischen Sozietät und Individuum sind nicht auf Naturmenschen übertragbar. Außerdem erinnere ich an die Archetypik der wichtigsten Elemente in den Berufungs- und Übergangsritualen.
Auch das Spontanritual stabilisiert, nachdem es destabilisiert hat, allerdings anders als in Stammesgesellschaften. In der *Übergangsgemeinschaft einer Therapiegruppe* reift das Individuum zu einer Stärke heran, die es befähigt, wenn nötig eine unpassende Anpassung an die Gesellschaft zu lösen und einen eigenen unkonventionellen Weg zu suchen. Spontanrituale dieser Übergangsphase markieren den Weg und bilden Energiequellen, die in späteren Krisen wieder zum Strömen gebracht werden können. Sie sind gewissermaßen Entwicklungsanker oder *Leitsysteme* der Neuorientierung. Da überaltete Lebensmuster in uns nicht einfach sterben, sondern jederzeit bereit sind, einmal mehr als Sackgassen der Lebensenergie zu dienen, braucht

es als Alternativsysteme die jederzeit wieder belebbaren Entwicklungsmuster der Spontanrituale, um die Energie in Richtung der in uns wirkenden passenden Zukunft zu bewegen. Diese neuen, inneren Strukturen, die aus Spontanritualen wachsen, können in Gegensatz zu bestehenden Konventionen treten. Sie unterwandern hohle, soziale Ordnungen und Anschauungen, indem sie auf der Linie des in Übergangsgemeinschaften Erfahrenen zu authentischeren Formen des Zusammenlebens drängen. Im Urwald einer durch Konsum, Sucht, Beziehungslosigkeit und Arbeitswut verwildernden Gesellschaft schaffen Spontanrituale Ordnungsinseln mit exemplarischem Charakter. Im einzelnen und in der Gesellschaft setzen sie eine Zieldynamik frei, die durch das analysierende und verwaltende Denken nicht zu erreichen ist. Der französische Philosoph Paul *Ricoeur* stellt fest, daß Rituale »nicht nur eine Archäologie, sondern eine Teleologie«[9], also einen *Zielsinn* enthalten.

Im Rahmen von Spontanritualen in Therapiegruppen finden manchmal harte Auseinandersetzungen des Selbstinitianden mit anderen Teilnehmern, die in die Haut von ihm nahen Bezugspersonen geschlüpft sind, statt. Oder es gibt außerhalb von Spontanritualen direkte Kämpfe unter Teilnehmern. Beides erinnert an einen weiteren gesellschaftlichen Aspekt des Rituals auch in der Tierwelt: Kämpfe in der Natur werden »oft nur als Ritual angedeutet..., offensichtlich etwa beim Kampf brünstiger Hirsche, miteinander konkurrierender Hähne oder in einer Kolonie von Pavianen: Sobald deutlich ist, wer der Stärkere ist, hört der Kampf auf, oder er wird ins Spielerische abgebogen; der Schwächere wird nicht entwertet; er zieht sich zurück«.[10]

In Anbetracht der zunehmenden Brutalisierung und des Mangels an spielerischen Elementen in der Bewältigung von zwischenmenschlichen Konflikten erfüllt das Spontanritual eine gesellschaftliche Funktion. Auseinandersetzungen etwa mit den Eltern, dem Lebens- oder Geschäftspartner oder politischen Gegner – nach Art des Psychodramas in der Gruppe von anderen Teilnehmern gespielt –, werden zwar mit voller Schärfe und unerbittlichem Ernst ausgekämpft. Gleichzeitig bleibt es nicht bei der Entwertung und Verletzung des Konfliktpartners, falls es überhaupt vorübergehend zu diesen gekommen ist. Auch das Spontanritual wird vom Instinkt geleitet, daß neues Leben nicht auf dem Boden von Zerstörung und Unterdrückung wachsen kann. Nach anfänglichen Gefühlen von Haß, Wut und Aggression gegen andere spürt der Selbstinitiand: Es geht um *sein* Leben und nicht um die Veränderung, Bekehrung oder Bestrafung anderer. Für seine eigene Entfaltung braucht er Gemeinschaft auch mit Konfliktpartnern. Ihre Ausmerzung würde auch Eigenes in ihm absterben lassen. Erst die Versöhnung mit ihnen – sie soll allerdings nicht zu früh, nicht aus Konfliktscheu erfolgen – bringt seine Lebensenergie ins volle Fließen.

Nach alter Auffassung erfüllen Rituale nicht nur eine individuelle und gesellschaftliche, sondern auch *kosmische Funktion*. Für Konfuzius trägt ein der Regel genau entsprechendes Verhalten zur kosmischen Harmonie bei; Gebärden und Verhaltensweisen, die in einer komplexen und hierarchisierten Gesellschaft ein Zusammenleben ermöglichen, sind aufgrund der *Entsprechung* von Mikro- und Makrokosmos »spontane Rituale«[11]. Wir Heutigen sehen einzelne soziale Regeln nicht mehr als unbedingt in der Natur des Menschen begründet, zumal, wenn sie offensichtlich zur Stützung von Herrschaftsstrukturen eingesetzt werden. Doch gibt es die prinzipielle Entsprechung von innerer und äußerer Ordnung. In einer völlig kranken Umwelt zum Beispiel ist ein völlig gesundes Individuum nicht vorstellbar, ebensowenig wie es zugleich eine gesunde Umwelt und eine seelisch kranke Menschheit geben kann. Ein vitales Individuum und eine gehemmte Partnerschaft, bzw. ein gehemmtes Individuum und eine vitale Partnerschaft, sind auf Dauer nicht möglich. Mit dem Gesetz der Entsprechung hängt das Gesetz gegenseitiger *Ausstrahlung* zusammen. Ist ein einzelner im Lot, wirkt aus ihm wohltuende Ordnung, und ist die Umwelt in Ordnung, strahlt sie auf den einzelnen aus. Lebensenergie wird durch soziale und kosmische Rückkoppelung aktiviert. Entscheidend ist, daß die Ordnung im einzelnen immer zumindest etwas größer ist als die Unordnung seiner Umgebung, damit die Dynamik des Lebens stärker als die des Todes wird. Unter Umgebung verstehe ich nicht nur Menschen, sondern auch Tiere und Pflanzen.

Etwa vor einem Jahr befanden sich in einem Gruppenraum, wo ich arbeitete, zwei Topfpflanzen, nämlich ein Gummibaum und ein

Rosenstrauch. Am ersten Vormittag machten sie einen erbärmlich welken Eindruck. Im Laufe des langen erfolgreichen Spontanrituals eines Herzkranken am Nachmittag aber erholten sie sich, Zweige und Blüten richteten sich auf und die Blätter gewannen an Glanz. Als erster bemerkte der Selbstinitiand nach Abschluß seines Spontanrituals die erstaunliche Erstarkung. Er erlebte sie als Bestätigung, daß seine Heilung im Gange war, was immer diese bedeuten mochte.

Klippenmotive als Ordnungsprinzipien der Rituale

Bei den Ndembu, dem schon erwähnten afrikanischen Stamm, wird ein einzelnes Ritualelement mit dem Wort »chijikijlu« bezeichnet, das *Orientierungspunkt* und *Zeichen* bedeutet[12]. Rituale gleichen einer Fahrt über Klippen. Jede Klippe erfordert ein neues Ordnungsprinzip, ein neues Wegzeichen, einen neuen Orientierungspunkt. Zum Beispiel braucht der Knabe im Mannbarkeitsritual das Ritualelement des Sich-Losreißens von den Müttern der Stammesgemeinschaft, die ihn jagen und einfangen wollen, damit er die Klippe der inneren Trennung von seiner Kindheit überwinden kann. Dieses Motiv wird übrigens manchmal auch in Therapiegruppen spontan inszeniert.
Ritualelemente als Orientierungszeichen nenne ich *Klippenmotive*, weil sie behilflich sind, eine bestimmt Klippe oder Hürde zu nehmen[13]. Auch das Spontanritual besteht immer aus einem oder mehreren Klippenmotiven. Eine Aggressionshemmung etwa fordert das Klippenmotiv eines mutigen Aggressionssprungs oder die Erstarrung in einer Liebesbeziehung das Klippenmotiv eines Sich-Gehen-und-Sich-Fallen-Lassens. Aus der Bewältigung eines Klippenmotivs entsteht eine neue Ordnung und Struktur der Lebensgestaltung. Nach Abschluß eines Spontanrituals spreche ich jeweils mit dem Selbstinitianden und der Gruppe über die durchlebten Klippenmotive. – Wiederholt sich im Alltag das Scheitern vor der gleichen Lebensklippe, zum Beispiel bei Menschen, die regelmäßig in die gleiche Beziehungsfalle treten, dann kann als Gegenkraft das in einem Spontanritual gestaltete passende Klippenmotiv in kritischen Momenten individuell

wiederholt werden. Dabei gilt es, auf die sorgfältige Ausführung der Gebärde mit ungeteilter Aufmerksamkeit zu achten. Ein bloß geträumter Traum ist oft ohne Wirkung, ein Traum in Bewegung dagegen ist ein Traum auf dem Weg der Verwirklichung.

Heilung aus Gebärden der Ordnung

Nicht nur der einzelne strahlt auf die kosmische Ordnung aus, sondern die kosmische Ordnung auch auf den einzelnen. Daher gibt es viele Rituale, die den kranken Menschen in Berührung mit Bildern des »*Kosmos*«, wörtlich: der »*Ordnung*«, bringen. Bei den Navahro-Indianern wird der Patient zur Heilung auf Sandmalereien gelegt, die den Kosmos und die Schöpfung darstellen. Das Betrachten oder Malen von Mandalas dient demselben Ziel. Im Spontanritual schenkt der *Kreis*, den die Gruppenteilnehmer um den Selbstinitianden bilden, die Erfahrung heilender Ordnung und Geborgenheit. Außerdem zieht der Selbstinitiand mit seinen Gebärden und Schritten unsichtbare Linien durch den Raum, die, könnte man sie wie Sternenbahnen mit langer Belichtungszeit fotografieren, eine immer harmonischere Ordnungsstruktur erkennen lassen würden. Zum Beispiel lösen sich manchmal an den Leib gepreßte Arme und geballte Fäuste nach und nach in die von Mysterienkulten und religiösen Ritualen her bekannte *Gebärde des Empfangens* hinein auf, bei der die Arme weit ausgebreitet und die Handflächen nach oben offen sind, also, einer zu füllenden Schale gleich, einen großen, offenen Halbkreis bilden: das passende Ordnungsbild für einen Menschen, der sich bisher mißtrauisch verschlossen hat. Wird diese Gebärde zu einem späteren Zeitpunkt bewußt mit aufmerksamer Sorgfalt wieder ausgeführt, stellt sich unreflektiert und spontan die gleiche heilende Empfindung vertrauensvollen Sich-Öffnens und Empfangens ein. In verschiedenen Zusammenhängen, so auch jetzt, weise ich immer wieder auf die zur Heilung notwendige *Wiederholung* der Spontanrituale hin: Die Wiederholung ist »der Griffel, der die Texte des Rituals am tiefsten ins Gemüt schreibt«.[14] Spontanrituale werden oft von intensiven kosmischen Erfahrungen begleitet, zum Beispiel der Erfahrung großer Weiträumigkeit. Das hängt damit zusammen, daß in ihnen Urgesetze der Schöpfung, archetypische Wachstumsordnungen am Werk sind. Das wohl meint ein indisches Sprichwort, das auf die Rituale Bezug nimmt: »So haben die Götter getan, so tun die Menschen.«[15] Die Gefühle der Entsprechung von innen und außen, von oben und unten, Mensch und Kosmos beruhen auf der Erfahrung der Einheit der Welt. Diese stellt sich immer dann ein, wenn wir eine stimmige Gebärde ausführen, ein stimmiges Wort aussprechen, einen stimmigen Gedanken denken. Das Spontanritual löst diese Stimmigkeit aus. Insofern ist es Teil des kosmischen Schöpfungsaktes.

Schiwas Tanz: ein Urritual

Im Ritual des *Schiwa Natarāja*, des »Königs der Tänzer«, begegnen wir den wichtigsten Aspekten des Rituals zur Heilung. Deshalb nenne ich es ein *Urritual.* Seine Beschreibung und Deutung mögen als Zusammenfassung dieses Kapitels dienen. Die Grundbewegung des Schiwa Natarāja bildet der *Tanz*, der ein schöpferischer Akt ist. Der Tänzer bewegt, dreht, wendet und wandelt sich in eine neue, umfassendere Persönlichkeit hinein. Solange sein Tanz dauert, weckt er Energien. Schiwas Tanz ist die Gebärde der Schöpfung: Mit wirbelnden Armen und Beinen, Händen und Füßen bildet er aus seiner unbewegten Mitte heraus, die sich auch im klaren leidenschaftslosen Gesicht offenbart, einem Sonnenrad gleich, eine Kreisbewegung. Die energiesteigernde Verbindung von äußerer Bewegung und zentraler Bewegungslosigkeit kommt auch im griechischen Sirtaki zum Ausdruck. Wer sich in ihr vorfindet, erlebt Freiheit und Schöpfung. – Versuchen wir nun, in Schiwas kosmischem Tanz die einzelnen Elemente zu erfühlen und zu deuten.

Tanzen im Zustand der Sammlung und Befreiung aller Kräfte intensiviert das Bewußtsein, dieses allerdings nicht verstanden im Sinne eines von außen beobachtenden, sondern im Akt der stimmigen Bewegung eines seiner selbst innewerdenden Bewußtseins. Es ist das innere Licht, die innere Glut, das innere Feuer der Schöpfung: die in jedem Entwicklungsakt tätige Lebensenergie. Auch ohne Wissen um die Evolutionstheorie wird im Tanz die Identität von Schöpfung und Entwicklung spürbar. Teilhard de Chardin nennt sie *évolution créatrice*: schöpferische Entwicklung oder Evolution. Auch der indische Mythos weiß um die Verbindung von Schöpfung und Bewußtsein, wenn sie Schiwas kosmischen Tanz eine »tanzende Offenbarung« (nṛitya-murti) nennt. Schiwas *schöpferisches Tun* wird durch seine *obere rechte Hand* – er hat vier Hände – ausgedrückt. Mit ihr schlägt er zum Takt die Trommel. Wir sind der Trommel bereits als Instrument der schamanistischen Ekstase begegnet. Schöpfung ist nur in Ekstase, im Heraustreten aus dem Bisherigen, möglich. Ohne Ekstase, gedeutet als ungeteiltes Bewußtsein in einem Schöpfungsakt, gibt es kein Spontanritual. Nichts ersehnen und fürchten die Menschen mehr als die Ekstase. Ihre Furcht bezieht sich auf die mit jeder Schöpfung verbundene *Zerstörung*. Auf letztere verweist die Gebärde der *oberen linken Hand* Schiwas, die eine Flammenzunge trägt. Während der Ring von Flammen und Licht, der Schiwa umgibt, allgemeiner Ausdruck seiner Energie ist, bedeutet die Flammenzunge den großen Weltenbrand, die Weltzerstörung. Das Packende an der Darstellung des kosmischen Tänzers beruht wohl auf der Gleichzeitigkeit von Schöpfung und Zerstörung. Beide geschehen im mystischen Augenblick des Jetzt. Das indische Denken kennt auch heute noch nur die Unterscheidung zwischen Jetzt und Nicht-Jetzt. Deshalb bedeutet das Wort »*cal*« auf hindi sowohl gestern als auch morgen, also einfach »nicht-jetzt«. Solange wir im cal, im Nicht-Jetzt befangen sind, mögen wir zwar kluge Dinge denken, sagen und tun, aber schöpferisch sind wir alleweil nicht.

Die Hemmung vor der Schöpfung gründet also in der Furcht vor der Zerstörung. Diese habe ich »*Thanatophobie*«[16] genannt, Angst vor dem ins Leben Hineinsterben. Zur Bannung dieser Angst führt Schiwas *zweite rechte* erhobene *Hand* die in allen Kulturen bekannte beschwichtigende *Fürchte-dich-nicht-Gebärde* aus. Sie bietet Schutz und Frieden mitten im Wirbeltanz von Leben und Tod. – Wenn in einem Spontanritual, meist kurz vor dem befreienden Umschwung, die Angst vor dem beschriebenen »Sturz ins Ganze«, also vor dem

Auslöschen jeglicher Schöpfungshoffnung zu groß wird, finden Selbstinitianden mit schlafwandlerischer Instinktsicherheit Gebärden des Schutzes und Friedens.
Jede Form von Selbstberührung, die den schwierigen Prozeß der Selbstschöpfung begleitet, ist eine solche Gebärde. Schiwa selber braucht keine spezifische Eigenberührung. Seine Furchtlosigkeit stammt aus der absoluten Zentrierung in der Tanzgebärde, durch die er mit sich selbst identisch ist. Die erhobene zweite rechte Hand betont seine *Sammlung in der Vertikale*: der Energieverbindung zwischen oben und unten. Die Entfaltung des Kreislaufs von Schöpfung und Zerstörung, die Entfaltung also eines Daseins, das im Jetzt fließt, setzt dieses Bewußtsein in der Vertikale voraus, wie es zum Beispiel im Yoga, im Tai-Chi und in der Zen-Meditation aufscheint. Wer wie Schiwa bewegt unbewegt im eigenen Lot da ist, findet für sich und andere *Heilung*. Die verbleibende *zweite linke Hand* weist zum angehobenen linken Fuß: *die Geste der Erlösung*. In ihr wird die Verbindung von oben und unten, Hand und Fuß angedeutet, nicht statisch, sondern in einem wilden und anmutsvollen Tanz im wirbelnden Kreis der sich von der Mitte her strukturierenden Energie. Daß die Berührung von Hand und Fuß Heilung bewirken kann, davon habe ich bereits im ersten Kapitel berichtet. Der erhobene *linke Fuß* bedeutet *Gunst*, was im Zusammenhang mit der beschriebenen Verbindung von Hand und Fuß ebenfalls als Erlösung und Heilung zu deuten ist.
Der *rechte Fuß* ist mit seiner stampfenden Bewegung als einziger in Berührung mit dem Boden. Wer den Bodenkontakt verliert, dem entgleitet auch die Konzentration und die kontinuierliche *Achtsamkeit*: Schiwa tanzt mit dem rechten Fuß auf dem Purusa, dem Dämon der Unachtsamkeit und Vergeßlichkeit. Der vibrierende Tanzkontakt mit der Erde ist Ausdruck seines wachen, lückenlos anwesenden Bewußtseins.
Schiwas Antlitz ruht. Das nach innen gewandte Lächeln offenbart die gelassene Leichtigkeit seines kosmischen Tanzes. Es drückt die wohl letzte Stufe der Ekstase aus: Freiheit von der Illusion dauerhafter Schöpfungen und Zerstörungen. Aus dieser Quelle stammt die wirbelnde Vitalität der Arme und Beine, die unaufhaltsame Schwingung

des Leibes, die wilde Ursprünglichkeit, die zugleich höchste Kultur ist[17].

Heilung ist kein Spezialkapitel in der Geschichte menschlichen Lebens und Sterbens, sondern Identischwerden mit jeder Gebärde, in der wir uns zu entfalten suchen, sei diese noch so armselig, verächtlich und unvollständig. Nicht das Reiche, Großartige und Vollständige bildet den höchsten Wert, sondern das Da-Sein, in welchem Sagen, Denken und Tun auch immer. Es hebt die Gegensätze von Glück und Unglück, Lust und Schmerz, Leben und Sterben auf. Leben im Sinne von Da-Sein ist Heilung.

4
Spontanrituale – Heilung durch Inszenierung

Schlüsselgebärden

Plötzlich macht ein Mann drei schnelle Schritte in die Mitte des Raums, als wüßte er genau, was es hier für ihn zu erledigen gäbe, doch angewurzelt bleibt er stehen, schaut gequält in die Runde, zwingt seinen Kopf zu einer mühseligen Kreisbewegung, bis es im Nacken knackt, sein Mund ist zu einer kleinen starren Öffnung verengt, die kräftigen Schultern bewegen sich langsam und widerständig, als steckten sie in einer Raumfahrermontur, ruckartig füllt sich die breite Brust mit Luft, er hält sie an und läßt sie dann mit einem großen Schnaufer fahren, als sei es ein Irrtum gewesen zu atmen; breitbeinig und stark wie ein Stier steht er da, hilflos um sich schauend, er wartet auf einen Impuls von außen, aber keiner kommt, Verlegenheit wächst, dumpfes Unbehagen hängt wie Sommersmog im Raum, auch den Leuten im Kreis ist unwohl, ihre Füße zucken, gleich werden einige aufspringen und draußen in der frischen Luft durchatmen, aber alle hängen wie Fliegen am Leim, er merkt, was er auslöst, beginnt zu schwitzen, stößt mit gepreßter Stimme hervor: »Es will springen«, aber es springt nicht, es bleibt weiterhin stehen, das Unbehagen wächst, ich habe die Phantasie einer Explosion, nichts geschieht, die Zeit dehnt sich, mein Gefühl erinnert sich schon nicht mehr, daß es eine Zeit vorher gab, der Mann ist jetzt schweißüberströmt, Hemd und Hose kleben, zuerst zittern seine Beine, dann sein Mund und nun der ganze Leib, wie ein angespannter Bogen vibriert er von Kopf bis Fuß, mehr und mehr richtet er sich auf, sein Beben ist wie flimmernde Luft, – und plötzlich ist der Sprung da, ein einziger Sprung, alles an seinem hochgeschnellten Leib: die in die Weite geworfenen Arme, die bis in die Fußspitzen gestreckten Beine, der lustvoll offene Mund und die funkelnden Augen, ist Sprung, Schweben im Sprung, die Grenzen dieses Raumes und alle Eingrenzungen sind weggezaubert, es hat sie nie gegeben, der Zauber war vorher und jetzt ist Wahrheit, er fällt zurück auf die Füße, bleibt einen Augenblick aufgerichtet stehen, Lebenslust und Kraft pulsieren von ihm aus in den Raum, nun liegt er auf dem Bauch mit ausgebreiteten Armen und Beinen, lacht und weint abwechselnd; die den Ring geformt haben, lachen, schneuzen sich, reden plötzlich laut und lustig, Fenster werden geöffnet, der erste Windstoß fährt in dic Lungen, und er liegt immer noch da, schaut mit schelmischem, ein wenig teuflischem Lächeln um sich, nun setzt er sich auf, einige kommen zu ihm, berühren ihn, der Kontakt mit dem großen Sprung geht weiter. Vier Tage, die diese Gruppe zusammen verbracht hat, sind zu Ende.

Eigentlich spürt jeder Mensch: »Da ist noch etwas. Das war's noch nicht. Es gibt noch einen Schritt, wenn ich den gefunden habe, dann bin ich da.« Dieser Schritt – eine bestimmte *Schlüsselgebärde* zur Auflösung der entscheidenden Lebenshemmung – führt zu weiteren Schritten nach der Art des ersten. Oder wie mir jene Frau am Telefon gesagt hat: »Seit der ersten Drehung, drehe ich mich immer wieder.«

Ist die entscheidende Gebärde ausgeführt, gilt es, auch ihre Bedeutsamkeit auszuloten: Auf dem Hintergrund der eigenen Geschichte, innerhalb der gegenwärtigen Lebenssituation, im Kontakt mit den Sehnsüchten und Ängsten, die uns bisher bewegt haben. So kann sie zu einer Neuorientierung des Lebens führen. Zwar bietet die Schlüsselgebärde kein Rezept dafür, wie wir die weiteren Lebensschritte in ihren umständebedingten Details zu gestalten haben. Doch als Bewegungs- und Stimmungsmuster weist sie die Richtung. Ohne Verarbeitung der Schlüsselgebärde bleibt es bei der einmaligen Performance. Diese würde einer einzelnen Welle gleichen, die ans Ufer schlägt, um sogleich wieder vom Meer aufgeschluckt zu werden. Der Vergleich stammt von Jung; er bezieht ihn auf Träume, die wir, kaum erinnert, wieder vergessen.

Zur Eigenart der Schlüsselgebärde gehört, daß wir, bevor sie ausgeführt ist, um ihre Beschaffenheit nicht wissen. Zwar können wir uns an sie »heranreden«, sie mit Worten ertasten, doch die Emotion, die wir bei diesen verbalen Vorübungen empfinden, ist der Schmerz über ihre Abwesenheit. Das Reden läßt uns nicht finden, aber es macht uns den Mangel im Spüren bewußt. Das ist bereits eine erste Annäherung, auch wenn wir es noch nicht so empfinden. Solange wir den weißen, leeren Fleck auf unserer Lebenskarte aus Unbewußtheit einfach überschwiegen haben, gab es auch kein Leiden am Fehlenden. Nun aber pulsiert im leeren Bereich bereits diese Emotion. Der bohrende Schmerz der Abwesenheit will nicht ausgetrickst, sondern bewohnt und begangen werden, denn er zeigt die potentielle Anwesenheit des Abwesenden an.

Der Mann wußte nicht, was ihn in die Mitte des Gruppenraumes trieb. Zwar wußte er einiges von dem, was ihm fehlte und hatte es bei früheren Gelegenheiten auch ausgesprochen, aber wüßte er es wirklich aus direkter Erfahrung, dann würde es ihm nicht mehr fehlen. Zwar gab es ein Wort, das ihm bald die Spur wies: »springen«. Aber solange ein Wort nicht Fleisch, nicht Tun ist, bleibt es schemenhaft, das Echo des eigenen Klangs. Immerhin: Mit diesem Wort war das Überschweigen zu Ende, es drängte ihn schmerzlich nahe an das Fehlende heran. Mit dem Schmerz wuchs die Energie. Wie ein Zen-Meister im Anspannen seines Bogens fühlte er noch keine Erlösung. In dieser Phase wäre jeder Anflug von Erlösungsgefühl eine Flucht nach vorne in die verfrühte Tat. Und die Schlüsselgebärde, die erst auf dem Punkt der höchsten Energiekonzentration durchbricht, wäre einmal mehr abgetrieben.

Der Selbstinitiand sagte nicht: »*Ich* will springen.« Mit dieser Absichtserklärung hätte er sich außerhalb seines Schmerzes gestellt, und der Sprung – oder welche sich aus dem Schoß des Schmerzes manifestierende Gebärde auch immer – wäre in Entmutigung und Energielosigkeit zusammengefallen. – »*Es* will springen«, stieß er hervor, und zeigte damit, daß er wirklich mit seinem Schmerz, mit dessen Dynamik identisch war. Das »*Es*« meint hier den zu ganzheitlicher Entfaltung motivierenden *Entwicklungstrieb*. Befinden wir uns wie der Mann im Bericht in dessen stärkster Strömung, dann ordnen sich ihm die sonst chaotisch widersprüchlichen Einzeltriebe zu. Im umfassenden Entwicklungstrieb formen sie eine Synthese, einen Strom mit gemeinsamer Richtung, ein *verbundenes System in Fluß*.

Unbeirrbares Ausharren auf der Entwicklungsachse

Keinem Menschen fehlen zumindest punktuelle Erfahrungen eines *verbundenen Daseins.* Es sind *Sternmomente*, die wir im Alltag als *Energiequellen* für ein immer ganzheitlicher fließendes Leben nutzen können. Eben dies geschieht in Spontanritualen. Sie führen in die Mitte der Strömung, ins Zentrum der stärksten Empfindung. Den Spannungsaufbau bis zur heilsamen Krise unbeirrbar durchzuhalten, bereitet die größte Schwierigkeit. Ein trügerischer Selbsterhaltungstrieb redet uns ein, diese Unlust zu meiden und auszusteigen. Der zentrale Lebenstrieb dagegen gebietet uns, mitten in deren Anschwellen auszuharren, dem Widerstand zum Trotz. Dieser kennt viele Ausflüchte. Eine ist der Zweifel des Selbstinitianden, »ob das alles vielleicht bloßes Theater ist«. – Und wenn auch. Dann spielen wir halt Theater, aber solange, bis sich aus dem Theater der Wirklichkeitskern herausschält. Auch dann ist es noch Theater, aber Selbst- und Welttheater: das Spiel der Schöpfung. Bleiben wir lang genug im »Theater« eines Spontanrituals, nimmt die Unsicherheit ab und der seelische Fokus im entscheidenden Bereich zu. Auf einmal finden wir uns in jener Ergriffenheit vor, die »es« den angezeigten Schritt tun läßt. Dessen Inszenierung bewegt sich auf der Entwicklungs- oder Mittelachse des Daseins.

Als ich anfing, Spontanritualen zu assistieren, überfiel mich oft das peinliche Gefühl von Unechtheit, und ich teilte es den Selbstinitianden auch mit. Ab und zu bewirkte meine Mitteilung plötzliche Authentizität, häufiger aber verstärkte sie die Hemmung auf dem Weg zu dieser. Eigentlich war ich damals ein Moralist der Echtheit, weil ich selber noch an der therapeutischen Wirksamkeit von Spontanritualen zweifelte. Dank größerer Erfahrung hat sich dieser Zweifel mittlerweile aufgelöst. Heute ermuntere ich manchmal Selbstinitianden sogar zu Übertreibungen. Aus der Perspektive des Entwicklungstriebs sind diese oft immer noch Untertreibungen. Lebensgehemmte Menschen sind wandelnde Entschuldigungen ihrer eigenen Gebärden. In Spontanritualen dürfen wir keine Rücksicht auf den sogenannten

»guten Geschmack« nehmen. Dieser bedeutet, laut Hugo von Hofmannsthal, »die Fähigkeit, kontinuierlich den Übertreibungen entgegenzuwirken«.

Was hat der Mann im letzten Bericht mit dem Satz »es will springen« ausgedrückt? Das »Springen« war schon da, aber er war noch nicht spürbewußt mit dessen Schwung – seinem eigenen Schwung zur Heilung – identisch, deshalb konnte er noch nicht springen. Das ist eine neue Bedeutung von Freuds Axiom, daß aus dem Es Ich werden soll: Das Es im Entwicklungstrieb muß Ich werden.

Die *Gruppe als Energieverstärker* unterstützt das Aushalten und die Steigerung der Wachstumsschmerzen im Selbstinitianden und trägt so zur größtmöglichen Intensität der Schlüsselgebärde bei. Schließlich profitiert sie von deren heilenden Ausstrahlung. Falls sich die Schlüsselgebärde des Selbstinitianden dazu eignet, – im letzten Beispiel war das nicht der Fall – lasse ich sie in der Stimmung des soeben Erlebten manchmal auch von den anderen Teilnehmern ausführen. So weitet sich der Prozeß des einzelnen zum Prozeß der ganzen Gruppe aus.

Kreative Rituale in Gruppen und allein

Selbst wenn keine Rollenspiele inszeniert werden, sind bei Spontanritualen jederzeit alle beteiligt. Der Leiter achtet durch gezielte Hinweise und Vorschläge darauf, daß die aktive Teilnahme aller gefördert wird. Er kann gegebenenfalls ein Spontanritual, das hohe Ansprüche an die Gefühlspräsenz der Gruppe stellt, durch ein Spiel unterbrechen, in welchem das Thema des Spontanrituals szenisch und mimisch von allen Teilnehmern auf individuelle Art angegangen wird. Dazu eignet sich zum Beispiel der Ausdruckstanz zu passender Musik. Gruppenspiele, die ich regelmäßig vorschlage, sind zum großen Teil aus solchen Situationen entstanden. Der ständige Einbezug der Gruppe stimuliert auch den Prozeß des Selbstinitianden. Solche Arbeit im Grenzraum einer Gruppe wird – nach einem Wort von Turner – zu einem »Samenbeet kultureller Kreativität«[1], nicht nur, weil einige – nicht alle! – Spontanrituale auch formale Gestaltungskraft erkennen lassen, wie auch aus späteren Beispielen hervorgeht, sondern vor allem, weil sie zu kultureller Kreativität anregen können. Im Sinne von Joseph Beuys wäre ohnehin jedes Spontanritual Kunst, da es ein von Konventionen weitgehend freier Ausdruck eigenwilliger Lebensgestaltung darstellt. Spontanrituale sind strukturierte Wege *schöpferischer Selbstüberschreitung*. Wir sollten ein bestimmtes Spontanritual erst dann durch ein neues ersetzen, wenn es nach Wiederholungen über einen längeren Zeitraum an transformierender Kraft verloren hat, weil sein Entwicklungsmuster nunmehr auch unseren Alltag prägt. Aktivismus in der Erarbeitung von Spontanritualen ist fehl am Platz. Deren Kreativität wird durch einkreisende Wiederholung befreit. Allerdings kann das Grundmuster eines Spontanrituals aus der augenblicklichen Situation spontan variiert werden. Und eine neue Problemlage, ein neuer Leidensdruck motiviert natürlich zu einem neuen Spontanritual, wie lange es auch seit dem letzten her ist.

Spontanrituale können zur Selbsthilfe auch alleine gestaltet werden. Dabei hilft die Einstellung, daß es lange dauern mag, bis die heilende Wende eintritt, daß Gebärden mit spürendem Bewußtsein oft langsam ausgeführt werden wollen, daß es nie auf den dramatischen Effekt, sondern auf die innere Verbindung mit der eigenen Entwicklungsachse ankommt, und daß komplizierte Strukturelemente nicht unbedingt wirkungsvoller als einfache sind.

Beschreibung und Deutung der Spontanrituale

Spontanrituale verändern unser Leben auf ähnliche Weise, wie Kunst es tut, weniger durch Verstehen als dadurch, daß wir uns auf ihre Bewegungen, Rhythmen, Resonanzen und Dissonanzen, Verflechtungen und Entflechtungen mit Leib und Seele, Gemüt und Denken einlassen, bis unsere Identität zur reinen Flußidentität wird, die dem Erlebten nichts mehr entgegensetzt, weil sie eins mit ihm ist. Die Veränderung durch Kunst entsteht nicht durch einen moralischen Imperativ, sondern durch Neustrukturierung der Lebensenergie im

Medium des Kunstwerks. Von Picasso stammt der bekannte Ausspruch: »Man versucht doch nicht, den Gesang eines Vogels zu verstehen. Warum versucht man, Kunst zu verstehen?«

Nicht-Verstehen ist nicht gleichbedeutend mit Unbewußtheit. Horchen wir aufmerksam auf das Pfeifen eines Vogels oder das Dröhnen eines Preßluftbohrers, dann ist unser Bewußtsein im Pfeifen des Vogels oder im Dröhnen des Preßluftbohrers, also in der verbindenden Resonanz. Betrachten wir ein Bild, heißt Bewußtsein möglichst wache, unvoreingenommene Spiegelung. Im Spontanritual entsteht Bewußtsein nicht nur durch Resonanz und Spiegelung, sondern auch durch Verleiblichung und Inszenierung – nicht durch Distanzierung. Was wir gemeinhin als Bewußtsein bezeichnen, ist eigentlich ein mit Vorurteilen angefüllter Behälter. Mit diesem »Pseudobewußtsein« hindern wir uns daran, etwas Neues zu erleben. Die einzige Art adäquater Wahrnehmung von Kunst ist folglich die einer genauen *formalen Beschreibung* ohne Verständnis des Inhalts. Sie löst die Fixierung im schon Gewußten auf und gibt geistigen und emotionalen Zugang auf das Noch-nicht-Gewußte. Die formale Beschreibung ist ein überraschender Weg zum Unbewußten. Christoph Riemer, mit dem zusammen ich Kurse über Psychoenergetik und Masken gestaltet habe, hat mich auf diese wichtige Überlegung Joseph Beuys' hingewiesen.

Auch im Anschluß an ein Spontanritual beschränkt sich das Gruppengespräch zunächst auf Fragen wie: Was habe ich im Spiel des Selbstinitianden gesehen, gehört, gerochen, ertastet, empfunden, gefühlt? Eine präzise formale Beschreibung ohne Interpretation ist für den Sprechenden und den Selbstinitianden, an den er sich wendet, fruchtbar. Das hört sich etwa so an: »Solange deine Augen nach unten zum Boden gerichtet waren, klang deine Stimme flach. Als du dann deinen Partner ins Auge gefaßt hast, wurde sie lauter und voller. Du fingst an, mit deinem Knie zu wippen, und diese Bewegung wurde immer stärker. Als du schließlich aufgestanden und auf deine Freundin einen Schritt zugegangen bist, hast du mehrmals mit dem rechten Fuß gestampft. Deine Stimme wurde dabei heiser und klang wie Bellen... Zehn Minuten später hast du dich von deiner Freundin abgewandt und geweint. Da waren die Muskeln deiner Beine und

deines Unterleibs angespannt, während Kopf und Oberkörper schlaff nach vorne hingen. Während ich dir zuschaute und zuhörte, fühlte ich mich gleichzeitig wütend und ohnmächtig«, etc, etc. Das den Tatsachen nachspürende Bewußtsein vermittelt die direkteste Erfahrung von Störungen, Hemmungen, Beziehungsschwierigkeiten, Heilungsversuchen bei sich und anderen.
Zur passenden *Deutung* im Anschluß an die formale Beschreibung tragen die Selbstinitianden am meisten bei. Sie geschieht meist rasch und immer mühelos und bleibt ganz auf der Spur der erfolgten Beschreibung. Von außen aufgepfropfte Deutungen, mögen sie von noch so großer Belesenheit zeugen, würden zur Heilung nichts beitragen, sondern im Gegenteil die Gefahr mit sich bringen, durch erneute Distanznahme zum soeben Erlebten die Heilung zu hemmen. Wichtiger als die Deutung ist der Brückenschlag vom neuen Energiemuster des Spontanrituals zur konkreten Lebenssituation. Das ist die Funktion von Rollenspielen zum Abschluß eines Spontanrituals. Aus der Inspiration seiner Schlüsselerfahrung schafft sich der Selbstinitiand neue Beziehungs-, Verhaltens- und Denkstrukturen. Umständehalber hat ein solches Rollenspiel nach der großen »Sprungerfahrung«, die der »Kunst des Bogenschießens« im Zen verwandt war[2], nicht stattgefunden. Dagegen können wir darüber phantasieren, wie ein solches Rollenspiel mit der Sprungerfahrung als dynamisches Modell in allen Lebensbereichen für uns aussehen würde. In jedem Fall entspricht ein Schlüsselerlebnis im Spontanritual dem, was NLP (Neurolinguistisches Programmieren) eine *Ressource* nennt[3]: Nach dem Grundmuster des Schlüsselerlebnisses und mit der Energie, die aus diesem befreit wurde, erfolgt eine Umstrukturierung der Persönlichkeit. Das Schlüsselerlebnis bildet also die *Energiequelle* zu dieser.

Existentielle Lücken zum Durchbruch des Eigenen

Der Sinn auch vieler traditioneller Rituale ist die Einübung in alltägliches Leben. Sie verkörpern *»bahn-brechende« Energiemuster.* In Krise und Gefahr erschließen sie Lebenspotential.

Was bedeutet der bereits mehrmals verwendete Begriff Energiemuster? Im Positiven meint er ein *Entwicklungsmuster* auf der Sinnspur des Daseins, im Negativen ein *hemmendes Lebensmuster* auf der traumatischen Spur v. a. früher Kindheitserfahrungen. Zum Beispiel sind die sogenannten »*Unliebesspiele*«[4], durch die wir uns in die Isolation drängen, negative Energiemuster. Positive Energiemuster dagegen haben immer »Flußqualität«, sie spenden »die Freuden des Flusses«, während negative Energiemuster sich durch »Flußunterbrechungen« zu erkennen geben und Leiden der Stockung verursachen[5]. Die Unterscheidung zwischen positiven und negativen Energiemustern ist also energetischer Art. Ablesbar wird die Art des Energiemusters an seinen Wirkungen: ob es in Gesundheit oder Krankheit führt.

Für die Gesundheit eines Individuums gibt es Kriterien wie: Beziehungs-, Gemeinschafts- und Dialogfähigkeit, Freude an Aktivität und Kreativität, meditative Innerlichkeit, Sensibilität für soziale Probleme sowie für die Bedürfnisse von Körper, Erde und Umwelt, Lust an Berührung und Sexualität, seelische und geistige Beweglichkeit, Begeisterungsfähigkeit und Offenheit für kulturelle Anliegen, Fähigkeit zum Alleinsein. Das verbindende Kriterium ist die *»erotische Einstellung«*[6]: Förderung des Lebens durch Hingabe.

Es gibt Phasen, in denen wir am Gefühl leiden, unser Leben sei vollständig geregelt, durchorganisiert und -geplant, und es gebe keinerlei Breschen, Fenster, Wolkenlöcher, durch die der Himmel einbricht, Öffnungen für Unvorhersehbares, Unerwartetes, Überraschendes. Das sind triste, unschöpferische Phasen. Eingeschlossen in einer vergitterten Arbeits- und Beziehungswelt[7] bewegen wir uns wie Schachfiguren auf fremden Brettern. Doch irgendwann tut sich in dieser verschweißten Totalhülle eine *Lücke* auf: eine Begegnung, ein Naturerlebnis, Musik, die uns anrührt, ein Kunstwerk, das uns plötzlich ergreift und die Schritte in eine neue Richtung lenkt, Durchbruch eigener Kreativität, aber auch – und nicht zuletzt – ein Schmerz, eine Trennung, eine uralte Wunde, die wieder aufbricht, Konfrontation mit eigenen Grenzen, Krankheit, Kränkung, Einsamkeit in einem unlösbar scheinenden Problem, ein irreversibles schlimmes Erlebnis. Solche Ereignisse reißen die Abdichtung, unter der das Dasein erstickt, entzwei. Ein Windstoß packt und wirbelt uns herum, und auf einmal finden wir uns nicht mehr hinter, sondern vor verschlossenen Türen, und wenn wir uns umdrehen, weitet sich vor unseren Augen ein Raum von Freiheit.

Solche *Lücken* sind die *Orte des Rituals*: zentrale Stellen, in denen sich nicht nur horizontal, sondern auch vertikal Durchbrüche ereignen: das Loch der Mittelachse, auf der die Götter zur Erde herunter- und die Schamanen in die Himmel hinaufsteigen, Kommunikationsachse verschiedener Erfahrungsebenen, auch mit der Unterwelt von Zerstörung und Tod. In den Erlebnissen der Lücke verschmelzen die Zeitebenen im mystischen Moment.

Die Gruppenkreismitte, in der das Spontanritual stattfindet, ist Symbol dieses inneren Ortes. Hier stößt der ägyptische Gott Tôt den Schrei aus, durch den die Welt geschaffen wird: der gesammelte Schrei, die Schlüsselgebärde, der entscheidende Schritt des Selbstinitianden. Dasein häutet sich und ersteht neu. – Jederzeit gibt es eine Lücke.

Den Schluß dieses Kapitels bilden Berichte über zwei in Form und Verlauf extrem verschiedene, entgegengesetzte Spontanrituale. Sie sollen die große Spannweite der Möglichkeiten von *»Heilung durch Inszenierung«*, Thema dieses Kapitels, vor Augen führen.

Eine Bemerkung, die für viele Spontanrituale gilt, ist hier angebracht. In Leserinnen und Lesern, die Spontanrituale nicht aus eigenem Erleben kennen, könnte beim einen oder anderen Spontanritual der Verdacht auf Unechtheit, gar Hysterie im volkstümlichen Sinn des Wortes auftauchen. Ich habe dazu im Zusammenhang mit der Frage, »ob das alles nicht Theater ist?«, schon Stellung genommen. Doch gibt es noch eine zweite Antwort: Wir sind versucht, alle Körpersymptome, die medizinisch nicht nachweisbar sind, als hysterisch abzustempeln. Dabei sind sie in erster Linie als Ausdruck der engen Verbindung von Seelischem und Körperlichem, als Hinweis auf deren Einheit und letztlichen Identität (vgl. Kapitel 9) zu verstehen, und zwar als spezifische Hinweise, mit denen wir psychoenergetisch arbeiten können. Sogar eigentliche Konversionssymptome – zum Beispiel eine körperliche Lähmung als Ausdruck einer seelischen – sind sinnvolle Äußerungen der leib-seelischen Realität. Die oft erwähnte spürende Aufmerksamkeit im Symptom ist die einzige Form

von Bewußtsein, die Heilung bewirkt. Ich meine auch, daß sie es war, die in den von Freud beschriebenen Fällen von Hysterie im Medium der Zuwendung durch Analyse geheilt hat.
Das *erste* Spontanritual, von dem ich nun berichte, ereignete sich in einer *Einzelanalyse* und zeigt das Wechsel- und Zusammenspiel von sich gegenseitig verstärkenden Empfindungen, Worten und Gebärden bei einer Frau auf dem Weg der Befreiung ihrer *Sexualität.* Das *zweite* aus der *Gruppenarbeit* schildert die beginnende Lösung des Mutterproblems bei einem Mann durch Inszenierung eines Rollenspiels.

Ein Spontanritual auf der Spur sexueller Befreiung

In der Mitte meiner Praxis steht eine 40jährige Frau und preßt hervor: »Ich bin völlig verbissen.« In der Tat sind ihre Kiefer- und Halsmuskeln aufs höchste angespannt. Ich schlage ihr vor, ihrer Verbissenheit mit Ausdauer nachzuspüren. Nach zwei, drei Minuten beginnt sie mit dem rechten Knie und Bein nervös zu wippen und kennzeichnet diese Bewegung, als ich sie darauf aufmerksam mache, mit dem Stichwort Ungeduld. Die starre Empfindung der *Verbissenheit* hat sich also in die beweglichere der *Ungeduld* gewandelt. Nun ist dieses Wort Energieträger. Solche spontanen Verschiebungen der Lebensenergie von einer relativen Starrheit zu einer relativen Lokkerung geschehen immer dann, wenn wir spürend mit dem Ort der Starrheit identisch werden. Dann entsteht irgendwo im Körper eine Bewegung. In dieser Geschichte hat die Lösung der Verbissenheit in der Kiefer- und Halsmuskulatur zu einem Wippen mit dem rechten Bein geführt. Auch jetzt fordere ich sie auf, in dieser Bewegung zu bleiben: »Sie sind das Wippen im rechten Bein!« – Die *Benennung* verstärkt die *Leitfunktion* einer Körperbewegung (hier: des Wippens) oder einer Empfindung (hier: der Ungeduld), weil sie diese mit Energie auflädt.
Nach einer Weile beginnt sie *sich* zu *schütteln*, zuerst den Kopf, dann den ganzen Leib. Dazu fällt ihr das Stichwort *Befreiung* ein. –

Das verstärkende Hin und Her zwischen Empfindung, Körperausdruck und Wort durch Rückkoppelung geht also weiter. Der ganze Vorgang geschieht im Zustand tranceähnlicher Versenkung und Zentrierung auf Energiebewegungen im Körper. Die Frau hält ihre Augen ganz oder halb geschlossen. Nun, da sie das Wort Befreiung gebraucht hat, verändert sich ihre Gebärde: Ihre Fäuste öffnen sich und der Oberkörper beginnt, hin und her zu pendeln. Sie gebraucht dafür das Wort *wiegen.* Dieses, einmal ausgesprochen, treibt die wiegende Bewegung weiter an, die sich nun immer mehr nach rechts verlagert. Sie verwendet den Ausdruck »Sehnsucht nach Entspannung«. Ich sage: »Ihre Aufmerksamkeit ist ausschließlich in der wiegenden Bewegung nach rechts.« Bald lockert sie sich zur rechten Seite hin und spricht das Wort *Entspannung* aus. Nun bemerkt sie: *»Mein Knie schwillt dick an«*, setzt sich auf den Boden und liebkost mit beiden Händen ihr linkes Knie.

Einige Tage später wurde im Knie, allerdings nicht im linken, sondern im rechten, tatsächlich eine Verletzung, nämlich ein Knochenriß medizinisch diagnostiziert, den sie sich, ohne den Schmerz richtig zu spüren, eine Woche zuvor beim Sport zugezogen hatte. Das linke gesunde Knie eignete sich als Vermittler von Heilung für das rechte, kranke. Daher fand die dynamische Körpersensibilisierung für die reale Verletzung des rechten Knies im linken statt! Außerdem war das linke, körperlich gesunde Knie auch Symbolträger einer seelischen Verletzung: einer Bruchstelle im Erleben der Sexualität, wie die Fortsetzung des Spontanrituals zeigt.

Nachdem sie das Knie lange liebkost hat, steht sie auf und sagt mit weicher Stimme: »Mein *Becken* wird weit, vor allem an den Seiten.« Zum ersten Mal bekommt sie einen glücklichen Gesichtsausdruck, der ihre beginnende Öffnung zur Sexualität spiegelt. Doch bald darauf ruft sie das Wort *Angst* aus und bedeckt panisch mit beiden Händen ihre Brüste. »Sie sind ganz und gar in der Berührung der Hände und Brüste«, sage ich ihr. Nach einiger Zeit beginnt sie, ihre Brüste ebenso hingebungsvoll zu liebkosen, wie sie es vorhin mit dem Knie getan hat. Die Angst verschwindet: Gesicht und Oberkörper entspannen sich wieder. Die Gefühlsaufmerksamkeit im Becken – in der erwachenden Sexualität – hat sie offensichtlich noch überfordert und instinktsicher hat sie zu ihrer Stärkung die passende Eigenberührung – Liebkosung der Brüste – gefunden. – Lange Zeit verweilt sie darin. Auf einmal wird sie unruhig. Ich merke, daß sie sich zum ersten Mal wie von außen zuschaut. Ihre Züge verspannen sich, beschämt legt sie die Hände an beide Seiten des Gesichts. Auch ohne meinen Hinweis fühlt sie die Notwendigkeit, lange in dieser neuen Gebärde der Selbstberührung zu bleiben. Dann sagt sie: *»Es schmerzt«* und meint den Schmerz darüber, daß sie die unschuldige Selbstvergessenheit in der Liebkosung der Brüste verloren hat. Ich frage sie: »Wo ist der Schmerz?« Zur Antwort legt sie beide Hände fest auf die Brustmitte und beläßt sie hier. Kaum ist dies geschehen, bemerkt sie: *»Der Schmerz ist weg«* und lächelt. Nun ist sie ganz in der Herzmitte: am zentralen Ort, von dem aus sie ihren ganzen Leib: Nacken, Brüste, Bauch, Becken, Schenkel usw. von innen mit der Empfindung und von außen mit den Händen liebkosen kann. Im Anschluß an unser Zusammensein tat sie es alleine, in verschiedenen Phasen. – Das Spontanritual in der besonderen Form eines Dialogs von Empfindungen, Gebärden, Körperausdruck und energiegeladenen Worten ist bei seelischen Störungen, die sich im körperlichen Bereich, z. B. der Sexualität oder im Eßverhalten, äußern, besonders angezeigt.

Ein Spiel mit drei Müttern

Ebenfalls modellhaft zeigt der Bericht über ein *zweites Spontanritual* eine Möglichkeit zur Lösung eines *Mutterproblems.* Ein Mann fängt in einem Rollenspiel mit der Bemerkung an: »Ich komm' mit meiner Mutter nicht klar. Die widersprüchlichen Gefühle, die ich für sie empfinde, krieg' ich nicht auf die Reihe.« Ich schlage ihm vor, sich unter den Frauen der Gruppe »seine Mutter« zu wählen. Er schaut in die Runde, dreht sich einmal um die eigene Achse, dann nervös ein zweites Mal. Beim dritten Mal stockt er, schaut mich hilflos an und gibt auf: »Es geht nicht. Es sind drei Frauen da, zwischen denen ich mich nicht entscheiden kann.« Ohne zu wissen, befindet er sich bereits mitten in der Inszenierung der Gefühlsverwirrung, deretwegen er Unterstützung sucht. Unbewußt hat er drei Mütter gewählt. Nun geht es darum, daß er diese Wahl auch mit seinem Bewußtsein trifft. So antworte ich: »In Ordnung. Nimm dir alle drei! Du hast drei Mütter.« So kommt es zum *Spiel mit den drei Müttern.*

Der junge Mann plaziert die drei Frauen sorgfältig in einer Reihe und knöpft sich mit Genauigkeit eine nach der anderen vor. Die drei Dialoge gestalten sich fast ausschließlich durch spontanen, nicht von mir angeregten Rollenwechsel. In jedem der drei Dialoge wechselt er mehrmals den Platz und spricht mal in eigener Rolle, mal in der Rolle einer der drei Mütter. Die drei Frauen selbst bleiben stumme Projektionsträgerinnen. Die Reihenfolge und Dauer der Dialoge wählt er selbst. Auf der Energiespur ist er sein eigener Psychodramaleiter; sein Selbst führt Regie: ein Kennzeichen aller Spontanrituale.

Ich beschränke mich auf die Wiedergabe der jeweils wichtigsten Aussagen der drei Mütter. Die erste eröffnet ihm das Verdikt: *»Du mußt sterben*, weil Du dieses Problem hast.« Das gemeinte Problem, auf das ich hier nicht eingehe, hat im Selbstinitianden schwere Schuldgefühle bis zu Impulsen von Selbstbestrafung verursacht. Auf die Verurteilung der ersten Mutter – der Todesmutter! – folgt ein verwirrendes Hin und Her zwischen Anklage und Verteidigung, Anerkennung und Zurückweisung der Schuld: ein gefährliches, mörderisches Spiel, in dessen Verlauf sich die Verwirrung und Verzweiflung des Selbstinitianden steigert. Gäbe es nur diese Mutter für ihn, so wäre er heute nicht mehr am Leben.

Ganz gegenteilig lautet die Grundaussage der zweiten Mutter: *»Du darfst nicht sterben.«* Zwar hindert sie ihn daran zu sterben, aber der Preis ist hoch: Ein Zwang nach dem andern hat seit einigen Jahren seinen Freiraum, seine Freiheit eingeschränkt: »Das darfst du nur so und nicht anders tun; diese oder jene Farben, Kleider, Zahlen usw. mußt du meiden; an diesem oder jenem Tag darfst du eine bestimmte Handlung nicht ausführen.« Die zweite Mutter suggeriert dem Selbstinitianden: »Ich meine es gut mit dir, ich will dich vom Tode retten.« Daß sie eigentlich ausführendes Organ der ersten Mutter, der Todesmutter ist, indem sie sein Leben durch Verbote fast zum Absterben bringt, beginnt der Mann zu spüren, je länger er im Dialog mit ihr ausharrt.

So wendet er sich schließlich der dritten Mutter zu. Deren Grundaussage lautet ganz anders als die der ersten und zweiten: »*Ich liebe dich so, wie du bist.*« Ihre Liebe macht sie also nicht von Forderungen abhängig. Als einzige Mutter liebt sie den Selbstinitianden. Der Kontakt mit ihr ist seine Lebensspur. Lange verweilt er im Gespräch mit ihr, und sein Ausdruck wird dabei immer entspannter und glücklicher. Er macht sie zu seiner Verbündeten, auf deren Unterstützung er immer dann – in Wiederholung dieses Spontanrituals – wird zählen können, wenn die beiden ersten falschen Mütter ihn bedrängen.

Die Beziehung zur leiblichen Mutter spielt für den Selbstinitianden schon seit Jahren kaum eine Rolle mehr. Er weiß, daß die drei Mütter in ihm selber sind. Die beiden ersten verkörpern für ihn den verschlingenden Todesschoß, die dritte den gebärenden Lebensschoß. Mit den ersten beiden muß er weiterhin rechnen. Sie haben tiefe Furchen in seine Lebensgeschichte geritzt. Wenn er den Versuch unternähme, sie mit Gewalt umzubringen, würden sie gestärkt auferstehen: mit doppelt sovielen Köpfen, doppelt soviel Macht. Aber er kann sie auf den Alterssitz abschieben, bis sie eines natürlichen Todes sterben werden und ihnen nur soviel Nahrung geben, daß sie nicht aufbegehren und wieder bösartig werden: in der Form von kleinen, frei bejahten Ritualen, die ihn kaum einengen. In der Hauptsache hält er sich jedoch von nun an an die dritte: den schöpferischen Schoß für seine großen Begabungen. Mit ihr im Bündnis befindet er sich auf dem Weg der Heilung. Sein Spontanritual weist ihm die Spur der Lebensenergie und hilft ihm gleichzeitig, die Auseinandersetzung mit destruktiven inneren Kräften zu organisieren, also zu entschärfen. Dieses und andere Spontanrituale erweisen sich als Gegenkräfte zu seinen lebenshemmenden Zwängen. Sie fördern die allmähliche Verlagerung der Lebensenergie vom seelenlosen Zwang zur beseelten Struktur.

Heilung ereignet sich durch Inszenierung, weil alles menschliche Leben »enactment«: Verwirklichung durch Inszenierung bedeutet. Die alternativen Inszenierungen der Spontanrituale zur Heilung werden nicht mit Absicht gegen die zum Teil lebensfeindlichen Inszenierungen der eigenen Biographie eingesetzt. In ihnen erfahren wir die Entbindung unserer Lebensenergie so intensiv, daß es uns drängt, den neuen Impulsen auf der Bühne des »Selbst- und Welttheaters« zur Geltung zu verhelfen: in den Bereichen von Beziehung, Beruf, sozialen Aufgaben. Spontanrituale sind passende Modelle der sich strukturierenden Lebendigkeit. Als sinnvolle Ordnungen legen sie Zeugnis von der Flußqualität des Daseins ab.

5
Zwischen Schwer- und Leichtkraft

Verankerung im Oben und Unten

Die Krone eines Baumes kann auch als Wurzelwerk gesehen werden, das sich nach oben in Licht und Luft hinein verankert, ebenso wie das Wurzelwerk als Krone, die sich in die Erde hinunter verästelt. Wurzelwerk und Krone entsprechen sich im Unten und Oben. Eine ohne die andere zu sehen, würde heißen, keine von beiden wahrzunehmen. Auch der Mensch ist in der Vertikale zwischen einem oberen und einem unteren Punkt ausgespannt. Keiner darf den anderen dominieren. Gesundheit ist Pulsation zwischen den voneinander getrennten, doch aufeinander bezogenen Polen von Erde und Himmel. Aus dem Sein in der Vertikale folgt Ausbreitung in der Horizontale durch Kontaktnahme und Beziehung zur Mitwelt. »In vielen Kulturen ist die Raum-Zeit-Achse mit dem Symbol des *Lebensbaumes* verbunden: Die Vertikalachse ist der Weg des Ab- und Aufstiegs der göttlichen Kraft und die Horizontalachse ihre Offenbarung in der Schöpfung. In dieser *axis mundi*: im Zentrum der Welt trifft alles Gegensätzliche aufeinander.«[1] Als Mikrokosmos ist der Mensch mit dem Koordinatensystem eines Kreuzes vergleichbar: Er ist *im* Kreuz, nicht *am* Kreuz einer ihn versklavenden Existenz. Von der Kreuzmitte her breitet er sich in die vier Himmelsrichtungen aus. Das Gewahrsein dieses Spannungsfeldes gibt ihm ein Gefühl lustvoller Entfaltung und Freiheit.

Es gibt Menschen, die nur von der Schwerkraft bestimmt zu sein scheinen; alles an ihnen zieht nach unten: der nach vorne gebeugte Kopf, die herabgezogenen Mundwinkel, die eingefallenen Schultern, die zusammengepreßte Brust und das starre Becken. Ihre Stimme ist ebenso gedrückt und gedämpft wie ihre Stimmung. – Andere wiederum verschreiben sich ganz der Leichtkraft: Kühn werfen sie den Kopf nach oben, pumpen ihre Brust wie einen Ballon auf, als möchten

sie gleich losfliegen, tänzeln über die Erde, als sei diese verächtlicher Schmutz. – Mit ihrer Erdenschwere fallen die ersteren sich und anderen zur Last, während die zweiten vor sich selbst und anderen in luftig abstrakte Sphären entfliehen. Das Auffällige und Gemeinsame an beiden Kategorien ist die Tatsache, daß die, die ihnen angehören, weder wirklich »geerdet« noch wirklich »gehimmelt« sind. Versetzt man einem gebeugten Menschen einen kleinen Stoß, fällt er gleich zu Boden, die Erde hat ihn wieder; geerdet war er nicht. Seine Schwere kommt aus dem Widerstand gegen die Schwerkraft. Weil er sich nicht fallen lassen kann, fällt er immer wieder. Bedrückte Menschen werden schon durch minimalen zusätzlichen äußeren Druck in lähmende Inaktivität und zu Boden geworfen. – Sprechen wir im Gegenteil einen nach oben Strebenden auf seine Ideale und Erwartungen an, entschwindet er in hochgestelzte Worte, die keinen Bezug zu seiner und der Wirklichkeit des Fragenden haben. Ihn hat weiß der Himmel was; gehimmelt war er nicht. In den geringsten Belastungssituationen flieht er in die Distanz: Er ist nicht einmal neben, sondern über seinen Schuhen.
Wenn wir einen Säugling an beiden Seiten des Kopfes halten und ihn in die Höhe heben, jubelt er vor Freude, von oben her, nämlich von der Mutter oder dem Vater gehalten zu sein. Das so gestärkte Vertrauen ins Leben breitet sich in seinem ganzen Organismus aus. Bald beginnt er auch, sich von unten her aufzurichten und im Gehen Kontakt zum Boden zu bekommen. Im Hin und Her zwischen Oben und Unten, zwischen der mit Liebe haltenden Autorität und der Erfahrung eigener Schritte, zwischen Himmlung und Erdung, wächst das Kind zur Selbständigkeit.
In der chinesischen Praxis des Tai-Chi hilft die Vorstellung eines goldenen Fadens, an dem wir vom Scheitel her aufgehängt sind, um das Bewußtsein der Himmlung zu erlangen. Zugleich fördert sie das Gespür für die Erdung durch den Hinweis, die Knie stets leicht gebeugt und das Becken beweglich zu halten, die Schultern fallen zu lassen, die Bauchmuskeln nicht anzuspannen, und die Füße in einem kleinen Abstand parallel zu stellen, ähnlich wie dies in der Körpertherapie auch die Bioenergetik tut. Das Tai-Chi weist darauf hin, daß Erdung und Himmlung zusammen gehören und eins nur

gemeinsam mit dem anderen möglich ist. In Spontanritualen erlebe ich oft, daß dieser Zusammenhang von Selbstinitianden unwillkürlich erfaßt wird. Das deutlichste Beispiel dafür werde ich am Schluß dieses Kapitels geben. Die gleichzeitige Erfahrung, nach unten zu fallen und von oben her gezogen zu sein, von Schwer- und Leichtkraft, Erdung und Himmlung, von Energie, die nach unten und jener, die nach oben durch den ganzen Körper fließt, macht uns hellwach, klar und kräftig. Die Aufforderung »Träum dich wach« ist mit dem Hinweis auf diese polare Erfahrung in der Vertikale identisch. Dank ihr fließen die Verkrampfungen über Nacken, Schultern, Arme, Hände, Becken, Beine und Füße ab. Diese Abwärtsbewegung mag uns zunächst Angst und Kummer verursachen. Doch halten wir unsere Verzweiflung nicht mehr im Bauch zurück, dann wandelt sie sich in Freude, Entspannung und sexuelle Erregung. Von unten her steigt nun die Lebensenergie hoch und verströmt, Lust und Kraft spendend, in den ganzen Körper. Nachdem sich die Verspannungen gelöst haben, erhöht sich der Grundtonus, die natürliche Spannung des Organismus. Zwischen den prickelnden Fußsohlen und dem prickelnden Scheitel spüren wir den ständigen Energiekreislauf.

In Spontanritualen geschieht es oft, daß Menschen, die der Erdung bedürfen, unwillkürlich den Blick auf ihre Füße heften. Dann lade ich sie vielleicht dazu ein, sie mögen ihre Füße, oder, wenn sie Schuhe tragen, ihre Schuhe in allen Einzelheiten beschreiben, denn ihre Blickrichtung enthält den Hinweis, daß sie daran sind, mit den Füßen und folglich mit dem Boden Kontakt aufzunehmen. Aus der optischen Verbindung mit den Füßen ergibt sich meistens die erwähnte Empfindung eines elektrisierenden Kribbelns in den Fußsohlen. In diesem Fall wird die Erdung auf der signalisierten Spur des Blickkontakts mit den Füßen hergestellt.

Ebenso oft geschieht es, daß Menschen, die der Himmlung bedürfen, wie abwesend in den Himmel gucken. Diese lasse ich beschreiben, was sie »da oben«, in ihren Vorstellungen sehen. Und immer erzeugen die bewußt gemachten Vorstellungen bestimmte Empfindungen im Kopf, auf die es zu achten gilt. Wehren wir die Vorstellungen ab, dann meldet sich eine Verspannung, zum Beispiel in den Augen oder im Hinterkopf. Der Widerstand gegen gewisse Vorstellungen ist ein

Ursprung des Spannungskopfwehs. Bleibt nun der Selbstinitiand mit ausdauernder Aufmerksamkeit ohne Eigenkritik am Ort dieser spezifischen Empfindung im Kopf, wandelt sich die Verspannung schließlich in eine ziehende, dynamisierende, zunehmend angenehme Empfindung im ganzen Kopf, deren Quelle im Scheitel, der sogenannten großen Fontanelle, liegt. Hier stellt sich denn auch oft das bekannte Kribbeln ein: Auch die Himmlung ist in diesem Fall über die optische Spur entstanden.

Nie darf der Therapeut ein spontanes Signal des Selbstinitianden mißachten oder gar sich ihm widersetzen. Sucht jemand zum Beispiel die Himmlung, gilt es diese soweit auf die Spitze zu treiben, bis sie von alleine auch in Erdung führt, und umgekehrt. Ich meine nicht den spielerischen Widerstand und Kampf, bei dem sich Therapeut und Selbstinitiand solidarisch fühlen, sondern die polarisierende Einstellung aus unbewußten Machtgelüsten. – »Macher-Therapeuten« üben auf autoritätshörige Menschen eine gefährliche Anziehung aus. Aufgrund einer zu strengen oder zu laschen Erziehung meinen diese erwachsenen Kinder, daß ihnen nur jemand helfen kann, der sie streng herabkanzelt und ihnen widerwärtige Aufgaben stellt. Nur so ist der große Zustrom zu ausgesprochen autoritären Therapeuten in der Grauzone zwischen Esoterik und Psychologie zu erklären. Was diese für sich als Erfolg verbuchen, ist für die Hilfesuchenden eigentlich ein Mißerfolg, auch wenn sie es nicht oder noch nicht so empfinden: eine Verstärkung auf der Spur ihres Autoritätstraumas. Sie sind wieder zu Hause, mit einem neuen Programm, aber nicht im eigenen Selbst. Nicht Anweisungen und Dutzendprogramme führen näher zur Ganzheit, sondern die Treue zum eigenen Selbstmuster.

Wie äußert sich der Mangel an Erdung? Laut Alexander *Lowen*, der mit John *Pierrakos* die Bioenergetik begründet hat, kneifen nicht geerdete, also nicht in ihrer körperlich-seelischen Realität verwurzelte und beheimatete Menschen, die nur schwach auf ihren Füßen stehen, ihr Gesäß zusammen und halten Hals und Nacken steif. Dies verhindert eine starke sexuelle Erregung und folglich ein befriedigendes Intimleben[2]. Bioenergetische Erdungsübungen zur Behebung solcher Verkrampfungen (vgl. Kapitel 9) helfen oft schnell. Ich stelle ihren Wert nicht in Frage. Im Gegenteil: Auch ich lasse sie manchmal in

Gruppen ausführen, allerdings nur als Weiterführung eines Spontanrituals, das bereits zur Erdung geführt hat. Solche Übungen dienen der Verankerung und Ausweitung der spontanen Erdungserfahrung. Natürlich sind sie auch ohne vorausgehende entsprechende Spontanrituale nützlich. Ich kenne viele Menschen, die durch sie tief verändert wurden. Wenn jedoch die Übung an einen autonomen Prozeß anknüpfen kann, geht ihre Wirkung noch tiefer.

Wie kommt es im Laufe eines Spontanrituals zur körperlich-seelischen Erfahrung von Erdung, von kraft- und lustvoller Verwurzelung im Unten? Wie immer auf paradoxe Art. Zunächst gilt es, mit der die Erdung behindernden Verkrampfung solidarisch und bejahend identisch zu werden: Was ist, ist richtig und sinnvoll. Selbstkritik würde spalten und schwächen. Die Erfahrung der Sinnhaftigkeit ergibt sich also zunächst nicht aus einer Analyse der notwendigen Funktion dieser Verkrampfung in der Kindheit, sondern einfach aus der ungeteilten, aufmerksamen, affektiven Hin- und Zuwendung, zum Beispiel zum eigenen zusammengekniffenen Gesäß. Dann nämlich wird sich nach einer Phase des Schmerzes die Empfindung einer angenehm pulsierenden, entspannten Lebendigkeit im Gesäß einstellen, die zur Erdung des ganzen Körpers beiträgt. Manchmal geschieht Erdung in Spontanritualen auch durch unwillkürliches, sich durch Aufmerksamkeit verstärkendes Stampfen oder Schreien. Eigentlich führen alle Spontanrituale zur Erdung, auch wenn diese nicht ausdrückliches Thema ist, leiten sie doch nach einer Phase der Anspannung schließlich in die Entspannung.

Kreative Menschen sind phantasiebegabt, kombinations- und gestaltungsfreudig. Ihre Impulse entspringen im Kopf, kommen aber erst im ungehinderten Energiekreislauf durch den ganzen Organismus zur Entfaltung. Mit ihren Vorstellungen und Visionen bevölkern schöpferische Menschen zuerst den Himmel, dann die Erde. »Wenn ich arbeite, ist es wie ein ständiges Gewitterleuchten über und um meinen Kopf herum«, sagte mir kürzlich ein Künstler. Eine Idee, eine Intuition schlägt ein wie ein Blitz und sucht einen Weg in die Gestaltung. Das gestaltete Werk ist körperlich, in der Empfindung manchmal eine Art neues Organ, eine Erweiterung des eigenen Leibes. Leib und Werk fungieren als Blitzableiter für die Energie

»von oben«. Der Energiestoß belebt beide zusammen. Die glänzenden Augen eines Schaffenden zeigen es. In schaffensarmen Zeiten leiden kreative Menschen darunter, daß die Energie auf dem Weg von oben nach unten in Werk und Leib an einem bestimmten Punkt gestaut wird. Schmerzhafte Überladung des Nackens oder des Herzens kann die Folge sein. Die Überladung in jedem Fall und ausnahmslos als Auswirkung einer gehemmten Sexualität zu begreifen, wie Wilhelm Reich es tut, hieße zu verkennen, daß der Mensch auch von oben, vom Geist, vom Pol des Himmels, von dem aus der schöpferische Impuls in die Verleiblichung geht, zu deuten ist. Nicht nur gehemmte Sinnlichkeit, sondern auch auf ihrem Weg in die Gestaltung gehemmte Geistigkeit kann zu körperlichen Blockierungen und Stauungen führen. Ich selber habe mehrmals am eigenen Leib erfahren, daß Bremsung von ins Werk drängender Kreativität zu körperlichen Verspannungen und umgekehrt die Entfaltung der Kreativität zu deren Lösung führt. Dies gilt für jede Art von Kreativität. Im weiteren Sinne ist jeder Schritt auf der eigenen Spur ein kreativer Akt. Deshalb folgen aus der Behinderung der Selbstwerdung auch körperliche Störungen.

Geistigkeit und Sinnlichkeit sind nicht Gegensätze oder Gegenspieler, sondern die beiden Richtungen der Lebensenergie in ihrem polaren Kreislauf. Die »obere« Leidenschaft ist nicht weniger drängend als die »untere«, die Lust des Geistes nicht geringer als die der Sinne. Diese Erfahrung vermittelt uns der Energiekreislauf im Organismus »vom Scheitel bis zur Sohle« und umgekehrt. In ihm verbinden sich Geistigkeit und Sinnlichkeit untrennbar in ständiger gemeinsamer Bewegung: Das Obere ist auch das Untere und das Untere auch das Obere. Daher gibt es weder »reine« Sexualität und Aggression, noch »reine« Geistigkeit. In Gruppen lasse ich manchmal die Vertikale, dann die Horizontale, und schließlich die Verbindung zwischen beiden – den »Menschen im Kreuz« – tanzen. Was den Tanz in der Vertikale betrifft, rege ich an, sowohl die Energiebewegung nach unten als auch die nach oben zu erspüren und auszudrücken. Letztere bewirkt in vielen Menschen intensiv empfundene Befreiung von Abhängigkeit. Was im Tanz noch eine bloße Emotion ist, wird im Gruppengespräch benannt und gedeutet. Auf die Frage: »Welche

Abhängigkeiten und Fixierungen bin ich daran zu lösen?« kommen die Antworten aus der Emotion des Getanzten direkt und präzise. Die Aufwärtsbewegung der Lebensenergie im Gefühl der Himmlung führt in einen spezifischen Bereich der Menschwerdung, der durch Stichworte umrissen wird wie: Lösung, Erlösung, Entäußerung, Leere, Nichts, Unabhängigkeit, Beweglichkeit, Fluß – und immer wieder: Freiheit. – Daß die Aufwärtsbewegung der Lebensenergie – die Himmlung – nur in dem Maße stattfinden kann, wie auch die Abwärtsbewegung der Lebensenergie – die Erdung – geschieht, gab ich bereits zu bedenken.

Die Verbindung von Himmel und Erde, wie wir sie im Energiekreislauf unseres Organismus erfahren, bewirkt Fruchtbarkeit und Kreativität. Das Buch Genesis erzählt den Traum Jakobs von der Himmelsleiter: »Und ihm träumte, und siehe, eine Leiter stand auf Erden, die rührte mit der Spitze an den Himmel, und siehe, die Engel Gottes stiegen daran auf und nieder.« (1. Mose 28,12) – Folgende Verheißung Gottes, der oben auf der Leiter steht, schließt unmittelbar an: »Und dein Geschlecht soll werden wie der Staub auf Erden, und du sollst ausgebreitet werden gegen Westen und Osten, Norden und Süden.« (1. Mose 28,13.14) – Eben diese Tatsache des »Menschen im Kreuz«, also des Wachstums in alle vier Himmelsrichtungen, die Erfahrung von Kreativität und Fruchtbarkeit im individuellen und sozialen Bereich, in Lebensführung und Lebenswerk, ereignen sich im verbindenden Kreislauf zwischen dem oberen und unteren, dem geistigen und materiellen Pol.

Ein Traum vom Fliegen inszeniert sich selbst

Eine tüchtige, energiegeladene Frau hatte seit der Adoleszenz ihre Sinnlichkeit gedrosselt. Daran wollte sie »arbeiten«. In ihrem verantwortungsvollen Beruf funktionierte sie reibungslos, wie sie sich ausdrückt. Sie ist sich im klaren darüber, daß es oft eine spontane Gebärde ist, die den Einstieg in die »Arbeit« ermöglicht, und sie sagt bedauernd: »Ich möchte eine Gebärde und finde keine.« Diesen Satz wiederholt sie noch zweimal. Beim Sprechen läßt sie, ohne es selber zu merken, mehrmals beide Arme und Hände von innen nach außen kreisen. – Darin liegt die Paradoxie des Spontanrituals: Zwar wissen wir um den therapeutischen Wert einer spontanen Gebärde, aber im Rahmen dessen, was wir wissen, also da, wo wir uns von außen zugucken und nicht spontan sind, kann sich diese nicht ereignen. Trotzdem geschieht sie, aber außerhalb des bewußten Rahmens und ohne Absicht. Zur Beruhigung sei gesagt: Jederzeit gibt es zumindest andeutungsweise in jedem Menschen eine spontane Äußerung: eine Gebärde, eine Körperhaltung, ein Wort usw. Sie braucht allerdings eine gewisse Zeit, um deutlich in Erscheinung zu treten. Am Therapeuten ist es, den energiegeladendsten Ausdruck so früh als möglich wahrzunehmen und mitzuteilen. Die Art der Mitteilung ist eine Kunst: Sie darf den Selbstinitianden nicht aus seiner Spontaneität reißen und von seinem Energiefluß trennen, und gleichzeitig soll sie Bewußtsein bewirken, allerdings spürendes Bewußtsein, das mit dem emotionalen Prozeß fließt und ununterbrochen von ihm genährt wird. Der einzige Weg, die Kunst dieser Art von Mitteilung zu erlernen, besteht darin, selber im spürenden Bewußtsein zu leben.

Indem ich meine Aufmerksamkeit in die Kreisbewegung der Arme und Hände bei der Frau lenke, sage ich in bloßer Spiegelung dieser Gebärde leise aber bestimmt zu ihr: »Deine Arme und Hände kreisen von innen nach außen und fahren fort, es zu tun.« Während ich zur Frau spreche, führe ich in Andeutungen selber diese Bewegung aus, um an ihrer Dynamik teilzuhaben und sie in mein eigenes spürendes Bewußtsein zu überführen. Auf einmal stellt die Selbstinitiandin fest: »Ich kann nicht mehr sitzen bleiben. Ich muß aufstehen und gehen.« – Also macht sie sich daran, »ihre Couch zu nehmen und zu gehen«. Ihre spontane Gebärde will sich, aktiviert durch das neue Bewußtsein, in ein Spontanritual, einen »Traum in Bewegung« hineinentfalten. Sie steht auf und geht mit wachsendem Schwung im Kreis herum, während sie fortfährt, ihre Arme und Hände von unten und innen nach außen und oben im Kreis zu bewegen. Die gezogenen Kreise werden immer größer und ausdrucksstärker.

Damit sich ihre Empfindungen durch äußere Resonanz intensivieren, fordere ich die Gruppenteilnehmer auf, der Selbstinitiandin mitzuteilen, in welchen Körperteilen sie bei ihr die stärksten Energiekonzentrationen spüren. Gleichzeitig bitte ich die Frau, auf jede Mitteilung sogleich zu antworten, ob diese mit ihrem eigenen Empfinden übereinstimme oder nicht, das heißt, ob sie zum Beispiel tatsächlich ihren Schultergürtel spüre. Es kommen viele Mitteilungen, und die Frau antwortet blitzschnell mit Ja oder Nein. Dadurch und dank dem sich die ganze Zeit hindurch wiederholenden Bewegungsablauf sensibilisiert sich ihr ganzer Körper in kurzer Zeit. Auf einmal wird es allen, auch ihr selbst, bewußt, daß sie Flugbewegungen ausführt: Mit weiten, starken Schwingen zieht sie große Kreise durch den Gruppenraum: eine bewegende Erfahrung für uns alle. Während dies geschieht, verbreitet sie um sich ein herrliches Gefühl von Rhythmus und Freiheit. Ihre Flugbewegungen werden energischer, und ihr Kontakt zum Boden verstärkt sich im Gehen, Springen, Hüpfen und Rennen: nach oben fliegt sie und nach unten stampft sie. – Mit dem Schwung ihrer Aufwärtsbewegung ist sie identisch. Deshalb schlägt diese im richtigen Moment immer wieder zur Abwärtsbewegung um, eine Erfahrung, die ich in allen Spontanritualen mache: Ein Pol ruft den anderen.

Diese Frau hatte einen Rundrücken. Im Anschluß an ihr Spontanritual erzählte sie, daß sie schon als Kind zusätzlich zu ihren eigenen Lasten die anderer zu tragen hatte. Sie trug deren Kreuz, und die Selbstentfaltung aus dem eigenen Zentrum war gehemmt. Der Konflikt zwischen ihren Eltern lastete schwer auf ihr. Sie fühlte sich für ihn verantwortlich und sühnte ihre vermeintliche Schuld durch Anpassung und Unterordnung. In der Pubertät wurden ihre erwachenden sexuellen Empfindungen weder von ihrem Vater noch von ihrer Mutter begrüßt, begleitet, ermutigt. Daher unterdrückte auch sie selber sie. Trotz ihrer starken Vitalität lebte sie ihre Sexualität später nur in engen, ängstlichen Grenzen. Sie glich einem Vogel mit gestutzten Flügeln. Ihr heutiges Flugritual weckte und steigerte ihren Erregungsfluß. Es öffnete das Tor zur sinnlichen Befreiung. Diese Erfahrung war so intensiv, daß in späteren Phasen sinnlicher Verspannung und Erstarrung manchmal schon die bloße Erinnerung an das Flugritual die Blockierung löste und die erotische Spur erschloß. Auf diese Weise entzog die Frau der alten traumatischen Spur sexueller Vermeidung mehr und mehr Energie. Die reale, nicht nur mentale Wiederholung des Flugrituals von Zeit zu Zeit verankerte diesen vitalen Prozeß. Dabei versetzte sie sich jeweils zuerst in die Vorstellung der Flugbewegung, bis sie mit ihr emotional identisch war und den Drang verspürte, aufzustehen, zu gehen und zu fliegen. Der Traum vom Fliegen wirkte, weil er sich regelmäßig in einen Traum in Bewegung wandelte. Auf einem Weg mit einigen Rückschlägen schöpfte sie nach und nach sein sinnliches Potential aus.

Aus diesem Spontanritual müssen wir den theoretischen Schluß ziehen, daß auch nächtliche Flugträume keine bloßen Verschlüsselungen sexueller Phantasien bedeuten (Freud), sondern den real für die sexuelle Befreiung durch Spontanrituale einzuschlagenden Weg vorzeichnen. Träume – bei Nacht oder Tag – weisen die Bewegungsspur für Spontanrituale. Diese wiederum sind die Bewegungsmuster einer Freiheit, die bereits aus ihnen wirkt.

Eine Teilnehmerin erzählte im Anschluß an dieses Spontanritual die jüdische Legende von einem Mann, dessen runder Rücken einen Behälter für seine Flügel verbarg[3]. Der Rundrücken bildete also sein Flügel-Futteral. Die eigene Lebenslast ist der Ort, aus dem unerwartet Leichtigkeit, Ent-Faltung, Schwung und Befreiung wachsen.

Der Mensch im Kreuz

Die emotionale, körperlich spürbare »Mitte« eines Menschen befindet sich natürlicherweise nicht immer in dessen geometrischem Zentrum unterhalb des Bauchnabels. Sie verschiebt sich entsprechend der Tatsache, daß in einem gegebenen Moment der Zug nach oben oder unten, die Leicht- oder Schwerkraft mit verschiedenen Intensitäten vorherrscht. Wenn wir über längere Zeit nach innen konzentriert tanzen, so merken wir, daß und auf welche Weise sich unsere »Mitte«, die wir je nach Energierichtung als Schwer- oder Leichtpunkt empfinden, im Körper verschiebt. Es gibt überdies bevorzugte Körperstellen für unsere bewegliche Mitte. In einer bestimmten Lebensphase hat jeder Mensch einen bevorzugten Mittelpunkt, den er dann am

klarsten lokalisieren kann, wenn er nicht in Selbstentfremdung »außer sich«, sondern »bei sich« ist, in sich ruht, sein Leben als einheitlichen Energiefluß empfindet. Unsere jeweilige Mitte ist der spürbare Ort des stärksten Vibrierens, Pulsierens, Kreisens der Lebensenergie. Wohl aus dieser Diversität in der Erfahrung der Mitte heraus gibt es in den Meditationstechniken verschiedener Yoga-Schulen unterschiedliche Zentrierungspunkte der Aufmerksamkeit: oberhalb der Nasenwurzel, in der Brustmitte oder unterhalb des Bauchnabels. Außer diesen häufigen Zentrierungspunkten kann jede Körperstelle als stärkster Energiepunkt, als subjektive Mitte empfunden werden (vgl. Kapitel 6). Wo immer unser gerade bevorzugtes Zentrum liegt: Im Tanzen und Meditieren üben wir die Fähigkeit, ihn spielerisch zu verschieben. Mit jeder Verschiebung erleben wir eine neue Stimmung. Psychoenergetik erschließt den emotionalen Reichtum eines Individuums. Indem wir uns daran gewöhnen, uns innerhalb des Koordinatensystems unseres Organismus im jeweils emotional stärksten Punkt zu lokalisieren, werden wir zu »Menschen im Kreuz«: Wir leben aus dem Quell- und Kraftpunkt unseres Selbst.
Der »Mensch im Kreuz« ist nicht nur eine individuelle, sondern auch soziale Realität. Ich schlage Leserinnen und Leser ein Spiel vor, das ich bereits mit mehreren Selbstinitianden gespielt habe. Sie mögen vier Menschen wählen, die in der Gegenwart nachhaltig ihr Leben beeinflussen, weniger von außen als von innen her: zwei aus der Ursprungsfamilie, das sind meistens Mutter und Vater, und zwei aus dem derzeitigen Beziehungsnetz, zum Beispiel den Partner und einen Freund bzw. eine Freundin. Diese vier Menschen sind entweder in der Vorstellung oder in einem Rollenspiel an den vier Endpunkten des Kreuzes zu plazieren. Sie bilden die vier polaren Punkte – Energierichtungen – unseres individuellen Kreuzes. Einer dieser Punkte kann auch durch ein Tier besetzt werden.
Zunächst verteilen wir also, mental oder real, die vier Punkte im Raum, dann begeben wir uns auf den ersten, dann auf den zweiten, darauf auf den dritten und schließlich auf den vierten Punkt. Dabei sprechen und bewegen wir uns solange in den Rollen der vier entsprechenden Figuren – einer nach der anderen –, bis wir sie in ihren Eigenheiten und Unterschieden ganz im Gespür haben. Dann

verlassen wir die vierte Figur und suchen den genauen seelischen Kreuzungspunkt, den energetisch am stärksten besetzten Ort, die psychologische Mitte. Diese entspricht, wie erwähnt, nur selten dem geometrischen Zentrum. In dieser Mitte angekommen, suchen wir die passende Körperposition: stehen, sitzen, liegen, usw. Nun sind wir bereit und offen, die ganz neue, unerwartete Gefühlswelt, die aus dem derzeitigen Quellpunkt unseres Daseins kommt, wahrzunehmen und zu intensivieren. Die vier Einzelpunkte, mit denen wir uns soeben noch identifiziert haben, sind verblaßt. Das einzige, was jetzt zählt, ist diese Lebenssynthese. Alle Empfindungen und Gedanken, die nun auftauchen, benennen und formulieren wir genau. Ist die emotionale und geistige Verankerung im jetzigen Schnittpunkt unseres Lebens erreicht, nehmen wir von dieser unserer zentralen Position aus neuen Kontakt mit jeder der vier Figuren, einer nach der anderen, auf. Dabei erleben wir, daß wir von den nun positivierten Beziehungen überraschend Vieles und Neues bekommen: Was das ist, benennen wir ebenfalls.

Begegnung unter dem Großen Wagen

Das Spontanritual, von dem ich nun berichte, hat mich persönlich tief ergriffen. Es zeigt, daß der Therapeut unter besonderen Umständen vom bloßen Regieassistenten auch zum Mitspieler in einer gemeinsamen Sache werden kann.
Ein etwa 50jähriger Mann klagt in der Therapiegruppe über starke Kopfschmerzen. Er begibt sich in die Mitte und beginnt von seinem Vater zu erzählen. Ihn, der in Krieg und Gefangenschaft war, habe er als Junge sehr vermißt. Bald nach seiner Heimkehr sei der Vater dann gestorben. Eigentlich habe er keinen Vater gehabt. Die Kopfschmerzen des Selbstinitianden im Zusammenhang mit dem Thema seines abwesenden Vaters sind sicher nicht zufällig. Mit schmerzlicher Verspannung der Nerven im Gehirn spürt er das Fehlen einer männlichen Autorität »von oben«, die alleine ihm das Gefühl von Halt, Standfestigkeit, männlicher Identifikation und geistiger Orien-

tierung hätte geben können. Und doch: Wenn er heute als Einstieg in ein Spontanritual davon erzählt, bedeutet dies auch, daß er sich heimlich gerade vom abwesenden Vater Unterstützung und Heilung erhofft. Ich vermute, daß dazu ein wichtiges Erlebnis aus der Kindheit zur Erinnerung bereit ist. Daher frage ich ihn: »Erinnerst du dich an irgendeinen Kontakt mit deinem Vater?«

Augenblicklich ist die Erinnerung da. Der Mann erzählt, sein Vater habe ihm kurz nach der Heimkehr aus der russischen Gefangenschaft in einer klaren Nacht unter den Sternenhimmel geführt. Vater und Sohn heben beide den Kopf und schauen zum Sternbild des Großen Wagens auf, das direkt über ihnen steht. Der Vater sagt zum Sohn: »Während der Kriegsgefangenschaft habe ich nachts oft den Großen Wagen betrachtet, so wie wir beide es heute tun. Der Große Wagen war für mich die Brücke zur Heimat. Man kann ihn in Rußland und Deutschland sehen.« – Das Sein in der Vertikale, das heißt in einer übergeordneten Perspektive, hatte dem Vater das Sein in der Horizontale, also Verbindung und Beziehung auch mit dem Sohn trotz Trennung und Einsamkeit ermöglicht. Hier unter dem Sternenhimmel hat der Junge zum ersten Mal die existentielle Verbindung zum Vater erlebt. Doch dieses einzige Mal strahlte auf sein ganzes Leben aus, weil es mitten im Koordinatensystem von Raum und Zeit situiert war. Es gibt einen übergeordneten Bezugspunkt, einen virtuellen Zielpunkt der Vertikale, der alles Einmalige und Vorübergehende als Spiegelung des ewigen Augenblicks erscheinen läßt. Wer aus diesem Punkt lebt, ist einsam, doch nie allein, auf sich gestellt, und doch in herzlicher Verbindung auch mit den Abwesenden. – Zusammen mit dem Selbstinitianden bekam ich eine Ahnung von der Erfahrungsperspektive dieses Geheimnisses, das keinen Namen hat und von vielen Menschen als Gott bezeichnet wird. Ich war aufgewühlt. In meinem Scheitel erwachte die schmerzlich intensive Empfindung einer Energie, die von oben, vom Sternenhimmel her, in mich einzuströmen und mit mir in Verbindung zu treten schien. Wenn eine psychische Erfahrung so tief und konkret wirkt, darf sie dann verschwiegen werden?

Ich stelle mich gegenüber dem Mann auf, zu dessen Mitspieler ich geworden bin, und wir schauen uns unentwegt an. Dabei fährt mir die Energie stoßweise von oben in den Scheitel, pulsiert durch meinen ganzen Körper und gibt mir in ihrer Abwärtsbewegung festen Stand und Halt. Dann steigt sie durch die Fußsohlen in meinem Körper hoch, tritt durch den Scheitel aus und zieht mich kräftig nach oben. Nun spüre ich die Lebensenergie in beide Richtungen gleichzeitig strömen. Bald intensiviert sich der Energiefluß auch in der Horizontale zwischen dem Mann und mir, unter anderem zwischen seiner und meiner Brustmitte.

Eine Frau in der Gruppe sagte später, sie habe leuchtende Fäden zwischen uns gespannt gesehen. Bereits während dieser mystischen Erfahrung realisierte ich, daß in jedem von uns der gleiche Mangel an väterlicher Präsenz in eine sinngebende »Kraft von oben« transformiert wurde. Diese strahlte in der Horizontale nicht nur zwischen uns, sondern auf alle Seiten hin aus: Ich vermute, daß sie alle Teilnehmerinnen und Teilnehmer der Gruppe erfaßte; viele haben es mitgeteilt. – Und während ich dies schreibe, wird mir bewußt, daß ich in meinem Leben alle wichtigen Entscheidungen und Schritte aufgrund ähnlicher transzendierender Erfahrungen getan habe.

Niemand wandelt sich allein. Immer kreuzt sich die vertikale Achse der Transformation mit der horizontalen der zwischenmenschlichen Beziehungen.

Zweiter Teil

Spürbewußtsein

»Wer es nicht gefühlt,
wird es nicht begreifen.«
(Goethe, Faust I)

6
Auf den Energiepunkt kommen

Psychoanalyse und Psychoenergetik

Was für die Psychoanalyse der spontane Einfall, die *freie Assoziation* ist, bedeutet für die Psychoenergetik das *Energiesignal* als An-Stoß zu einem Spontanritual oder zu einem Szenenwechsel in dessen Verlauf. Die freie Assoziation hebt Verdrängungen auf und ermöglicht die Deutung, zum Beispiel eines Traums. Das Energiesignal aufzuspüren und ihm zu folgen, weist die Spur zur Heilung. Beide, freie Assoziation und Energiesignal, ereignen sich spontan, also ohne bewußte Absicht. Und beide entfalten ihre Wirksamkeit nur dann, wenn sie wahrgenommen und als bedeutsam gewertet werden.

Auch in bezug auf das spezifische Bewußtsein bestehen Ähnlichkeiten zwischen dem des Psychoanalytikers für den Prozeß der freien Assoziation und dem des Psychoenergetikers für ein Energiesignal. Die *frei schwebende Aufmerksamkeit* im ersten ist ein nicht urteilendes, sondern auf- und wahrnehmendes Bewußtsein. Auch das *Spürbewußtsein* im zweiten wächst aus dem Inneren des heilenden Prozesses selbst. Doch während die freischwebende Aufmerksamkeit des Psychoanalytikers eine gewisse Distanz vom Beobachteten wahrt, ist das Spürbewußtsein des Psychoenergetikers reine Teilnahme und Resonanz am Prozeß des Selbstinitianden. Solange das Spontanritual dauert, gibt es kein von außen beobachtendes und analysierendes Bewußtsein. Das ist der erste Unterschied zur psychoanalytischen Vorstellung von Heilung. In der psychoenergetischen Arbeit im allgemeinen und im Spontanritual im besonderen hängt der Erfolg davon ab, ob es gelingt, distanziertes Bewußtsein von außen in Spürbewußtsein von innen zu wandeln. Das *analytische Gespräch* geschieht erst im Anschluß an den kreativen Erlebnisprozeß. Es stellt den Zusammenhang zwischen diesem und der eigenen Lebensgeschichte, vor allem der Kindheit her, formuliert neue Zukunftsperspektiven, erfüllt also eine erklärende, einordnende und im sozialen Umfeld stabilisierende Funktion. Noch mehr als Freuds freischwebende Aufmerksamkeit ereignet sich Spürbewußtsein, wie der Name sagt, im wachen Spüren. Ständig befindet es sich auf der Spur der stärksten Lebendigkeit. Es bezieht sich also nicht nur auf Erinnerungen und Gedanken, Bilder und Vorstellungen. In allen Äußerungen menschlicher Lebendigkeit ist es leib-seelisches Spüren: Emotion, Empfindung, Gefühl, Stimmung, Intensität. Im Bild und in Gedanken ist es die affektive Färbung, im Klang der Gefühlston, in einem süßen, bitteren oder scharfen Geschmack die Stimmung der Süßigkeit, Bitternis oder Schärfe, in einer Körpererfahrung die Emotion, in einer Gebärde, einer Körperhaltung oder einem Krankheitssymptom die Empfindung und Intensität. Spürbewußtsein ist leibliches Innewerden und Innesein in allen Erfahrungen und Ausdrucksformen menschlicher Lebendigkeit. Solange wir in ihm sind, gehen wir den in uns angelegten Weg, soweit dies in unserem sozialen Umfeld möglich ist, wie Wasser, das dem Gesetz der Schwerkraft folgend auf seinem Weg durch eine Landschaft das nächstmögliche Gefälle sucht. Das Hauptanliegen psychoenergetischer Therapie besteht folglich in der Intensivierung des Spürbewußtseins. Je ausschließlicher es ein Spontanritual beseelt, desto instinktsicherer bewegt sich dieses auf Heilung zu.

Das entscheidende Energiesignal

Wir treten nicht wie von außen ins Spürbewußtsein ein, sondern finden uns in ihm vor, indem wir uns im *Energiesignal* vorfinden. Was bedeutet der Begriff Energiesignal? Unser momentan intensivstes Spüren, sei dieses in einem Bild, einem Ton, einem Wort oder Satz, einer Erinnerung, einer körperlichen Verkrampfung oder Verspannung oder beginnenden Entkrampfung und Entspannung, einem Krankheitssymptom, einer angenehmen oder unangenehmen Körperempfindung, Emotion oder Stimmung, einer unwillkürlichen Bewegung, Eigenberührung, Gebärde oder Körperhaltung signalisiert den

genauen Punkt, wo der Weg zur heilenden Lebendigkeit jetzt seinen Anfang nimmt. Wenn dies ein dunkler, schwieriger, furchteinflößender und schmerzlicher Ort ist – der Ort eines eigenen dunklen Schattens und des Widerstands gegen diesen –, reagieren wir üblicherweise mit Vermeidung und Abwendung: Wir spalten ihn von uns ab, als wäre er ein Ort außerhalb unseres Organismus – als seien wir nur zufällig auf ihn gestoßen und könnten ihn wieder loswerden, indem wir seine Realität verleugnen. Auf den Schmerz, den uns dieser Ort zufügt, reagieren wir mit Liebesentzug: Wir weigern uns, ihn in uns zu lieben. Dadurch steigert sich das Dunkle, Schwierige, Furchteinflößende und Schmerzliche dieses Ortes und wir bauen noch höhere Mauern um ihn, der so zu einem strukturierten Gegen-Ort mit eigener körperlicher und seelischer Topographie wird: mit spezifischen Emotionen, Verspannungen, Haltungen, Verhaltensabläufen. In ihm wächst eine *Schattenpersönlichkeit* heran, die von der Endlosbewegung der stets gleichen Vermeidungen lebt. Wilhelm *Reich* hat sie mit dem Begriff »*Charakterpanzer*« gekennzeichnet. Je mehr wir sie verleugnen, desto tiefer prägt sie unser Schicksal: wie wir leben und wie wir sterben.
Diesen Ort als Energiesignal nehmen, heißt, die traumatische Richtung, in der wir uns mit unserer Schattenpersönlichkeit befinden, umzukehren und deren Endlosbewegung in den Lebensfluß hineinzubefreien. In diesem Fall gehen wir in den Schatten hinein. Dieser ist tatsächlich ein Energie-Ort: der Ort eines großen Quantums an komplexhaft geballter, gefrorener oder versteinerter Energie. Der Halb- oder Dreiviertel-Tote, der diesen Ort bewohnt hat, ist eigentlich ein Halb- oder Einviertel-Lebendiger: einer, der einen großen Teil seiner Lebensenergie verkommen ließ. Ihn als Energiesignal sehen, bedeutet: was an ihm tot scheint, ist nur scheintot. Es ist ein Lebenszeichen, ein Signal zur Verlebendigung. Diesem Signal gilt es zu folgen, so widernatürlich wir das zunächst empfinden mögen. Die Heilserwartung an das Dunkle des Energiesignals ist ein Paradox, das im Menschen selber liegt.
Die Tatsache, daß sich ein Energiesignal oft mit der Scheinpersönlichkeit tarnt, bewirkt, daß es nicht ohne weiteres wahrnehmbar ist. Intensität ist nicht gleichbedeutend mit Auffälligkeit. Die hohe Ener-

giebesetzung eines Energiesignals entspricht selten seiner Ausdruckskraft. Im Gegenteil: Energiesignale sind immer Klopfzeichen aus dem noch Ungelebten.

Auch abgesehen von Spontanritualen gilt es für jeden Menschen, dem sein Leben lieb ist, auf den Energiepunkt zu kommen, also den Ort wahrnehmen zu lernen, von dem aus sich festgefahrene Lebendigkeit löst. Selbst wenn wir den Energiepunkt als angenehm empfinden, zum Beispiel im Vorspiel einer sexuellen Begegnung, verkörpert er in der Differenz die Dynamik nach mehr Lust und Befreiung. In die Befriedigung »abgeführte« Energie kann kein Energiesignal mehr senden. Die Tatsache, daß wir das Energiesignal einmal mit Unlust und einmal mit Lust erleben, kommt aus unserer Einstellung des Einverständnisses oder des Widerstandes. Aus jeder Empfindung oder Emotion, mag sie noch so schmerzlich sein, will sich die Lust am Wirkenden, Wirklichen ohne Wertung und Urteil befreien. Eine Erfahrung, der nachzugehen sich lohnt, wie jedes gelungene Spontanritual zeigt.

Im Spontanritual braucht es oft längere Zeit, bis sich das Einverständnis in das, was einfach ist, einstellt, und die Heilung unbehindert ihren natürlichen Lauf geht. Bevor Selbstinitianden auf den Energiepunkt kommen, reden sie oft lange um den heißen Brei herum: ein notwendiger Prozeß energiesteigender Rundumgehung. Lieber lange in ihm verweilen, als die Flucht nach vorne in ein trügerisches »Energiesignal« ergreifen. Lieber das Energiesignal nicht finden, als in ein falsches ausweichen. Geschieht dies trotzdem, achten wir mit weitem, peripherem Blick darauf, ob sich am Rande des Irrweges das entscheidende Signal doch noch manifestiert. Dann wechseln wir zur richtigen Spur. Auch auf dieser kommen Selbstinitianden zu Beginn oft kaum vorwärts. Durch die ausdauernde Gefühlsaufmerksamkeit im »wunden Punkt« steigt der Energiepegel nach und nach an, die Hitze wächst auch körperlich. Geduldig wird das eigene Selbst bebrütet: ein Bild, mit dem das Yoga die wachsende Hitze des Meditierenden (Tapas) veranschaulicht. In dieser Phase ist die mittragende und mitleidende Gruppe eine wichtige Unterstützung. Zwar juckt es immer einige, aufzuspringen und die Fenster aufzureißen. Doch der seelische, körperliche und architektonische Raum muß solange als nötig Brutkasten bleiben. Frühgeburten sind schwächer und gefährdeter als Neunmonatskinder.

Oft ist ein bestimmtes *Körpersymptom* Energiesignal. Verfrühte Vorstellungen von dessen psychosomatischer Bedeutung schwächen das Spürbewußtsein und verstellen den Weg zur Heilung. Auch in der Arbeit mit einem *Traum* gilt es zunächst bloß, psychoenergetisch von der stärksten Emotion des Traumes aus, in welcher Traumfigur oder Szene diese auch auftritt, ein Spontanritual zu gestalten, ungeachtet der privaten Ansicht, welches Problem in diesem Traum das wichtigste sei. Das Energiesignal aufgrund von Vor-Urteilen mißachten, würde heißen, die Frage eines Körpersymptoms oder Traumes falsch zu stellen. Inhalte sollen erst gedeutet werden, wenn der energetische Weg zu einer vorläufigen Lösung geführt hat, zum Beispiel am Ende eines Spontanrituals.

Intelligenz des Herzens

Spürbewußtsein ist das, was Blaise Pascal »Intelligenz des Herzens« genannt hat. Nicht der analysierende Verstand, sondern das sich zuwendende Herz ist aufmerksam. Das von Carl Gustav Jung und Richard Wilhelm kommentierte chinesische Werk »Das Geheimnis der Goldenen Blüte« formuliert die spürende Aufmerksamkeit auf unübertroffene Art in bezug auf das Hören des Atems. »Man richtet das Herz auf das Hören des Atems. Das Ein- und Ausgehen des Atems darf man nicht mit dem Ohr hören wollen. Was man hört, ist eben, daß es keinen Ton hat. Sowie es einen Ton gibt, ist der Atem grob und oberflächlich und dringt nicht ins Freie. Dann muß man das Herz ganz frei und gering machen. Je mehr man es losläßt, desto geringer wird es, je geringer desto ruhiger. Auf einmal wird es so leise, daß es aufhört. Dann tritt der Atem in Erscheinung und die Gestalt des Herzens läßt sich bewußt machen.« – Dann zitiert das Werk einen Ausspruch Buddhas: »Wenn du dein Herz auf einen Punkt festlegst, dann ist dir kein Ding unmöglich.«[1] – Diesen Punkt nenne ich den *Energiepunkt*.

Die im Text erwähnte Tonlosigkeit des Atems rührt daher, daß es bei ungeteiltem Spürbewußtsein schließlich keinen Ton zu hören, sondern nur noch den Atem gibt. Ihn hören, hieße das Ohr vom Ton zu trennen, also den Ton von außen wahrzunehmen. Die Ruhe, von der im Zitat die Rede ist, stellt sich im Spontanritual immer dann ein, wenn der Übergang vom Widerstand zum Einverständnis, von der Abspaltung zum ungeteilten Sein geschehen ist. Dann ist das Herz »gering« geworden, das heißt es maßt sich nicht mehr an, sich in Gegensatz zu dem, was ist, zu stellen. An diesem entscheidenden, oft schwer erreichbaren Punkt, beginnt sich unsere Psyche selbst zu regulieren und zu organisieren, und unser Herz träumt sich gesund. Wer, wie »Das Geheimnis der Goldenen Blüte« sagt, nur nach innen hört, ohne nach außen zu horchen[2], oder nur nach innen sieht, ohne nach außen zu gucken, hört und sieht mit Spürbewußtsein. Durch den nach innen gerichteten Fokus der Aufmerksamkeit entsteht ein Zustand, den ich als wache Trance oder tranceähnlichen Zustand bezeichnet habe. Daraus ergibt sich schließlich, wie der Text sagt, die »Empfindung großer Heiterkeit«[3]. Diese ist mit der erwähnten Empfindung der Leichtkraft in der Vertikale identisch.

Wahrnehmung des Energiesignals

Kehren wir zur Hauptfrage zurück, wie wir auf den Energiepunkt kommen, also das Energiesignal wahrnehmen können. Es ist nicht einfach, in einem Buch zu vermitteln, wie zum Beispiel ein zwar auffälliger, aber hohler, energiearmer »Fehlalarm« von einem gebremsten, doch energiegeladenen Signal zu unterscheiden ist. Wenn ein Zauberer zur Ablenkung mit der rechten Hand großartigen Hokuspokus macht und zugleich mit der linken heimlich den beabsichtigten Trick ausführt, ist es nicht einfach, die Aufmerksamkeit zum Ort der wirklichen Handlung zu lenken, hier auszuharren und sich nicht durch den zu Vernebelung und Betäubung suggestiv eingesetzten Schall und Rauch verwirren zu lassen.
Eine Frau, die ihre Probleme stets mit dem Kopf zu lösen trachtete

und konkrete Entscheidungsschritte in Beruf und Partnerschaft regelmäßig in die Zukunft verschob, kratzte sich ostentativ am Kopf, während sie von einem sich aufdrängenden Berufswechsel erzählte. Einige mit den Abläufen des Spontanrituals bereits Vertraute starrten wie gebannt auf dieses Kratzen am Kopf und fragten sich wohl, ob dieses nun das Energiesignal abgebe. Gleichzeitig machte die Frau mit beiden Füßen verstohlen – sich selber unbewußt – kleine, gebremste, zuckende Bewegungen, die vermutlich auf einem Film kaum bemerkt worden wären. In teilnehmender Resonanz spürte ich die starke Energiekonzentration in den sprunggehemmten Füßen. Bezeichnenderweise fand das Ablenkungsmanöver in den von den Füßen am weitesten entfernten Körperteil, nämlich im Bereich des Kopfes statt. Unbewußt versuchte sie, die Lösung des Problems einmal mehr auszutricksen, nämlich mit »Kopfarbeit«. Statt aufzustehen und zu gehen, kratzte sie sich am Kopf und grübelte. Doch das Energiesignal zeigte, was ihr Selbst wollte, nämlich den Schritt der Entscheidung. Erst dieser konnte auch das Denken im Kopf wieder in eine fruchtbare Richtung lenken.

In einem ähnlichen Fall berührte ein Mann mit der linken Hand seine Füße – wir sitzen in der Gruppenarbeit wie spielende Kinder auf dem Boden –, während er sich mit der rechten auffällig ebenfalls am Kopf kratzte. Auch er ging konkreten Lebensschritten durch Grübeleien aus dem Weg. Ihm wie auch der Frau im vorigen Beispiel vermittelte ich das Spürbewußtsein für die gebremste Energie in den Füßen. Nachdem sie diese längere Zeit »bebrütet« hatten, setzte sich in beiden der traumwandlerische Impuls zur Bewegung durch. Im kräftigen Gehen tauchten in ihnen farbige Bilder der auszuführenden Lebensschritte auf, worauf sich klärende Rollenspiele ergaben.

Das Versteckte, Gehemmte, Gebremste, Spürunbewußte ist ein Kennzeichen der meisten Energiesignale. Auch außerhalb von Spontanritualen gilt es, sich immer wieder einmal zu fragen: »In welcher Bewegung, Haltung oder Gebärde befinde ich mich jetzt und habe es bis heute, da ich mir die Frage stelle, nicht gemerkt? In welchem Organ oder Muskelkomplex verspüre ich Unbehagen? Was an meinem Körper verberge ich mir und anderen, meist ohne es zu realisieren?«

Eine Bemerkung zur letzten Frage: Die Scham über einen bestimmten Körperteil hat selten ästhetischen Ursprung. Meist weist sie auf eine unterdrückte Emotion hin, deren Symbolträger und Energiesignal eben der verachtete Körperteil ist. So öffnete ein Mann beim Sprechen seinen Mund kaum, anscheinend, weil er sich seiner unregelmäßigen Zahnreihen schämte. Diese Reaktion war ihm in Fleisch und Blut übergegangen. Ich bat ihn, seine Zähne genau zu beschreiben. Da verglich er sie mit den spitzen, scharfen Zähnen eines Raubtieres zum Reißen der Beute. Was er mit seinen Zähnen verbarg, war folglich seine raubtierhafte Aggressivität. Das Spontanritual, das seinen Ausgangspunkt im Spürbewußtsein seiner Zähne nahm, führte nach vielen Gewissens-Bissen – die zusammengebissenen Zähne! – zu einem mörderischen Gefühlsausbruch gegen seinen längst verstorbenen Vater. Nachdem er diesen, dargestellt durch ein Kissen, mit einem imaginären spitzen Messer in den beiden vereinten Fäusten durch kräftige Abwärtsbewegungen der gestreckten Arme und mehrere »Stiche« »umgebracht« hatte, erlebte er ein strömendes Gefühl von Unabhängigkeit und Freiheit. Aus diesem heraus konnte er sich schließlich »seinem Vater«, diesmal gespielt durch einen Mann in der Gruppe, gegenübersetzen und zum ersten Mal in seinem Leben ein klares, ehrliches Gespräch, das alle wunden Punkte berührte, mit ihm führen. In dessen Verlauf wurde seine Stimme warm und liebevoll. Das Energiesignal der hinter zusammengekniffenen Lippen verborgenen Raubtierzähne hatte die richtige Spur gewiesen: Die im Verlies der Verdrängung zerstörerisch gewordene Aggression konnte sich in spürbewußte Aggression und schließlich in Liebe wandeln: eine häufige und erstaunliche Erfahrung im Verlauf von Spontanritualen.

Der erwähnte unbewußte Versuch von Selbstinitianden, ihre Energiesignale zu verheimlichen, wirkt äußerst suggestiv, nicht nur auf die anderen Teilnehmer, sondern auch auf den Therapeuten. Oft braucht es große innere Kraft, um das Tabu des Selbstinitianden zu überschreiten: den Blick unbeirrt auf das ausgegrenzte Körperghetto zu richten, oder das Ohr für einen halbvertuschten schlimmen Satz zu öffnen.

Weise ich einen Selbstinitianden auf das entscheidende Energiesignal hin, so reagiert sein Körper oft rasch mit dessen Verstärkung, also mit Zustimmung: Seine Stimme wird klarer, oder sein Arm zuckt heftiger oder ein trauriger Satz löst Tränen aus, usw. Nach dem Überraschungsangriff hat der Selbstinitiand noch keine Zeit, seinen Widerstand zu organisieren. Doch meist verschwinden Verstärkung und Zustimmung ebenso schnell wieder: der gewohnte Angst-Widerstand formiert die Defensive. Der Therapeut hat nichts anderes zu tun, als dem Selbstinitianden weiterhin das Spürbewußtsein im Energiesignal zu vermitteln. Dann wird dieses nach und nach stärker als die Rückzugbewegungen, strahlt in den ganzen Organismus aus und motiviert zu heilenden Gebärden oder Worten.

Selbst verborgene Energiesignale sind eindeutig wahrnehmbar, sobald wir mit einem Menschen in eine ausschließlich energetische Beziehung treten, also auf den am intensivsten beseelten – nicht den auffälligsten! – Ausdruck achten. – Dazu eine Geschichte: Eine Frau klagt mit greller Stimme ihren Mann wegen seiner Liebschaft mit einer anderen Frau an. Die Stimme, das kräftige Vokabular und der anzügliche Inhalt drohen, mich suggestiv in Bann zu ziehen und konfus zu machen. Da stelle ich mich bewußt auf die energetische Wahrnehmung ein, und meine Stimmung wird wieder offen und gelassen. Auf einmal wird mein Blick magnetisch von den Augen der Frau angezogen, die, während sie aggressiv gegen ihren Mann ins Feld zieht, mit einem verzückten, träumerischen Ausdruck nach oben sehen. Ich unterbreche ihren keifenden Wortschwall und frage: »Was siehst du da oben?« Verdutzt, als sei sie aus dem Schlaf geweckt worden, antwortet sie ebenso plötzlich: »Meinen Bruder.« Und ich: »Du bleibst im Blick nach oben und im Bild deines Bruders, den du da siehst. Nur das ist wichtig. Du schaust nach oben und sobald du genauer siehst, teile es uns mit.« Nun »sieht« sie »da oben« wie im Traum sich und ihren Bruder im inzestuösen Verhältnis, das real von ihrem dreizehnten bis neunzehnten Lebensjahr gedauert hat, und während sie »sieht«, erzählt sie fortlaufend davon. Spürbewußt bleibt sie dabei im Blick nach oben, also in ihrem entscheidenden Energiesignal. Mehr als der Seitensprung ihres Mannes hatte das bis heute spürunbewußte, also im Gefühl – nicht im Inhalt – verdrängte inzestuöse Verhältnis zu ihrem Bruder seit der Pubertät ihre Lebens-

freude gehemmt. Ihre verbissene Fixierung auf das Problem mit ihrem Mann war ein Ausweichmanöver. Mit ihm wurde sie erst fertig, nachdem sie das andauernde innere inzestuöse Verhältnis zum Bruder gelöst hatte.
Von einer Frau, die sich bei mir in psychoenergetischer Ausbildung befand, wurde ich gefragt, warum ich in einem Fall auf jemanden, der weinte, reagiert habe: »Bleib in deinem Schmerz«, und in einem anderen Fall: »Geh von deinem Schmerz weg.« Die Antwort war einfach: Bei der ersten Person entsprach das Weinen der intensiven Äußerung eines Schmerzes, der ihren ganzen Körperausdruck prägte. Folglich war das Weinen ihr Energiesignal. – Das Weinen der zweiten Person dagegen hörte sich wie das trotzig appellative Schluchzen eines Kindes an; sie weinte nur mit ihrer Stimme, während ihr Körper klare Aggression signalisierte: im stahlharten Glanz der Augen und noch mehr in den auf dem Rücken versteckten geballten Fäusten. Diese bildeten ihr Energiesignal. Meine Aufforderung an sie, den Schmerz zu verlassen, war eine von mehreren Reaktionsmöglichkeiten. Jedenfalls bewirkte sie, daß die Wut der Frau offen ausbrach – gegen mich!

Ins Bild hinein oder aus dem Bild heraus!

Traurigkeit ist die zu einer Trennungssituation passende natürliche Emotion. Folgen wir ihr als Energiesignal und begeben uns spürbewußt in das Situationsbild, das uns zusammen mit dem Menschen zeigt, von dem wir im Begriff sind, uns zu trennen, beschleunigen wir den Trennungsprozeß und werden für das Leben in der Gegenwart frei. Die Steigerung der Traurigkeit ermöglicht die Wende zur Erleichterung und Unabhängigkeit. In der Depression liegen die Dinge umgekehrt. Sie läßt Fremdes, Unpassendes in uns einfließen, während wir uns selbst immer mehr aus dem Gespür verlieren. In das autosuggestive Situationsbild von Depression und Verlassenheit noch tiefer hineingehen, hieße, diese ohne Hoffnung auf eine Veränderung zu verstärken. Denn nicht die Depression, sondern das, was sie unterdrückt, ist die stärkste Empfindung und folglich das

Energiesignal. Welches nun ist die unterdrückte, intensivste Emotion des depressiven Menschen? Selbst bei schwerer Depressivität, besonders deutlich im Stadium beginnender Besserung, finden wir unter Schuldgefühlen versteckt heftige, archaische, unstrukturierte Aggressionen, die in die frühe Kindheit zurückgehen, primär gegen andere, sekundär gegen sich selbst. Daher werden depressive Menschen oft besonders dann suizidgefährdet, wenn das Schlimmste vorbei ist. Ihre Aggressivität zielt auf innere – und manchmal auch äußere – Lösung von solchen Menschen hin, mit denen sie noch so sehr verschmolzen sind, daß sie in einer permanenten Trennungssituation von sich selbst leben: Statt sich von anderen abzugrenzen, grenzen sie sich selber aus. Diese heillose Verstrickung bezieht sich letzten Endes immer auf einen Elternteil, und erst als Konsequenz davon auch auf andere Menschen, zum Beispiel den Partner. Nun geht es darum, aus dem Vorstellungsbild, dem Teufelskreis der symbiotischen Beziehung »auf Leben und Tod« herauszutreten, und zwar so, daß eine wirksame innere Banngrenze gegen den gemeinten Elternteil und vielleicht auch gegen den Partner gezogen wird. Auf die sanfte Tour klappt das nicht. Es braucht aggressives Sichfreistoßen. Erst wenn dieses gelungen ist, wird es sich erweisen, ob in bezug auf den Partner eine neue, freie Beziehung erwacht, oder ob nun die Traurigkeit des Abschieds zur stärksten Emotion wird. Auch im letzteren Fall wirkt Liebe: Es gibt keinen wirklichen Abschied ohne Liebe.

Psychoenergetik entlastet den Kopf da, wo er nicht gefragt ist, für Situationen, in denen wir ihn brauchen, zum Beispiel zur Realisierung und Strukturierung eines Abschieds, einer Trennung, oder einer neuen Form von Partnerschaft. Aus psychoenergetischer Sicht bedeutet Neurose, nicht auf den Energiepunkt kommen, das Energiesignal austricksen, ein Verwirrspiel mit sich selbst spielen.

Achten wir aber auf ein Energiesignal und lassen uns von ihm zum nächsten und wieder zum nächsten leiten, folgen wir also unserer Spur von Entwicklungsschwelle zu Entwicklungsschwelle, dann werden wir als Individuen zu Energiesignalen innerhalb unseres gesellschaftlichen Umfeldes, zu Katalysatoren heilender Lebensprozesse in einzelnen Menschen und in sozialen Systemen.

Das Offensichtliche

Energiesignale sind zwar nicht auffällig, aber doch offensichtlich. Daher müssen wir lernen, das *Offensichtliche* wahr- und ernstzunehmen. Wenn beispielsweise ein Mensch in der Analyse flott assoziiert und dabei wie eine Leiche daliegt[4], muß der Analytiker von den Assoziationen absehen und sich der Scheinleiche, die, wie erwähnt, das Lebendigste an diesem Menschen ist, zuwenden: Sie ist sein Energiesignal. Sonst wird dieser nie aufstehen, seine Couch nehmen und in Richtung seines Lebenstraums wach und selbständig gehen, sondern noch lange Zeit, bis es ihm selber zu bunt wird, in der Analyse weiter assoziieren und weiter zahlen. Je spürbewußter wir sind, desto mehr ersetzen wir, ohne zu überlegen, die »Es-Sprache« durch die »Ich-Sprache«[5]: Ich bin das, was mit mir geschieht, solange ich dem Energiesignal folge. Fällt ein Selbstinitiand wieder in die »Es-Sprache« zurück (zum Beispiel: »Mit meinem Freund zusammen ist *es* ungemütlich und stressig.«), wird der Psychoenergetiker das nicht zum Anlaß nehmen, korrigierend einzugreifen. Er wird das Spürbewußtsein des anderen durch Resonanz stärken und ihn auf die Möglichkeit zur Ich-Sprache aufmerksam machen.

Umpolung eines negativen in ein positives Energiesignal

Das bereits zitierte NLP (Neurolinguistisches Programmieren) weist an, wie durch Suggestion ein altes Signal mit einer neuen Wirkung verknüpft werden kann. Hat zum Beispiel die Stimme des Chefs in einem Angestellten bisher Schrecken und Lähmung ausgelöst, so kann sie auf dem Weg einer neuen, suggestiven Programmierung eine neue Wirkung, etwa Zuversicht und Kreativität bewirken. Diese Methode wird *Überbrücken* genannt[6]. Der bisher negative Stimulus wird durch Verknüpfung mit positiven Erfahrungen in der Vergangenheit, sogenannten Ressourcen, auf eine neue, positive Wirkung hin umgepolt.

Spontanrituale erzielen den gleichen Effekt, aber nicht durch willkürliche Neuprogrammierung, sondern dank der Tatsache, daß ein als negativ empfundenes Energiesignal, dem wir mit Spürbewußtsein folgen, schließlich in eine befreiende Erfahrung und einen heilenden Lebensprozeß mündet, also positiviert wird. Vielleicht muß der Selbstinitiand die Stimme seines Chefs bis zur spürbewußten Identifizierung nachahmen, damit sich aus ihm neue Kraft, die Kraft eigener Autorität und eigenen Selbstbewußtseins befreit und der äußere Chef ihm nichts mehr anhaben kann. Die Verankerung einer solchen neuen Erfahrung geschieht durch Wiederholung des Spontanrituals, vor allem in Momenten der Gefährdung durch frühere schwächende Reaktionen. – Ein Spontanritual, in dem solches geschieht, kann unter Umständen länger als eine NLP-Sitzung dauern, doch ist es immer mit der unersetzbaren Erfahrung verbunden, daß im Prozeß der Verlebendigung und Heilung nicht Suggestion von außen, sondern das Selbst von innen mit Zielsinn Regie führt. Außerdem schützen Spontanrituale vor solchen Manipulationen, die nicht zum Wohl, sondern zum Schaden des Selbst eingesetzt werden.

Spontane und beabsichtigte Gebärden

Ähnliches gilt für den Unterschied zwischen gemachten und spontanen Gebärden. Sich in einer spontanen Gebärde »zufällig« vorzufinden, diese spürbewußt zu verstärken und dadurch die Befreiung einer bisher gefangenen Empfindung zu erleben, ist eine autonome, schöpferische Erfahrung: ein Ereignis, bei dem wir das Gefühl haben, daß es im richtigen Moment eintritt und zukunftsweisenden Sinn hat. Nicht nur Gebärden der Liebe und Sinnlichkeit schenken uns die Freuden des spontan sich Ereignenden, sondern auch alle anderen Gebärden, in deren Ausführung wir auf einmal erwachen und lebendig sind.

Trotzdem sind beabsichtigte, »gemachte« Gebärden nichts Negatives, im Gegenteil. Es gibt keine Kultur ohne einen feststehenden Kanon heilender Gebärden. In dieser Beziehung wohl die vollkommenste ist die indische: Jede Stimmung oder Emotion wird in einem bestimmten »mudra« verleiblicht, ins spürende Bewußtsein gebracht, verstärkt. Die Aneignung solcher kulturell gewachsenen Gebärden, die oft einen archetypischen, unmittelbar wirksamen Grundgestus aufweisen, steigert die Sensibilität für vielerlei Facetten von Empfindungen. Im Laufe eines Spontanrituals nähern sich die Gebärden meist ihren archetypischen Grundmustern und befreien durch diese Annäherung ihr emotionales Energiepotential.

Vier einfache Beispiele allgemeinmenschlicher Grundgebärden mögen zur Veranschaulichung dienen: Zunächst die Gebärde der weit ausgebreiteten Arme mit aufwärtsgerichteten Handflächen, die aus Empfindungen von Offenheit, Bitten und Dankbarkeit spontan entsteht und diese intensiviert, dann die Gebärde der geschlossenen Faust – wir sind ihr schon mehrmals begegnet – die eine negative, feindselige Haltung zum Ausdruck bringt. Ein drittes Beispiel: Es ist eindrücklich zu erleben, wie lustvoll unser Lebensgefühl wird, wenn wir die Arme im Gehen frei ausschwingen lassen, oder wie entmutigt wir uns im Gegenteil erleben, wenn wir die Hände schlaff wie welke Blumen herabhängen lassen. Ein viertes: Wachsende Traurigkeit überkommt uns, wenn wir wie das Kleinkind die Hände nach oben ausstrecken und »Mama« rufen[7].

Mag eine Gebärde noch so tief im uralten Erfahrungsschatz der Menschheit gründen: Sie, und jedes andere echte Energiesignal, zum Beispiel eine Körperhaltung, eine Eigenberührung, ein starkes Wort, sind dem Erleben »neu wie am ersten Tag«, wie umfassend auch unsere Kenntnis über Gebärden, Berührungen, Haltungen, Wirkworte sein mögen, wie ja auch jede neue Erfahrung der Liebe die Frische des ersten Schöpfungstages hat. Und wie eine Liebe, vor der wir nicht ausweichen, sondern die wir in uns anschwellen lassen, weist ein Energiesignal, dem wir folgen, die Spur der Schöpfung. Dies erleben wir dann, wenn es nicht beim »Erdulden« einer Liebe oder eines Energiesignals bleibt, sondern wir selber in den Lockruf des Lebendigen einstimmen, indem wir soweit als möglich leben, was ins Leben drängt. Der Vergleich zwischen einer Liebeserfahrung und einem Energiesignal ist nicht zufällig, bedeutet doch dieses den Appell, das, was ist und werden will, zu lieben. Jedes Energiesignal ist ein Anreiz zur Liebe im weitesten Sinne des Wortes, ein Anreiz zur »erotischen Lebenseinstellung«. Dies gilt auch für aggressive Gebärden. Auch sie haben ihren Sinn im Lebensganzen. Auch sie rufen nach Verleiblichung. Nichts ist natürlicher, als daß sich zum Beispiel ein aggressiver Gesichtsausdruck in Bewegungsabläufe hinein löst, wie: Zähne blecken, Lippen zurückziehen, Augen zusammenkneifen und das Kinn nach vorne schieben, und zu Tönen wie Knurren führt[8]. Auch Aggression ist ein Weg zur Verbindung: Wie oft geschieht es in Spontanritualen, daß Gebärden der Aggression in Gebärden der Zuneigung münden! Ohne Abgrenzung gibt es keine Hingabe und kein Zusammenleben.

Natürliche Bewegungsabläufe geschehen nie zweimal auf genau dieselbe Art. Die Individualität jeder Persönlichkeit und jedes Schicksals offenbart sich in den Nuancen, Eigenheiten und Schwerpunkten der leib-seelischen Prozesse, auch wenn diese von den Grundmustern her identisch sind. Ebensowenig wie es zwei völlig identische Träume gibt, existieren zwei Spontanrituale, die in allen Punkten gleich wären. Die Arbeit mit programmierten Übungen und Bewegungsabläufen wird mit der Zeit langweilig. Jedes Spontanritual aber, das ich bisher begleiten durfte, hat mich durch seine Mischung von Besonderem und Allgemeinmenschlichem in einen Zustand der Ergriffenheit versetzt.

Signal zu einem Dreiecksritual

Es gibt immer ein Energiesignal, doch äußert es sich manchmal so schwach, daß wir es noch nicht entdecken können. Dann gilt es, zu warten, bis es stärker wird und wir es wahrnehmen. Solange wir lebendig sind, konzentriert sich die Lebensenergie in jedem Moment am stärksten in einem Punkt. Dieser *Energiepunkt* wandert manchmal in kurzer Zeit von einem Ort zum anderen. Manchmal aber bleibt er lange fixiert, und zwar bei Menschen, deren Persönlichkeit fast nur Abwehr gegen spontane Regungen und Lebensimpulse verkörpert, Menschen also, die in einem »Charakterpanzer« stecken. Diese kompensieren ihre Struktur gewordene Angst vor lebendigen Empfindungen durch die Lust an der Fähigkeit, dem Lockruf des Lebendigen zu widerstehen, und am »Heldentum« ihrer Charakteraskese. Nicht im Masken- und Panzerhaften dieser Persönlichkeiten, wohl aber in Äußerungen dieser morbiden Lust an der Nicht-Lust, dieser Befriedigung an Frustration und Zerstörung, liegt ihr Energiesignal. Dazu eine Geschichte: Ein Mann wirft in einer trotzig zackigen Gebärde regelmäßig, vor allem wenn er sich gegen andere zu behaupten versucht, bei aufgeblasener Brust mit einem Ruck seinen Kopf hoch: eine Gebärde, die auch bei Hitler auffiel. Sonst hält er seinen Kopf bei starrer Kiefer- und Halsmuskulatur unbeweglich gerade. Seine Frau hat ihm wegen der Armseligkeit seiner erotischen Hingabe mit Trennung gedroht, falls er nicht an dieser Gruppentherapie teilnehme. Nun steht er in der Mitte des Gruppenraums und wiederholt auf meine Aufforderung hin immer wieder diese Gebärde, mit der er seinen Kopf ruckartig hochschnellen läßt. Ich nehme sie als Anlaß zu einem sogenannten *Dreiecksritual.* Ich beschränke mich darauf, dieses in starker Verkürzung des Geschehenen zu skizzieren. Die erwähnte Gebärde führt der Mann auf der *ersten Position* – der ersten Ecke des Dreiecks – aus. Es ist die Position seines *aufgeblähten Ich*: »Ich kann tun und lassen, was ich will und bin niemandem gegenüber verantwortlich.« Durch spürbewußte Wiederholung der Gebärde schlägt diese in eine zweite Gebärde um. Sobald diese sich andeutet, lasse ich ihn die *zweite Position* im Dreieck einnehmen. Mit ihr drückt er seinen mörderischen Haß gegen Bezugspersonen in der Gegenwart sowie gegen seine verstorbenen Eltern und auch die Natur aus: Mit ungeheurer Kraft zerstampft er alles Lebendige in Grund und Boden, schmeißt dabei immer wieder seine Arme roboterhaft in die Luft und hält sie hier oben einige Augenblicke starr ausgestreckt: die Position seiner *Allmachtsgefühle im Zerstörerischen.* Nach und nach wird sein Stampfen schwächer und er vermag seine Arme kaum mehr hochzuwerfen. Trotzdem stachle ich ihn lange Zeit weiterhin zu beidem an, bis er laut aufschreit und zusammenbricht. Die Allmacht zeigt ihr wahres Gesicht: *Ohnmacht.* Das spürbewußte Durchleben seiner Destruktivität hat die Wende bewirkt. Nun liegt er auf den Knien mit der Stirn auf dem Boden und weint zum ersten Mal seit dreißig Jahren. Eine ruhige, innige Stimmung erfaßt ihn und uns. Irgendwann läßt er ein helles Lachen hören: Nun lasse ich ihn die *dritte Position* einnehmen. Damit befindet er sich wieder an seinem Ausgangsort. Und wie am Anfang spüre ich seine Lust, doch ist es nicht mehr Lust an der Nicht-Lust, an Selbst- und Fremdzerstörung, sondern Lebenslust. Die dritte Position ist der Ort der *Hingabe:* Hier macht er seiner Frau die erste Liebeserklärung überhaupt. – Sein Leben fängt neu an. Die natürliche Dynamik vom aufgeblähten Ich zu destruktiver Allmacht, dann zu Ohnmacht und schließlich zu Hingabe ist nun in seinem Spürbewußtsein gespeichert. In späteren Krisensituationen kann er sich die Frage stellen: »In welcher Position befinde ich mich jetzt? In Überheblichkeit, Zerstörungswut oder Ohnmacht?« Das Ausführen der entsprechenden Gebärde wird ihm helfen, den heilenden Weg seines Spontanrituals nochmals zu durchlaufen – bis zur Erlösung in der Hingabe.

Schiwas versteinerter Phallus

Zwar geht das Energiesignal vom Ort des zentralen Komplexes, der stärksten Lebenshemmung, Verkrampfung oder Versteinerung aus. Denn hier ist das größte Quantum an Lebensenergie gefroren. Doch meldet es sich gleichsam am Rande dieses Eisklotzes, da, wo Energie anfängt zu schmelzen und sich zu verflüssigen. Wir spüren also nicht die Verkrampfung selbst, sondern etwas Lebendiges: entweder den Beginn ihrer Lösung oder den einsetzenden Widerstand gegen das Scheintote in uns, oder, wie im letzten Beispiel, die morbide Lust an der Zerstörung usw. Reich hat darauf hingewiesen, daß sich die Verkrampfungen des Beckens und der Sexualität in vielen Fällen in der Verspannung der Kiefer- und Halsmuskulatur melden: In deren Bearbeitung müsse die Lösung der sexuellen Hemmung ihren Anfang nehmen. Im Gegensatz zu Reich bin ich der Ansicht, daß wir nie genau wissen, welche Lebenshemmung der Ursprung aller anderen ist. Nicht alle Energiesignale sind Mittel zum sexuellen Zweck. Jedes hat zunächst eine Eigenbedeutung. Die Psychoenergetik folgt deshalb ohne vorgefaßte Meinung über den »richtigen Weg« der kreativen

Spur der Energiesignale. Die Eigenbedeutung der Verspannungen in Hals und Kiefer kann zum Beispiel die gehemmte Sehnsucht sein, endlich sprechen, sich mitteilen zu können. Keine Verspannung ist primär, auch die sexuelle nicht, obgleich diese eine Hauptrolle im »Charaktersystem« unserer Verkrampfungen spielt. Und doch kann jede eingeschränkte Lebensäußerung, nicht nur die sexuelle, auch die aggressive oder die geistige und kulturelle zu Verspannungen im ganzen Körper führen. Daher verzichte ich – muß ich verzichten – alle Energiesignale letztlich sexuell zu deuten. Jedes hat seine primäre Bedeutung aus dem Ort, wo Heilung jetzt einsetzen will. Von Energiepunkt zu Energiepunkt nimmt die Lebensenergie Wege, die in keinem Lehrbuch vorgezeigt sind. Das Spontanritual ist nicht nur in seinem Beginn, sondern auch in seinem Verlauf spontan. Die Frage, welche Aufgabenstellung für einen Menschen die eigentliche und schicksalshafte ist, kann immer nur provisorisch vom Ziel-Sinn des momentanen Energiesignals her beantwortet werden. Die letzte Antwort, falls es sie gibt, bleibt Geheimnis.

Ich weise nun auf eine Geschichte männlicher sexueller Versteinerung aus der Mythologie hin, meines Wissens die einzige. Ich erzähle sie, weil sie gleichzeitig die Einstellung darlegt, wie wir einer Versteinerung begegnen können. Vom indischen Gott Schiwa lesen wir, daß er sich in rasendem Schmerz über den Tod seiner geliebten Satī in einen Phallus aus Stein gewandelt hat, einen Lingam – den wichtigsten Kultgegenstand im Schiwaismus. Als Brāhma und die Götter ihn wegen des Verlustes seiner Geliebten trösten wollten, »überwältigten ihn Schmerz und Scham und er verwandelte sich. Vor ihren Augen ward er zu Stein und erstarrte in seinem Liebeswahn und -schmerz zu einem großen Lingam«.[9] Die Gläubigen benetzen den versteinerten Phallus ihres Gottes mit Wasser, schmücken ihn mit Blumen, bestreichen ihn mit rotem und fahlweißem Puder, den Farben Schiwas von Leben und Tod, Schöpfung und Zerstörung, um seine Fruchtbarkeit und Lebendigkeit zu erbitten. Der erste Schritt aus der Versteinerung – hier aufgrund eines Liebestraumas – geschieht in der Zuwendung zu ihr, in der wärmenden, lösenden, entkrampfenden Aufmerksamkeit für sie. Das jeweilige Energiesignal zeigt die Richtung, in der die Zuwendung zu geschehen hat. Das Spontanritual ist

Dienst an unserem versteinerten Gott, wo immer sich dieser gerade aufhält.

Gemischte und entmischte Gefühle

Auf welchem Weg spüren wir unter widersprüchlichen, gemischten Gefühlen jenes heraus, in dem sich das entscheidende, jetzt zu verfolgende Energiesignal verbirgt? – Manchmal läßt sich diese Frage nach dem »stärksten Gefühl«, die uns bereits beschäftigt hat, nicht auf Anhieb beantworten, weil es scheint, daß wir es mit zwei gleich intensiven Gefühlen zu tun haben. Doch dem ist nie so. Das Spontanritual hilft uns, jenes herauszuspüren, das sich jetzt aus innerer Notwendigkeit durchsetzen muß. Im Verlauf eines Spontanrituals intensiviert sich ein heimliches Energiesignal solange, bis es offensichtlich wird. Dazu ein Bericht.

Eine Frau erzählt mit gequälter Stimme: »Es geht bei mir zwischen Aggression und Liebe immer hin und her. Wenn ich liebe, wird meine Zuneigung bald durch wachsende Aggression gestört. Bin ich aggressiv, steigt in mir bald Liebe hoch. Weder das eine noch das andere Gefühl kann ich frei ausleben, ohne daß es durch das entgegengesetzte gebremst wird.«

Darauf schildert sie eine schöne Szene aus ihrer Kindheit, in der sie nur Liebe und Verständnis erlebt hat. Ich habe keinen Grund, an ihrer Erinnerung zu zweifeln, zumal sie bei anderen Gelegenheiten von schlimmen Kindheitserfahrungen erzählt hat und nicht zur Glorifizierung der Vergangenheit neigt. Während sie diese Szene wiedergibt, schüttelt sie, ihr selber unbemerkt, ständig den Kopf. Ist dieses Kopfschütteln ihr Energiesignal? – Ich weise sie auf das spontane Kopfschütteln hin. Da beginnt sie zu weinen und schüttelt weiterhin den Kopf. Ihr Weinen hat einen rührseligen Unterton. Es dauert lange, und nichts verändert sich. Der Energiepegel steigt nicht an: ein Zeichen, daß sie sich nicht auf der Energiespur, sondern in einer Sackgasse befindet. Mit ihrer Rührseligkeit nimmt sie Abstand von der schönen Kindheitsszene, die sie soeben erzählt hat, so als wolle sie sagen: »Das ist nichts mehr für mich. Das ist vorbei. Deshalb quält mich die Erinnerung so.«

Der »Rührseligkeitsabstand« bedeutet also ihr Ausweichmanöver vom eigenen Lebenspotential. Soll ich ihr nun vorschlagen, sich in die schöne Kindheitsszene hineinzubegeben und diese so als Energiequelle für die Gegenwart zu erleben? Ein Unbehagen, das diese innere Frage begleitet, hindert mich daran. Auch die schöne Kindheitsszene ist nicht ihr entscheidendes Energiesignal, ebensowenig wie das Weinen und Kopfschütteln, mit dem sie in Rührseligkeitsabstand zur eigenen Lebendigkeit getreten ist. In ihrem rührseligen Schluchzen, das durch das Bewußtsein ihres spontanen Kopfschüttelns ausgelöst wurde, klingt noch etwas anderes mit: der Trotz des Kindes, das den Eltern – und jetzt in Übertragung auch mir – sagt: »Euch zuleide bin ich unglücklich. Seht nur, wie schlecht es mir geht. Ihr seid schuld daran. Dies zeige ich euch, indem ich mich weigere, glücklich zu sein.« Die Rührseligkeit, mit der sie Abstand von sich selbst genommen hat, verbirgt die Lust, anderen weh zu tun. Um zu vermeiden, daß sie ihren aggressiven Trotz nun gegen diesen selber richtet, ihn also mit einer Ergebenheit, die ich bei ihr kenne, neutralisiert, statt ihn zu befreien, sage ich ihr beiläufig: »Es ist eigentlich völlig egal, welche Emotion – Liebe oder Aggression – du uns jetzt vorspielst. Wähle irgendeine und tue so, als wäre sie die einzige. Wenn du willst, kannst du nachher auch die andere spielen.« – Es ist wesentlich, daß die Frau die Regie selber übernimmt. Sie darf also keinerlei Druck von meiner Seite spüren. Nun kann sie die hemmende Elternübertragung auf mich loslassen. Meine vorherige Intervention war kein bloßer Trick, spürte ich doch in ihrem aggressiven Trotz das intensive Bedürfnis nach Unabhängigkeit und Freiheit von den Elternfiguren. Mein Vorschlag war der Widerhall auf dieses ihr Bedürfnis. Die Analyse der probeweise aufgelösten Elternübertragung wird hernach, im Anschluß an ihr Spontanritual, stattfinden. Dann wird sie nämlich über die Alternativerfahrung ihrer erwachsenen Unabhängigkeit als Energiequelle und Orientierung verfügen.
Nun wählt sie unter den beiden Emotionen der Liebe und Aggression schnell und instinktsicher die letztere, indem sie eine andere Teilnehmerin anschreit: »Ich schlage dir den Kopf ab.« Denn diese hat sie vorhin auf ihre schräge Kopfhaltung hingewiesen, welche die

unechte Rührseligkeit noch unterstrich. Auf dieser Spur geht es weiter. Die Selbstinitiandin meint zunächst, Theater zu spielen, doch spielt sie sich zunehmend in einen authentischen Lebensprozeß hinein: in die Befreiung ihrer Aggressivität. Jedesmal, wenn sie in Gefahr ist, wieder in die alte Hemmung zurückzufallen, interveniere ich: »Es ist nur ein Spiel. Du kannst also frisch drauflosgehen.« So kommt sie in den Genuß eines von Schuldgefühlen, Verlustängsten, Rücksichtnahme und Selbstmitleid freien Aggressionsausbruchs.

Es stimmte ja auch: Es war »nur« ein Spiel, allerdings ein Spiel, das von ihrem eigenen Selbst inszeniert wurde. Es führte schließlich von alleine in warme, eindeutige Gefühle von Sympathie und Zuneigung. Die Entmischung von Aggression und Liebe gelang durch das Nacheinander im Erleben der ersten und zweiten. Die Aggression bildete das auslösende Energiesignal, und die Liebe die »*Energiemündung*«, also das Ziel der emotionalen Dynamik.

In anderen Fällen ist es einfach, bei gemischten Gefühlen das dominierende herauszuspüren. Ein Mann wiederholt zu Beginn seiner Arbeit in einer Einzelsitzung mehrmals die oft gehörte Aussage: »Ich will, aber ich kann nicht.« Welcher Teil des Satzes enthält die größere Energieladung, das »ich will« oder das »ich kann nicht«? Wenn Worte im Zweifel lassen, gilt es, auf Körperausdruck und Gebärden zu achten. Während der Mann seinen Satz ausspricht, schüttelt er ständig den Kopf: ein klares Nein. Also enthält nicht die Positivaussage »ich will«, sondern die Negativaussage »ich kann nicht« das Energiesignal. Die Ohnmacht des »ich kann nicht« ist ursprünglicher als die vordergründige Macht des »ich will«. Die Energiespur führt den Mann in die intensive, beängstigende Erfahrung früher Ohnmacht zurück, die er zum ersten Mal mit spürendem Bewußtsein durchlebt. Jedesmal, wenn er dazu ansetzt, in kompensatorische Machtphantasien auszuscheren, hole ich ihn in den furchterregenden, doch heilsamen Prozeß wachsender Ohnmacht zurück, bis dieser in ein Gefühl von Freiheit: in die Befreiung von frühen Verlassenheitsängsten, umschlägt, und er zu einer »Macht« kommt, die nichts mehr mit Beherrschung und Manipulation anderer zu tun hatte, sondern kraftvoller Ausdruck einer authentischen Persönlichkeit ist. – Diesen heilenden Prozeß, den er in der *Raffung eines*

Spontanrituals durchlief, verarbeiteten und verankerten wir hernach in mehreren Einzelsitzungen.

Allgemein setze ich in diesem Buch den Akzent auf die *rituelle Konzentration* der beschriebenen Reifungsprozesse. Darüber mögen Leserinnen und Leser jedoch nicht vergessen, daß die analytische Deutung des im Spontanritual Durchlebten oft noch längere Zeit in Anspruch nimmt. Da sich diese nur unwesentlich von dem unterscheiden, was in der tiefenpsychologischen Literatur vor allem in bezug auf Traumanalysen beschrieben wird, halte ich mich nicht lange dabei auf.

Eindeutigkeit im Ausdruck der stärksten Empfindung dient nicht nur der psychischen Gesundheit. Emotionale Widersprüche prägen sich mit der Zeit oft auch in Krankheitssymptomen aus. So sind zum Beispiel kardiovaskuläre Patienten »in einer Art Schraubstock zwischen unablässiger Wut und Angst eingespannt«.[10] Sich gegenseitig bekämpfende und einschränkende Emotionen tragen ihren Konflikt im Organismus aus. Angst engt ein, Wut will platzen. Die doppelte emotionale Botschaft setzt Herz und Gefäße unter Streß. Die Entmischung der Empfindungen und der vollständige Ausdruck der stärksten Emotion: Das kann zu einer Frage von Leben und Tod werden.

7
»Wer sich ansieht, leuchtet nicht«: zu Reflexionsabstand und Abspaltung

Phantasien über einen Ballettänzer

In einer deutschen Großstadt machte ich Gruppentherapie in einem Raum, der üblicherweise einer Ballettschule diente. Ein einziger Spiegel bildete seine hintere Längsseite, um den Tänzern so die Kontrolle der Bewegungsabläufe und die Angleichung der eigenen Schritte, Sprünge, Pirouetten usw. an ein vorgegebenes Idealmodell zu ermöglichen.

Spiegeln, Reflektieren, Denken bedeutet zunächst einmal Distanznahme vom anvisierten Gegenstand, um diesen in Vergleich und Beziehung zu bekannten Vorstellungs- und Denkmustern zu setzen und mit einem Urteil einzuordnen, zum Beispiel: »Dieses Tier gehört zu der mir vertrauten Spezies Affe.« – Je größer die Zahl der Urteile und der durch Urteile eingeordneten Gegenstände ist, desto zahlreicher sind die Kombinationsmöglichkeiten unter den Urteilen. Darauf beruhen auch moderne Technik und Wissenschaft. Im Zeitalter der Elektronik steigern sich die Kombinationsmöglichkeiten der durch Beobachtungsabstand gewonnenen Urteile untereinander ins Unabsehbare. Sich und die Welt spiegeln und reflektieren zu können, entspricht einer Begabung des menschlichen Geistes, und es gibt keinen Grund, sie nicht weiter zu entwickeln.

Macht sich der Mensch selber zum Gegenstand seines Spiegelns, Reflektierens, Denkens, kommt etwas hinzu, das eigentlich zu jedem Spiegeln, Reflektieren und Denken gehört, aber oft kaum bemerkt wird, nämlich die emotionale Qualität. Während ein Schimpanse das Interesse an seinem Spiegelbild verliert, sobald er es als *Bild* erkannt hat, zeigt das Kleinkind eine Jubelreaktion, wenn es *sich* in der Widerspiegelung erkannt hat[1]. Betrachten wir uns unverwandt und unentwegt im Spiegel, so gelingt es uns immer weniger, emotional

»draußen« zu bleiben: Empfindungen werden in uns wach, die den Abstand zum Spiegelbild mehr und mehr verringern. Haben wir während längerer Zeit keinen Kontakt mit unserem Spiegelbild mehr aufgenommen, keinen inneren Dialog mit uns selbst geführt, steigt bei der ersten erneuten Kontaktaufnahme nicht Jubel wie beim Kleinkind, das sich im Spiegel erkennt, sondern Trauer in uns hoch, solange von uns selbst getrennt gewesen zu sein: Trauer über unsere Selbstabwesenheit und emotionale Verkümmerung. Und wenn wir noch länger hinschauen, beginnt uns Dankbarkeit zu durchströmen: über die unerwartete Lebendigkeit nach so langer Verlassenheit. Die emotionale Qualität im Spiegel rückt den betrachteten Gegen-Stand, nämlich uns selbst, andere oder anderes, so nahe, daß er im äußersten gar kein Gegen-Stand mehr, kein gegenüber Gestelltes ist, sondern zum erweiterten und verstärkten Eigenen wird. Dieser emotionale Prozeß setzt das mit Spiegeln und Reflektieren kontrollierende Ich außer Gefecht. Er sensibilisiert uns für das Andere, nicht durch wissenschaftliches Beobachten und Kombinieren, sondern nur durch *syntone*, das heißt zusammen schwingende Teilnahme und Resonanz zu Ergründende. Solches Schauen vermischt sich mit Hören, Tasten, Riechen, Schmecken, Fühlen, Nachsinnen im eigenen Spürbewußtsein. Nehmen wir einmal an, ein Ballettänzer, der sich seit Jahren übend und spiegelnd den idealen Bewegungsabläufen seiner Rollen annähert, findet sich nach einer Ballettaufführung alleine zu Hause vor. Keiner schaut ihn mehr an, auch er selbst nicht. In der Leere, die er jetzt empfindet, bricht der fürchterliche Schmerz seiner Selbstverlassenheit durch. Daß dieser Schmerz – die dunkle Seite der emotionalen Qualität im Spiegel – einen Lebenskeim, ein Energiesignal, eine Dynamik auf das Andere hin birgt, darauf könnte er kommen, wenn er zu dieser späten, einsamen Stunde in die Ballettschule, wo er in seiner Jugend geübt hat, zurückkehrte, um hier eine neue Erfahrung zu machen. Gestatten wir uns die Phantasie, daß er sich diese Chance gibt: sich vor den großen Spiegel stellt, aber nicht, um sich in Anpassung an eine Vorstellung von sich selbst noch fremder zu werden. Durch fortwährenden, unbeirrbaren Blickkontakt mit sich selbst verliert er schließlich Kontrolle und Distanz und erwacht als spürender Mensch. Sobald dies geschieht, schmilzt der Unterschied zwischen ihm und dem Bild weg. Ein heißer Strom von Leben und Fühlen ergreift ihn, Weinen, Schluchzen, Schreien, Jubeln bricht aus ihm, und aus einer bisher unbekannten Quelle führt er Gebärden, Bewegungen, Schritte, Sprünge, rituelle Tänze aus, von denen er als genormter Ballettänzer keine Ahnung hatte. – Fahren wir in der Phantasie fort: Unerschrocken harrt er während des neuen Tanzens im Schauen aus. Nun ist er selbst nichts anderes als Schauen – kein Spiegler, kein Gespiegelter mehr. Er wandelt sich in ein Bild, das er gleichzeitig sieht und ist: ein Bild des anderen, der er ist, mit neuen Bewegungen, Gebärden, Ausdrucksformen, Gedanken, Sehnsüchten, Gefühlen, Wünschen: in seine nun befreite Entwicklungsdynamik.

Das Spürbewußtsein, zu dem der Ballettänzer in meiner Phantasiegeschichte gefunden hat, macht das reflektierende Bewußtsein nicht überflüssig. Ohne dieses gleiten wir nach einiger Zeit in subjektive Gefühlsduselei und naive Heilsgewißheit ab. Doch fehlt es den meisten Menschen der westlichen Zivilisation weniger an reflexivem als an spürendem Bewußtsein. Sie sind Fotografen statt Liebende, Räuber am eigenen Bild und Seelenverlierer.

Im erwähnten Ballettraum, der heute der Gruppentherapie dient, steht eine Frau dicht vor dem großen Spiegel, starrt sich feindselig an und fällt ein negatives Urteil nach dem andern über die eigene Person. Sie kaut Vorurteile wieder, wie sie doch sein sollte. Je länger sie starrt und redet, desto hoffnungsloser und verzweifelter wird sie. Dann packen sie Wut und Haß gegen sich selbst. Oft will sie sich vom Spiegel abwenden, doch kehrt sie, durch mich ermutigt, jedesmal wieder zum Schauen zurück. Jetzt bricht sie in Weinen aus, wimmert hilflos. Ich schlage ihr vor, mitzuteilen, was sie im Spiegel hinter ihren Augen sieht. Lange sieht sie nichts. Dann erblickt sie eine kleine Katze, die immer heller wird. Seit diese aufgetaucht ist, glänzen die Augen der Frau. Haltung und Bewegungen verflüssigen sich. Manchmal läuft die Katze weg. Dann fällt die Selbstinitiandin in die frühere Starrheit zurück. Da die Katze jedoch immer wieder zurückkommt, faßt die Frau Vertrauen: Sie behält ihre Lebendigkeit, auch wenn das Tier zwischendurch nicht im Bild ist. Sie probiert es mehrere Male aus, und der Kontakt bleibt.

Nach diesem Spontanritual, das sie später in Phasen der Selbstabwe-

senheit wiederholte, mußten wir nicht viel über die symbolische Bedeutung der Katze reden. Die Erfahrung sprach für sich. Die Katze *war* die Lebendigkeit der Selbstinitiandin, ihre Instinktsicherheit in bezug auf das, was sie gerade brauchte: Nähe oder Distanz, Gestreicheltwerden oder Streunen. Die negativ-kritische Selbstreflexion des Anfangs im Urteilen und Verurteilen war der existentiellen Verbindung mit dem Spiegelbild in dem Moment gewichen, als sie wie der Ballettänzer meiner Phantasiegeschichte auf die passende Emotion stieß: Verzweiflung über ihre Selbstabwesenheit. Ähnliches erlebte eine andere Selbstinitiandin, die, als Kind ungewollt und ungeliebt, zufällig vor einem halboffenen Fenster stehenblieb, ihr Spiegelbild erblickte, in verzweifeltes Schluchzen ausbrach, dann ihren Selbsthaß in den Spiegel spuckte und schließlich, nach einem langen Weg spiegelnder Verbindung zu ihrem Bild sagen konnte: »Ich mag dich« und nach langem Schweigen: »Ich liebe dich.«
Ich habe die existentielle, emotionale Verbindung mit dem eigenen Spiegelbild, die zu einer Wandlung der Persönlichkeit führt, in früheren Büchern als *Spiegelkommunikation*[2] und *Leitbildspiegelung*[3] bezeichnet und beschrieben. Sie geschieht auch in der gegenseitigen Wahrnehmung zweier Menschen, die sich lieben: Jeder ist für den anderen ein Bild eigenen, bisher verborgenen, heimlichen Lebens. Wenn wir zusammen mit dem anderen ganz in der inneren Wahrnehmung verweilen, wandeln wir uns auf ihn hin. Gegenseitige Spiegelkommunikation oder Leitbildspiegelung ist spürbewußte Liebe.

Narziß, gezeugt durch Vergewaltigung

Wer sich ausschließlich im reflektierenden Bewußtsein verschanzt, spaltet sein Leben von sich ab. Dies ist in allen narzißtischen Störungen der Fall. Aus Angst vor Autonomieverlust flieht der Jüngling Narziß vor der Nymphe Echo, die doch, wie ihr Name sagt, sein Echo oder, in visueller Sprache, sein Spiegelbild ist: Er flieht vor seiner eigenen Lebendigkeit und zieht sich ins reflektierende Bewußtsein zurück, indem er sich im Wasserspiegel betrachtet, ohne sich zu erkennen. Das ist nur ein scheinbarer Widerspruch, denn Selbsterkenntnis setzt Selbstfühlung, Spürbewußtsein, Liebe voraus. Bloß reflektierendes Bewußtsein bleibt sich selber fremd. Den Jüngling, für den Narziß Liebe empfindet, identifiziert er nicht mit sich selbst. Er ist blind für das Eigene, weil er sich nicht liebt.

Dissoziation ist kein kognitives, sondern ein affektives Problem. Zwar sagt man, Narziß sei in sich verliebt gewesen, und narzißtische Menschen seien selbstverliebt. Doch das ist nicht richtig. Was wie Verliebtheit erscheint, ist bohrende Sehnsucht nach dem völlig Fehlenden, nämlich der Liebe zu sich selbst. Darin liegt die eigentliche Verzweiflung des Narzißmus. Als sich Narziß schließlich doch noch erkennt, empfindet er das, was alle als erstes empfinden, die aus dem Schlaf der Selbstabwesenheit und Selbstverlassenheit erwachen, nämlich Verzweiflung. Verzweifelt bringt er sich um.

Warum bloß steigt Narziß aus dem Fluß seiner Lebendigkeit aus? Die Antwort des Mythos auf diese Frage ist folgende: Narziß wurde in der Vergewaltigung einer Nymphe durch einen Flußgott gezeugt. So trägt er in sich das traumatische Vorurteil, daß Lebendigkeit destruktiv sei. In ihm stoßen die Triebkraft des Flußgottes und die Panik der Nymphe aufeinander. In Identifizierung mit dieser, seiner Nymphe, bedeutet Lebendigkeit für ihn Überwältigung, Autonomieverlust und Demütigung. Sein Lebensschoß verschließt sich aus Lebensangst. – Auch narzißtische Menschen gehen auf der traumatischen Spur einer alten Vergewaltigung. Früh zerstörte rücksichtsloses Eindringen fremder Übermacht ihre Lebendigkeit: Bezugspersonen, die das Kind überwältigten, statt es zu fördern.

Gleichzeitig mit der Nymphenmutter schlummert in Narziß auch sein Vater, der alte Flußgott. Dessen Befreiung, das heißt der Lösung des Triebflusses, gilt die Sehnsucht narzißtischer Menschen. Diese kann sich nicht erfüllen, ehe in Narziß keine neue Vereinigung zwischen dem Flußgott und der Nymphe, keine innere Zeugung in Liebe stattfindet. Dazu ein Bericht.

Eine Frau, die wie Narziß in einer Vergewaltigung der Mutter durch den Vater gezeugt, dann durch die ganze Kindheit vom Vater seelisch vergewaltigt wurde und sich in der Folge, um zu überleben, vom eigenen Trieb- und Erlebnisstrom völlig abspaltete und wie ein

Gespenst ihrer selbst anscheinend gefühls- und beziehungslos dahinvegetierte, imaginierte in tiefer Versunkenheit ihre »neue Zeugung«: respekt- und liebevolle Steigerung gegenseitigen Eindringens und Aufnehmens und schließlich Hingabe in verzückter rhythmischer Harmonie. In ihr wurden der Flußgott und die Nymphenmutter gemeinsam erlöst. Den Anlaß zu diesem Ritual gab ein spontan aus verzweifelter Erstarrung auftauchendes inneres Bild, das Vater und Mutter in einer glücklichen sexuellen Begegnung zeigte. Wie der Traum, kann auch das Spontanritual »nur wünschen« (Freud), doch ist der Wunsch, zumal wenn er sich in Bewegung und Gebärde hinein ausdrückt, bereits Anfang seiner Erfüllung. Durch das mit nur angedeuteten, ganz innerlichen Gebärden gestaltete Spontanritual – abwechselnd in der Rolle der Mutter und des Vaters – überschritt die Frau zum ersten Mal in ihrem Leben die Schwelle zu einem warmen, spürenden Bewußtsein. Wenn sie später ab und zu wieder auf der traumatischen Spur ihrer Zeugung über den Ansturm eigener Lebendigkeit erschrak und in ihrem Schrecken erstarrte, begab sie sich sobald als möglich in die Wiederholung ihrer »neuen Zeugung«.

Folgendes Modell eines Dreiecksrituals unterstützt Menschen mit der Problematik des Narziß im Bemühen, *spürendes Bewußtsein* und *Abgrenzung* im Wechselspiel miteinander zu verbinden: Die erste Position verkörpert das spürende, die zweite das beobachtende und die dritte das die beiden ersten im Zusammenspiel beobachtende Bewußtsein. Dieses Dreiecksritual kann sowohl von einem einzelnen Selbstinitianden durch Rollenwechsel, als auch von einem Selbstinitianden mit zwei von ihm gewählten Mitspielern, oder auch von dreien im gegenseitigen Einverständnis gespielt werden. In den beiden letzten Varianten nimmt jeder der drei mindestens einmal jede Position ein. Mehrfacher, aber nicht zu schneller Wechsel ist von Vorteil. Für alle Varianten gilt: Der Selbstinitiand auf der Position des Spürbewußtseins drückt in Worten und Gebärden das aus, was ihn am stärksten bewegt. Der Beobachter spiegelt ihn durch möglichst umfassende, nicht wertende Beschreibung dessen, was er wahrnimmt. Seine Mitteilung führt beim ersten zu einer Veränderung der Empfindung und des Ausdrucks, was zu einer neuen Spiegelung durch den Beobachter motiviert, usw. Der das Zusammenspiel beider Beobachtende auf der dritten Position teilt seine Beobachtungen nur dann mit, wenn die Interaktionen zwischen den beiden anderen in eine Sackgasse geraten. Auch er deutet nicht, sondern beschreibt formal, was er wahrnimmt. Alle Rollenwechsel werden von diesem Spieler auf der dritten Position angeregt, am sinnvollsten dann, wenn einer der beiden Mitspieler oder auch er selbst »irrtümlicherweise« in die Rolle eines anderen fällt. In diesem Spiel erfährt sich jeder der drei entweder im Spürbewußtsein oder in einem kleinen, bzw. größeren Beobachtungsabstand: eine Möglichkeit zur Strukturierung von Nähe und Distanz. – Es kann natürlich auch von der ganzen Gruppe gespielt werden, indem sich diese in Dreiergruppen aufteilt. Der gesamte Verlauf wird von den spontan auftauchenden, wechselnden Empfindungen, Gebärden, Worten usw. des jeweiligen Spielers auf der Spür- und Ausdrucksposition bestimmt[4].

Passiv ausgeliefert oder aktiv spürbewußt

Das Spontanritual ist eine natürliche Möglichkeit, den Schritt von der Selbsterfahrung im passiven Ausgeliefertsein zu der im aktiven Erleben und Mitgestalten, also von der Haltung des Opfers zur Verantwortung des Mittäters zu tun. Solange Menschen von einer Situation, in der sie sich als Opfer fühlen, bloß erzählen, bleiben sie meist in der Opferrolle fixiert. Wenn sie aber aufstehen und das emotional geladenste Problem inszenieren, lösen sie sich von der Pose des hilflosen Opfers oder ohnmächtigen Rebells und werden zu kreativen Tätern.

Eine junge Frau mit einer lästigen Spinnenphobie – allein die Vorstellung, daß in einem anderen Zimmer als da, wo sie sich gerade befand, eine Spinne war, brachte sie außer sich – erzählt mit Grausen und Panik einen Traum, in dem ihr zwei große Spinnen über das Gesicht gelaufen sind. Sie lag hilflos da, und die Spinnen liefen ihr übers Gesicht: eine typische Opferphantasie; die Spinnen bewegten sich, die Träumerin aber lag ausgeliefert unbeweglich da: eine Grundstimmung, welche diese im Alltag abwechselnd in die seelische Lähmung oder in die Revolte trieb.

Auf meine Einladung hin setzt sie sich in die Mitte des Raumes und ist selber eine Spinne: ein erster Schritt vom Opfer zur Täterin. Sie kauert sich hin und erspürt sorgfältig von innen her die Haltung der Spinne, korrigiert da und dort ein Detail ihrer Stellung, bis sie sagen kann: »Ich bin die Spinne.« Erst jetzt ist sie fähig, sich genau als Spinne zu beschreiben. Als sie beim »schabberigen Hinterteil«, wie sie sich ausdrückt, anlangt, geschieht es, daß sie sich plötzlich in diesem gefangen vorfindet, also genau in der Situation, die sie mit ihrer bisherigen Spinnenphobie zu vermeiden suchte. Nun gerät sie in Panik und schreit mehrmals: »Ich will hier raus.« Gleichzeitig aber macht sie unbewußt eine höchst merkwürdige Gebärde, die im Gegensatz zu ihren Worten steht. Sie rollt sich auf dem Boden zusammen. Das ist ihr Energiesignal. Ich verstärke es durch Resonanz: »Begib dich mal ganz rein!« Da rollt sie sich noch mehr zusammen und äußert verdutzt, wie wohl sie sich auf einmal fühle. – Phobien entstehen auf der *Grenze* zwischen Anziehung und Widerstand. Nun folgt sie einer Zeitlang nur noch der Anziehung: Die momentan stärkste Empfindung hat sich in der gesammelten Atmosphäre des Spontanrituals durchgesetzt. Ich habe diesen Vorgang der Gefühlsentmischung bereits beschrieben. Er wird durch das Spürbewußtsein in Gang gesetzt und gelenkt. Nun befindet sich die Selbstinitiandin nicht mehr gegen ihren Willen in der Spinne: Weil sie sich unwillkürlich in dieser vorgefunden hat, ist sie damit einverstanden. Ich frage sie: »Wo bist du?« Sofort antwortet sie: »Im Schoß meiner Mutter«, eine Antwort, die ein Embryo, wenn er sprechen könnte, aus dem Fehlen der Unterscheidung von der Mutter nicht geben würde. Erinnerndes Spürbewußtsein in der embryonalen oder frühkindlichen Situation ist nicht identisch mit totaler Regression in diese. Es bedeutet, gleichzeitig dort und da sein: die für das Spontanritual spezifische trancenahe Wachheit. – Nun gilt es, ihr die sie von allen Seiten umgebende Mutter noch spürbewußter zu machen. Sie wählt eine mütterliche Frau aus der Gruppe, die sie kräftig umfaßt. Sofort ist ihr Spürbewußtsein für das Gefängnis, in das sie sich begeben hat, vollständig da. Daher bemüht sich die Selbstinitiandin, sich aus der Umklammerung zu befreien. Aber die Mitspielerin macht es ihr nicht leicht, und es kommt zu einem heftigen Kampf. Schließlich sitzt die junge Frau rittlings auf der Mutterspinne und stößt hervor: »Ich bringe sie um.« Doch der Ausruf klingt nicht echt: Sie ist aus ihrer stärksten Empfindung gefallen und spielt uns etwas vor. So werfe ich ein: »Wenn du das tust, kommt sie immer wieder.« Sie scheint ratlos und setzt sich zwei Meter von der Mitspielerin entfernt auf den Boden. – Wäre die Aggression ihr neues Energiesignal gewesen, so hätte ich ihr ein Kissen zum Zuschlagen hingeschoben. Doch am hohlen Klang ihrer Stimme und an der aufgesetzt wirkenden Gebärde habe ich gemerkt, daß ihr Weg der Abgrenzung von der Mutterspinne ein anderer ist. Bisher hat sie sich mit künstlicher Aggression oft die Probleme einfach vom Leib gehalten. – Ich frage sie: »Was tust du, damit dir die Spinne nicht mehr gefährlich wird?« Immer noch schaut sie mich ratlos an und beginnt mit der rechten Hand, ihr selber unbewußt, auf dem Boden einen Kreis um sich herum zu ziehen. Gleich lade ich sie ein, dies nochmals zu tun. Erstaunt, als ob sie erwachen würde, blickt sie kurz auf. Dann zieht sie, diesmal spürbewußt, den ganzen Kreis um sich herum. Jetzt ist der Bannkreis gegen die große, gefährliche, blutsaugerische Spinne, wie die Selbstinitiandin sich zu Beginn ausgedrückt hat, geritzt.

Nachdem dies geschehen ist, macht sie, wiederum unbewußt, kleine Handbewegungen nach außen, als wolle sie trotzdem noch eine gewisse Verbindung zur Spinne behalten. Eine Phobie kann sich nur lösen, wenn die gezogene Abgrenzung Durchgänge zum Ausgegrenzten beläßt. – Daher sage ich ihr beiläufig: »Es kann natürlich sein, daß eine kleine, harmlose Spinne in deinen Kreis hineinkrabbelt. Das ist ungefährlich. Der Kreis schützt dich ja in jedem Fall vor der einen gefährlichen Spinne.« – Auch die Zulassung der kleinen Spinne darf nicht nur in Vorstellung und Wort geschehen. So legt sich die Selbstinitiandin mit geschlossenen Augen auf den Rücken und folgt mit ihrem rechten Zeigefinger in ständiger gleitender Berührung mit dem eigenen Körper der Spur, den die kleine Spinne im Herumkrabbeln nimmt. Sie führt über alle Körperteile, besonders den Unterleib. Schließlich entfernt sie das Tierchen, setzt es außerhalb des Bannkreises und richtet sich auf. – Ich empfehle ihr, wenn immer nötig, beide Teile ihres Bannrituals durchzuführen.

Einige Monate später bekomme ich einen Brief, in dem mir die junge Frau mitteilt, daß sie die Spinnenphobie seit ihrem Spontanritual nicht mehr quäle. Außerdem küsse sie ihre Mutter nicht mehr und lasse sich nicht mehr von ihr küssen, und so gehe es gut mit ihr. – Sie hatte wirklich einen flexiblen Bannkreis um sich gezogen, durch den sie die Überwältigung ausschloß, ohne sich vom Lebendigen abzuschneiden. Sie fühlte sich nicht mehr als Opfer ihrer Mutter und gestaltete die Beziehung zu dieser aktiv.

Es gibt immer ein Energiesignal, das die Spur zu dem, was wir an Leben in uns abschneiden, weist. Ein Mann träumt von einer abgeschnittenen Hand und wacht entsetzt auf. Auch er ist diesem Bild zunächst passiv ausgeliefert. Alles in ihm signalisiert Angst vor dieser fürchterlichen, abgeschnittenen Hand. Auf meine Frage präzisiert er: »Die Hand hat sich im Traum bewegt.« Sie ist also keineswegs tot, sondern lebendig, das einzig Lebendige in seinem Traum, im Gegensatz zum restlichen Leib, der ausgeblendet ist. Der Spur dieser lebendigen Hand also gilt es zu folgen. Sie ist sein Energiesignal. Im nun einsetzenden Spontanritual streckt sich die abgeschnittene Hand, gespielt durch den Selbstinitianden, zu einer einzigen Gebärde der Anklage hoch. In dieser konzentriert sich die ganze Energie des Mannes, so daß alles andere in ihm: seine Lebensfreude, seine Begabungen und Beziehungen vom Gefühl abgeschnitten sind. Die nach vorne und oben gerichtete Hand mit dem mahnenden Zeigefinger verkörpert die das ganze Leben des Selbstinitianden bestimmende Schuldzuweisung. Ich lasse die Hand sprechen, und sie teilt mit, was den Selbstinitianden seit Jahren quält. Dann schlage ich ihm vor, sich der anklägerischen Hand gegenüberzusetzen. Ein Mitspieler wiederholt die vernichtenden Worte der abgeschnittenen Hand. Zunächst reagiert der Mann wie bisher mit Entmutigung und Ohnmacht, indem er verstummt und verlöscht. Mit der Energie seines anhaltenden Spürbewußtseins beginnt er aber bald, sich zu wehren. Im Akt wachsender Selbstbehauptung wird sein vorher abwesender – ausgeblendeter – Körper immer lebendiger. Im Sprechen gestikuliert er mit wachsendem Schwung, so daß ein Raunen der Erleichterung durch die Gruppe geht. Verlebendigung ist im Gange. Die im angeklagten Leib erstarrte Lebensenergie ist daran, sich zu lösen. Es bleibt noch viel zu tun, doch das Gespür für die Spur ist erwacht. Das quälende Gefühl, passiv einem blinden Schicksal ausgeliefert zu sein, fängt an, dem aktiven Spürbewußtsein zu weichen.

Bewußtsein löst sich in Schauen auf [5]

In der Arbeit mit Spontanritualen versteht der Therapeut oft erst im nachhinein, warum gerade diese Gebärde, diese Eigenberührung, diese Verspannung, dieses Krankheitssymptom, dieser Satz oder dieses Bild das entscheidende Energiesignal abgab. Zwar gibt es klare rationale Kriterien für die Auffindung des Energiesignals; ich habe sie im letzten Kapitel angeführt. Und doch ist dessen zentrale Bedeutung als psychisches Leitmotiv nie hundertprozentig zu beweisen. Die durchaus deutlichen Hinweise wecken die Intuition: »Das ist es!« Zu dieser tragen auch subjektive Eindrücke bei: Die Wahrnehmung wird durch einen bestimmten Muskelkomplex, einen gewissen Körperteil, eine beiläufige Eigenberührung, einen Glanz, der auf einmal auf einem Gesicht oder auf Händen liegt und das Entscheidende ans Licht rückt, die plötzliche Stimmigkeit eines Wortes oder Satzes angezogen. Es ist ein Wissen wie kurz vor Sonnenaufgang: »Die Sonne geht auf.« Nichts ist rational sicherer als ein bevorstehender Sonnenaufgang, und doch ist dieses Wissen nicht nur ein äußeres, rationales, sondern auch ein inneres, intuitives und gefühltes. Selbst wenn wir noch nie einen Sonnenaufgang gesehen hätten, »wüßten« wir: »Gleich jetzt wird die Sonne aufgehen.« Dieses doppelte – rationale und intuitive – Wissen prägt auch die Wahrnehmung eines Energiesignals. Nicht der scharfe, sondern der weite Blick, nicht das gespitzte, sondern das offene Ohr erfassen es. Das hängt damit zusammen, daß jeder neue kreative Lebensschritt unerwarteten, überraschenden Charakter hat. Er ist nie ganz in alte Vorstellungsmodelle einzuordnen.

»Wer sich ansieht leuchtet nicht.«[6] Reflektierendes Bewußtsein ist Verlust eines Glanzes, einer kindlichen Unschuld. Dieser ist unvermeidbar: Es gehört zum Menschsein, daß das durch keine äußere Spiegelung beeinträchtigte innere Licht im Erwachsenwerden verblaßt, doch ebenfalls, daß wir uns nach ihm sehnen und es erneut suchen. Wir können es wieder finden, wenn auch auf neue Art. Die Unschuld der Unbewußtheit welkt wie Blätter im Spätherbst. Der besondere Schmelz des erstmals Gelebten und daher noch nicht Gewußten läßt sich nicht halten. Doch kann an seine Stelle eine warm wissende Ausstrahlung treten, die in einem aufwühlenden Kontrast zur Tatsache des tausendmal Durchlebten, zu einer welken Haut und sogar einem kranken Körper steht. Spürbewußtsein offenbart sich in dieser Ausstrahlung. Es ist goldenes Licht von innen, das nur dann leuchtet, wenn wir uns nicht ins Rampenlicht eigener oder fremder Bewunderung stellen oder den grellen Scheinwerfer klinisch kalter Beobachtung einschalten. In diesem lebendigen Licht beginnen wir zu »sein«. Die Ausstrahlung fortwährender Aufmerksamkeit wirft ein warmes Licht, in dem Leben gedeiht, im Gegensatz zum Gleißen des Blenders. Sie schließt das reflektierende Bewußtsein nicht aus, sondern ein und stellt es in den Dienst des menschlichen Wachstums. Der spürbewußte Mensch erliegt nicht der Versuchung, auch das zu erklären, was zuerst leben will. Er weiß zu schweigen, wenn reden das Leben hemmen würde: Wer sich in einem neuen Lebensbereich dem Strahl des reflektierenden Bewußtseins aussetzt, drosselt die eigene Vitalität. Das Spontanritual nimmt seinen Ausgang in einem zunächst unbewußten Energiesignal, füllt dieses von innen mit Spürbewußtsein auf, ohne es durch verfrühte Reflexion und Analyse von außen her zu schwächen, und entfaltet sein heilendes Lebensmuster durch wache Hingabe an das, was aus innerer Notwendigkeit heraus geschieht. Der Selbstinitiand gleicht dem Skarabäus, der seine Kugel mit ungeteilter Konzentration unentwegt dreht. Diese Kugel aus Mist war in Ägypten und China ein Bild für die Sonne, dem schöpferischen Prinzip. Auch das Spontanritual wird aus alltäglichem Mist geboren. Spürbewußtsein ist das schöpferische Licht kontinuierlicher warmer Aufmerksamkeit nicht auf, sondern in etwas. Es ist Bewußtsein, das sich im Schauen, Hören, Tasten, Riechen, Schmecken, in Gebärden, Bewegungen, Worten, Bildern »auflöst«, das heißt mit diesen in eins fällt.

Die Lichtvisionen der Mystiker bilden die höchste Steigerung des ausstrahlenden Spürbewußtseins. Bei Hildegard von Bingen lesen wir: »Seit meiner Kindheit sehe ich immer ein Licht in meiner Seele... Und während ich mich des Anschauens dieses Lichts erfreue, verschwindet alle Traurigkeit und Schmerz aus meinem Gedächtnis.«[7] Solange wir dem sich durch wechselnde Empfindungen – Schmerz, Verzweiflung, Wut, Trauer, Freude, Jubel – verschiebenden Energiepunkt folgen, ist dieses Licht da, ungeachtet des Dunklen oder Hellen, das in uns gerade vorherrscht. Es ist identisch mit Sinn: Was wir tun, ist sinnvoll, wenn wir in dem, was wir tun, ganz aufgehen, also jederzeit im Punkt der stärksten Lebensströmung schwimmen. Solange das geschieht, fühlen wir uns zeitlos: niemand ist mehr da, der die Zeit von außen in Einheiten – Stunden, Tage, Jahre – einteilt und etwa sagt: »So und so alt bist du.« Deshalb impliziert Spürbewußtsein auch die psychologische Erfahrung von *Unsterblichkeit.* Nicht von ungefähr symbolisiert der Skarabäus Unsterblichkeit: Seine rollende Kugel ist ein Bild für den sich verschiebenden Energiepunkt. Das psychologische Gegenteil der Unsterblichkeit ist nicht Sterblichkeit, sondern am Leben vorbeileben.

Der Kern des Spürbewußtseins ist die Liebe. Weil es liebt, spaltet es sich nie von dem ab, was es wahrnimmt, entwertet es nicht durch Vergleiche. »Stellt man Vergleiche an, wenn man liebt?«[8] Liebe liebt das Faktische, ohne es durch Auswahl aufzuspalten. Spürbewußtsein ist nicht selektiv. Als Energiesignal wählt es im Gegenteil das, was durch selektives und urteilendes Denken verworfen wird: einen Schmerz, ein Krankheitssymptom, ein beschämendes Detail aus der eigenen Lebensgeschichte, ein beängstigendes Traummotiv usw.: jederzeit das, was gerade unter dem stärksten Entwicklungsdruck steht. – Spürbewußte Menschen sind begeisterungsfähig, haben sie doch die Unschuld und Unmittelbarkeit der Kinder wissend wiedergefunden.

Spüren auf allen Spuren

Das Energiesignal befindet sich immer auf einer bestimmten Spur: in etwas Gesehenem, Ertastetem, Gehörtem, Empfundenem, in einer Gebärde, einer Körperhaltung, einer Verspannung oder einem Krankheitssymptom. Im Laufe eines Spontanrituals ereignet sich mancher

»*Spurwechsel*«: Zum Beispiel wird aus einem Wort eine Gebärde, aus dieser ein Bild, aus dem Bild steigt eine frühere Erinnerung hoch, diese führt in ein Rollenspiel, usw. Die Flexibilität im »Spurwechsel« ist ein Kennzeichen lebendigen Spürbewußtseins, das sich nicht auf eine einzige Schiene fixieren läßt. Deshalb sind Spontanrituale von einer unglaublichen Vielfalt des Erlebnisses und Ausdrucks. Alles, was zur Schöpfung des Menschen gehört, erwacht in ihnen. Eine stille intensive Meditation findet ebenso ihren Ort wie ein Wutausbruch, der zu einem erbitterten Zweikampf führt. Die vielen Berichte in diesem Buch sollen das Gespür für angezeigten Spurwechsel vermitteln, nicht nur in Spontanritualen, sondern in allen Lebenssituationen. Das Signal für das Einschwenken auf eine neue Spur gibt immer der Selbstinitiand. Nehmen wir einmal an, dessen Energie konzentriere sich eine Zeitlang im Atem. Solange das der Fall ist, entwickelt sich sein Spontanritual auf der »Atemspur«: In Aufmerksamkeit auf den Atem hat er die kreativsten Einfälle, Gebärden usw. Dann dreht er seinen Kopf in einer Weise, daß im Nacken die Knorpel krachen: Diese Verspannung zeigt die neue Energiespur. Darauf wiederholt er mehrmals mit Intensität ein bestimmtes Wort: die dritte Energiespur, usw.

Am Schluß eines Spontanrituals werden die begangenen *Spuren zusammengeführt.* Dazu ein konstruiertes Beispiel: Ausgangspunkt ist eine traumatische Erinnerung. Deren spürende Belebung mündet schließlich in einen lauten, lösenden, »richtigen« Schrei: den Schöpfungsschrei, mit dem der ägyptische Gott Tôt die Welt ins Leben rief, den Geburtsschrei zu einem spürbewußten Dasein. Nun gilt es, mit der schöpferischen Kraft des verklungenen Schreis nach Beendigung des Spontanrituals im Gespräch zum traumatischen Anfangsbild zurückzukehren, damit bei seinem Wiederauftauchen in späteren Lebenssituationen gleichzeitig die heute gewonnene Lebensenergie neu erwacht und für die erneute Auflösung des Traumas zur Verfügung steht. – Der Therapeut darf das Ausgangsproblem eines Selbstinitianden nie aus dem Gedächtnis und dem Gespür verlieren. Zwar ist das Spontanritual aus eigener Dynamik zielsicher. Trotzdem muß er die Verbindung zwischen Ausgangsproblem und Lösung für den Selbstinitianden klar herausstellen. – Was NLP mit dem Begriff

»Überlappen« bezeichnet, nennt die Psychoenergetik »Zusammenführen der Spuren«. Im Gespräch zur Verarbeitung, das im Anschluß an das Spontanritual stattfindet, hat der Therapeut auf alle erfolgten Spurwechsel hinzuweisen, entsprechen diese doch den erwähnten kritischen Klippenmotiven, bei denen der Selbstinitiand vermutlich noch oft in Gefahr sein wird, hängen zu bleiben. – Auch durch die spätere Wiederholung eines Spontanrituals werden dessen Spuren im passenden Heilungs- und Wachstumsmodell immer wieder zusammengeführt.

Ich erinnere daran, daß meine zeitweiligen Bemerkungen über »den *Therapeuten*« und dessen Aufgaben nicht nur, und nicht einmal in erster Linie diesen meinen, sondern ebenfalls den »inneren Therapeuten« in jedem von uns, also auch in den Leserinnen und Lesern dieses Buches, nämlich das *Selbst*, das – im Zusammenhang mit dem Thema, das uns gerade beschäftigt – die Begabung hat, verschiedene Lebensspuren zu koordinieren und zu Synthesen zusammen zu führen.

Dem Spurwechsel im Spontanritual entspricht in der Gestalttheorie die sogenannte *»Figur-Grund-Formation«*. Diese ist das Ordnungsprinzip, das aus Chaos Ordnung schafft. Das im Vordergrund stehende Bedürfnis läßt bestimmte Gegenstände als Figuren hervortreten, die ihm entsprechen. Andere treten in den Hintergrund. Das stärkste Bedürfnis erregt unser Interesse und unsere Aufmerksamkeit[9]. Der durch das dominierende Bedürfnis in den Vordergrund tretende Gegenstand zeigt Ähnlichkeiten mit dem Energiesignal in der Psychoenergetik. Diese bezeichnet die »Figur-Grund-Formation« der Gestalttherapie als *»Punkt-Feld-Dynamik«*: Im »Feld« eines menschlichen Organismus, eines Paares, einer Familie, Gruppe, Nation, der Menschheit oder der Erde verschiebt sich der Energiepunkt entsprechend der Verlagerung des stärksten Entwicklungsdrucks. Das Energiesignal wird immer von der Front der Evolution ausgesendet, in welchem der erwähnten Felder auch immer, weil hier das Leben vorwärts stößt. Das Spürbewußtsein ist das Wahrnehmungsorgan des Energiesignals.

Ich schildere die Ausgangslage eines Spontanrituals, in dem ein körperlicher Schmerz die Spur zur Verarbeitung einer negativen

Botschaft aus der Kindheit wies. – Ich befinde mich im Gespräch mit einer Frau, zu deren linker Seite ich sitze. Auf einmal hört sie im rechten Ohr ein schrilles Pfeifen – wie ein Signal! – dann empfindet sie im gleichen Ohr einen stechenden Schmerz, der anhält. Ich frage sie: »Was hörst du?« Sie antwortet: »Ich höre den Satz: ›Laß dir nichts einreden‹.« Ich frage zurück: »Wer spricht diesen Satz aus?« Und sie: »Mein Vater. Dabei hat doch gerade er mir ständig etwas eingeredet.« In ihr ist also ein Kampf zwischen den Grund-Sätzen ihres Vaters, die sie zwar verabscheut, an denen sie aber mit dem Gefühl immer noch festklebt, und dem, was ich ihr vielleicht noch sagen könnte, entbrannt. Der Vater besetzt ihr rechtes, ich ihr linkes Ohr. – Ich verzichte darauf, vom weiteren Verlauf dieses Spontanrituals zu berichten, ging es mir doch nur um den Hinweis auf eine typische Form von Spurwechsel. Körperliche Schmerzen treten manchmal plötzlich in einem Organ auf, in dem ein seelischer Konflikt ausgetragen wird. – Ein zweites kurzes Beispiel für diese Beobachtung: Ein Mann, der Widerstände empfindet, einer beschämenden Tatsache ins Auge zu sehen, verspürt plötzlich einen stechenden Schmerz in den Augen. Dieser motiviert ihn in einem Spontanritual zu spürbewußtem Schauen und Konfrontation.

Folgendes Beispiel zeigt, wie sich eine konflikthafte in eine einheitliche Lebenssituation wandelt, sobald die *verbindende Spur* gefunden wird. Ein Mann erzählt abwechselnd von seinem Beruf und seiner Familie und den Schwierigkeiten, die Interessen beider zu verbinden. Während er vom Beruf spricht, schaut er meist nach rechts und gestikuliert mit dem rechten Arm; wenn er über seine familiären Anliegen berichtet, blickt er meist nach links und bewegt den linken Arm. Nachdem sich dieser Vorgang einige Male wiederholt hat, berühre ich mit meinen Händen seinen rechten Arm, während er von Berufsproblemen erzählt und sage: »Hier bist du in deinem Beruf.« Dann, nachdem er wieder zu seiner Familie gewechselt hat, berühre ich seinen linken Arm und sage: »Hier bist du in deiner Familie.« Dieses therapeutische Vorgehen erinnert an NLP, mit einem wesentlichen Unterschied: Ich habe die »Verankerungen« links und rechts nicht willkürlich gewählt, sondern in bloßer Verstärkung der spontanen Energiesignale. Und wiederum: Auch solche spontanen Energiesignale zur Verankerung gibt es in allen Fällen: Wir brauchen sie nur wahrzunehmen. Nun sind sowohl die beruflichen als auch die familiären Vorstellungen des Mannes mit körperlichen Empfindungen gekoppelt. Dies intensiviert sein Spürbewußtsein. Im jetzt folgenden Erzählen über Familie und Beruf wirkt er bereits weniger zerrissen. – Als er nach einer Viertelstunde wieder einmal den Wunsch äußert: »Ich möchte so gerne Beruf und Familie verbinden!« und dabei seine Arme andeutungsweise zusammenführt, nehme ich dieses neue Energiesignal auf und ermuntere ihn: »Tu es! Führ deine beiden Arme langsam auf der Brustmitte zusammen.« So führt er diese integrierende Gebärde langsam und konzentriert mit geschlossenen Augen aus. Nun liegen die beiden Hände ruhig auf der Brustmitte. Ich bitte ihn, die Augen geschlossen zu halten und uns mitzuteilen, welche Schritte er ergreifen wird, um seine beruflichen und familiären Interessen zu verbinden. Sofort gibt er eine präzise und detaillierte Antwort: Die körperliche Erfahrung der Vereinigung in den aufeinanderliegenden Händen hat die innere Sperre zur Verbindung behoben und etwas bewirkt, was endlose Überlegungen nicht fertigbrachten. Ohne leib-seelisches Spürbewußtsein keine energetische Spur. Solange wir nur grübeln und lamentieren, gelingt es nicht, eine Lebensschwelle zu überschreiten.

Damit die Energie voll auf nur einer Spur strömt, muß die ihr entsprechende Wahrnehmung alles in uns ausfüllen: Befinden wir uns zum Beispiel auf der *Sehspur*, hilft der Hinweis des Therapeuten, der stärksten *Vorstellung*, sei diese bisher als positiv oder negativ bewertet worden, allen Raum zu geben: im eigenen Organismus, im Zimmer und Haus, wo wir uns gerade befinden. Dasselbe gilt für die *Hörspur*. Ein gewisses *Wort* oder ein gewisser *Satz* breitet sich in alle Körperzellen und in alle Winkel des Hauses hinein aus. Mit dieser Eindeutigkeit wird eine Grenze erreicht, auf der sich von alleine die Relativierung der einen Vorstellung oder des einen Satzes ereignet, ein Phänomen, dem wir schon begegnet sind und noch begegnen werden. Die Wende zu etwas Neuem geschieht auf der äußersten Grenze des Alten.

Jeder Mensch verfügt über eine besonders entwickelte Energiespur. In unserer Zeit ist der visuelle Typ besonders verbreitet. Da das Auge

Distanz nehmen muß, um wahrzunehmen, ist es für Spürunbewußtheit besonders anfällig. Spürbewußtsein ist jedoch die führende Kraft auf allen Spuren, auch auf der Sehspur. Daher gilt es, bei jeder Gelegenheit, Sehen und Spüren zu vereinen. Dies geschieht durch ausdauerndes und ausschließliches Sehen dahin, wo es uns an Spürbewußtsein fehlt. So klagte ein Mann, der dem visuellen Typ angehörte – ein Fotograf – über psychosomatische Schmerzen im Rücken; es gab keinen medizinischen Krankheitsbefund. Er sprach von seinem Rücken, als würde er nicht ihm gehören. So lud ich ihn ein, in der Vorstellung seinen Rücken von hinten zu sehen, genau zu betrachten und in allen Einzelheiten zu beschreiben. Der formale Weg der Beschreibung führte schließlich zum intensiven Spürbewußtsein, daß seine Schmerzen im Rücken *seine* Schmerzen waren. Ich benützte die visuelle Energiespur, weil sie seine stärkste war. Der Ausgangspunkt für ein Spontanritual war nun gegeben, in dem es um Erleben und Verarbeitung einer alten seelischen Belastung ging.

Menschen, die zu starken Projektionen auf andere neigen, sind spürunbewußt. Folgendes Beispiel soll den Weg von der visuellen Vorstellung einer Projektion zum Spürbewußtsein verdeutlichen: Eine Frau macht einer anderen aggressive Vorwürfe: »Du bist hinterhältig, stichelst über mich, wenn ich nicht dabei bin, schneidest mich, bist unecht und stellst eine Maske zur Schau.« – Im Verlauf eines Gruppengesprächs sieht sie ein, daß ihre Behauptungen weitgehend Projektionen sind, die der Überprüfung nicht standhalten, und sie beginnt zu ahnen, daß sie selber manchmal trotz freundlichem Gehabe anderen Menschen hinterhältig schadet. Doch macht sie diese Einsicht nicht frei, im Gegenteil: Entmutigt teilt sie uns mit, nun fühle sie sich dumm, gestört und psychisch krank. Es sei, wie wenn eine große Hand sie von oben herab ohrfeige.

Mit diesem grausamen Bild gibt ihr Spürbewußtsein den ersten Hinweis. Ich wiederhole ihren letzten Satz und schlage ihr vor, sich auf den Rücken zu legen, die Augen zu schließen und sich ganz mit dem schlimmen Gefühl, von der großen Hand von oben herab geschlagen zu werden, auszufüllen. Während sie dies tut und stumm leidet, legt sie zum Schutz beide Hände an ihre Wangen: die heilende Selbstberührung. Ich mache ihr diese bewußt und frage sie etwas später: »Was fühlst du in deiner Gebärde?« – Sie erwidert: »Nichts.« Und ich: »Wie fühlt sich dieses Nichts an?« – »Unangenehm«, antwortet sie. Dann klagt sie, im Rücken sei ihr auf einmal ganz kalt. Nun konzentriert sie ihr Spürbewußtsein ganz im Rücken, worauf sich in Rücken, Bauch, Brust, Armen, Oberschenkeln und im ganzen Organismus ein Prickeln ausbreitet, das bald zu einem Pulsieren wird. Ich frage sie um Erlaubnis, ob einige Teilnehmer der Gruppe ihre Hände sanft auf eben jene Stellen legen dürfen, die sie erwähnt habe. Sofort gibt sie ihr Einverständnis. Die mehrere Minuten dauernde Berührung der vielen Hände intensiviert die für sie neue Erfahrung des Spürbewußtseins im ganzen Körper. Ich frage sie, wie sich das anfühle, und sie antwortet: »angenehm« –, im Gegensatz zum anfänglichen »Nichts«, das sich »unangenehm« angefühlt hat. Dann gibt sie das Signal für die Beendigung des Spontanrituals. Wieder an ihrem Platz teilt sie der anderen Frau entspannt und glücklich mit, sie empfinde keinerlei quälende, nur noch angenehme Gefühle für sie.

Das Grundproblem der vielen aggressiven Projektionen dieser Frau lag im Totstellreflex ihres Körpers als Reaktion auf destruktive Ausbrüche ihres Vaters, als sie Kind war. Das Bild, daß eine Hand sie von oben schlägt, bildete das Energiesignal und mußte zur Empfindung werden. – Es wäre falsch gewesen, die Frau zur Verarbeitung ihrer negativen Projektionen in die offene Konfrontation mit der anderen Frau zu treiben. Im besten Fall hätte dies ihre aggressive Triebenergie abgeführt. Doch ging es ihr darum, daß sie mit ihren Körpergefühlen und Emotionen wieder in Verbindung kam, um sich vor destruktiven Vorstellungen und Projektionen zu schützen. – Psychoenergetik macht nicht »auf action«. Immer gilt es, auf das Energiesignal zu warten. Dieses kam auch hier vom Ort der größten Not, nämlich von der »Vorstellung der Ohrfeige von oben«, die zur Abspaltung von der eigenen Vitalität und Körperempfindung geführt hatte. – Nach dem Spontanritual erhellten wir im Gespräch den lebensgeschichtlichen Hintergrund ihres Traumas. Heilend jedoch war für sie die Alternativerfahrung zu diesem. Die Tatsache, daß sie sich durch Selbstberührung gerade am Ort der Verletzung spontan Schutz und Wärme geschenkt hatte, bedeutete für sie ein nachhaltiges und nachwirkendes Ereignis.

8
Selbstzerstörung und Selbstberührung

Zwangs- und Spontanrituale

Zwangsideen, Zwangsvorstellungen und Zwangshandlungen drängen sich den Betroffenen gegen ihren Willen auf. Zwar werden sie, außer in Zuständen starker Spannungen, als unrichtig erkannt. Doch ist es gerade der Konflikt zwischen dem, was jemand tut und dem, was er eigentlich will, der den Freiheitshorizont zunehmend verengt und die Angst, die Schutzmaßnahmen gegen die Angst und die Angst vor der Angst – das Hauptproblem der Zwänge – steigert: insgesamt eine seelische Drucksituation, die das freie Strömen von Lust, Liebe, Improvisation und kreativem Chaos behindert. Zwanghaften Menschen fehlt es an Spürbewußtsein für die Gegenwart. Sie antizipieren künftige Gefahren und schützen sich gegen diese, leiden an Befürchtungen (Phobien), die sie zwar als falsch anerkennen und sie doch zu bestimmten Handlungen und Unterlassungen, die rituellen, normierten Charakter haben, nötigen, sogenannten *Zwangsritualen*[1].

Zwangsbefürchtungen nehmen die verschiedensten Formen an. Sie gleichen ins Negative verkehrten Phantasien über ein freies, kreatives Leben. Kehren wir sie ins Positive um, das heißt wandeln wir den »Zwang gegen« in einen »Drang zu«, erhalten wir eine umfassende Beschreibung von dem, was zu menschlicher Kreativität und Selbstentfaltung gehört: So weist in der Umkehrung beispielsweise die Platzangst (Agoraphobie) auf das menschliche Bedürfnis nach Horizonterweiterung und Freiheit, die Angst vor dem Eingeschlossen- und Alleinsein (Klaustrophobie) auf das menschliche Bedürfnis nach regenerierender Einsamkeit, die Zweifel- und Grübelsucht auf die zur menschlichen Entfaltung notwendigen Faktoren der Unsicherheit, der Demut angesichts der eigenen beschränkten Möglichkeiten und des Verzichts auf totale Kontrolle, die Angst, sich oder andere mit einem spitzen Gegenstand zu verletzen (Aichmophobie) auf den

Drang zur Befreiung der Aggressivität, die Angst vor Schuld, die unter anderem zum Waschzwang führen kann, auf die Notwendigkeit, sich eigener Schuld zu stellen, mit nicht oder nicht mehr vermeidbarer Schuld zu leben und sich von ungerechtfertigten Schuldgefühlen zu befreien, die Angst vor dem Zwang, obszöne oder gotteslästerliche Worte aussprechen zu müssen (Koprolalie) auf das Bedürfnis nach Überwindung einer lebensfeindlichen Sexualmoral, usw.

Zwanghafte Menschen besitzen also einen ausgeprägten Instinkt für das, was sie zu ihrer Entwicklung bräuchten, doch setzen sie die Energie, die ins Leben drängt, zu Schutzmaßnahmen gegen dieses ein. Sie verfügen außerdem über eine bemerkenswerte Begabung zu Strukturierung und Organisation – oft handelt es sich um hochintelligente Menschen –, doch bedienen sie sich ihrer zur Perfektionierung von Abwehr, Schutz und Kontrolle. Zwangsrituale werden in ihrem Verlauf durch die Haltung der *Selbstverteidigung* – Defensivität – bestimmt.

Es ist nicht zufällig, daß Spontanrituale oft aus der Wandlung von Zwangsritualen entstehen, bedeuten sie doch deren inneren Sinn, wie aus einigen Beispielen hervorgehen wird. Die gleichen Begabungen treten bei beiden in Erscheinung, vor allem Kreativität und Organisation. Zwangs- und Spontanrituale weisen ähnliche Strukturen mit umgekehrter Richtung auf. Beide können sie mit Trichtern verglichen werden. Während Zwangsrituale bei einer weiten Öffnung der Lebensmöglichkeiten ansetzen und diese mehr und mehr auf eine winzige Öffnung hin verengen, durch die das Leben schließlich wie ein dünnes Rinnsal fließt, setzen Spontanrituale bei der winzigen Energie-Öffnung eines Traumas, Problems, Symptoms, einer gehemmten Gebärde oder körperlichen Verspannung an, an der Stelle des stärksten Entwicklungsdrucks, und weiten sie auf eine immer größere Öffnung zu Lust und Lebendigkeit hin aus. Das Zwangsritual nimmt die Todes-, das Spontanritual die Lebensrichtung. Das Zwangsritual verfolgt die traumatische, das Spontanritual die erotische Spur. Der Übergang vom Zwangs- zum Spontanritual geschieht, wie wir sehen werden, durch Spürbewußtsein.

Zwangsrituale sind *negative Energiemuster*, deren Umkehr die Spur zu Spontanritualen, den positiven Energiemustern, weist. Diesem

Gesetz bin ich bereits in bezug auf Partnerrituale nachgegangen: in den sogenannten Unliebesspielen, negativen Energiemustern der Paarbeziehung, wird die ersehnte Liebe verhindert. Kehren wir den Trichter um und setzen am Ort der stärksten Verengung, nämlich bei der »Wunde der Ungeliebten« an, weiten sich die Möglichkeiten zu Verbindung und Liebe[2]. In diesem Kapitel wird uns das Gesetz der Umkehrung von Zwangs- in Spontanrituale in der individuellen Entwicklung beschäftigen.

Im Spontanritual lernen wir, durch spürbewußte, nicht wertende Identität mit dem, was einfach ist, dieses zu wollen, weil es ist, nicht durch einen Akt unterscheidender, urteilender Vernunft, sondern weil durch die affektive Eindeutigkeit kein Raum mehr bleibt für die Vorstellung von etwas, was nicht ist. Spürbewußtsein bedeutet Ineins-Fallen mit der Realität, aus Liebe nicht zu etwas Bestimmtem, sondern aus Liebe als Bejahung selbst der Verneinungen, weil sie im Moment real existieren, zum Beispiel der Zwänge als Verneinungen von Entwicklung. Es ist Wollen ohne Wunschabstand, Auflösung des Wunsches im Strom derzeitigen Erlebens, Mut zur Wirklichkeit. Das könnte Jesus mit dem Satz, den er auf dem Ölberg aus der Perspektive der bevorstehenden Torturen und des Todes ausgesprochen hat, gemeint haben: »Nicht mein, sondern dein Wille geschehe.« (Luk 22,42) Der Widerstand gegen das, was faktisch ist, richtet sich, energetisch gesehen, nicht gegen etwas Böses, sondern er selber, solange er besteht, ist das Böse[3], nämlich das, was Leben verhindert. Waches, freies Wollen, das von der Offenheit aller Sinne lebt, bedeutet das Gegenteil von passiver Schicksalsergebenheit. Es ist Sein im Energiepunkt, an dem für den Durchbruch günstigsten Ort, in der stärksten Strömung. Die Energie des früheren Widerstandes steht nun für den spontanen Aufbruch zur Verfügung. Spürbewußtsein ist Vertrauen in die *Eigenkreativität des Lebendigen.*

Ich habe mit vielen Menschen, die unter Zwängen litten, jeweils über längere Zeitspannen gearbeitet. Allen haben Spontanrituale zumindest eine Zeitlang die Erfahrung kreativer, lebensbejahender Strukturierung geschenkt. Doch sind Zwänge noch viel unbeweglicher als alltägliche Gewohnheiten[4]. In einigen Fällen ließen sie sich auf Dauer nicht ganz auflösen. – Oft nehmen Zwänge im Alter ab oder verschwinden ganz, vermutlich, weil der Tonus der Lebensenergie gesunken ist. Letzteres bedeutet nicht Heilung. Dagegen ist, so meine ich, ein Zwangskranker aus der Perspektive seiner Lebensdynamik geheilt, wenn er trotz nach wie vor bestehender Neigung zu Zwangsritualen kreative, lebensfördernde Spontanrituale entwickelt, die seine Lebensgestaltung mehr und mehr prägen und befreien. Dann sind seine zum Teil nach wie vor bestehenden Zwänge vor allem als Folie für die spürbewußte Strukturierung seiner Lebendigkeit, als dunkler Hintergrund für seine Lebensintensität zu sehen. Von den Menschen, an deren Entwicklung ich teilhaben durfte, sind einige über ihre Zwänge hinausgewachsen[5]. Die Vitalität der über längere Zeit wiederholten Spontanrituale hat sich bei ihnen durchgesetzt. Andere bewegen sich weiterhin auf der Grenze zwischen Licht und Dunkel in der Dämmerung menschlicher Existenz. Keines ist besser als das andere. Der Reifegrad eines Individuums läßt sich nicht an linearen Entwicklungsschemen ablesen.

Was heißt das: einen Zwang wollen? Eigentlich bedeutet es, den Zwang auflösen, denn das, was ich wirklich will, erlebe ich nicht mehr als Zwang. Was ich will, tue ich freiwillig. Wenn ein Raucher soweit kommt, daß er jede Zigarette, die er sich anzündet und raucht, anzünden und rauchen *will*, und deshalb vom Entfachen des Streichholzes an bis zum letzten Zug mit Sorgfalt und Hingabe dabei ist, also solange er diese Zigarette raucht, im Fluß kontinuierlicher Aufmerksamkeit für jede Bewegung, jede Empfindung verweilt, dann wird ihn sein Spürbewußtsein über das Rauchen hinausführen[6].

Sucht ist im erweiterten Sinne ein Zwang, bei dem die Abwehr und Einengung des Lebens zwar besteht, aber oft nicht wie beim eigentlichen Zwang unmittelbar erlebt werden. Sobald jemand aber die Sucht im beschriebenen Sinne »will«, spürt er auch seine Schutzmaßnahmen gegen das Leben. Süchtige oder zwanghafte Menschen sollen weniger gegen die Sucht oder den Zwang und mehr für ihr Spürbewußtsein tun.

Ein junger Mann, der zum Schutz gegen sexuelle Schuldgefühle einem hartnäckigen Waschzwang folgte, lernte nach und nach aus dem ungewollten Zwangsritual ein gewolltes Ritual zu machen, das er zu bestimmten Zeiten mit festgelegter Dauer täglich viermal sorgfältig ausführte. Letzteres tat er ab und zu während der Therapiesitzung. Dann beschrieb er während des langen spürbewußten Waschens seiner Hände mit geschlossenen Augen alle Empfindungen und Erinnerungsbilder, die in ihm auftauchten. Im Laufe der Zeit führte er eine immer sensiblere Regie und verminderte nach entsprechender Ankündigung mehrmals die Zahl der Wiederholungen seines nun bejahten Waschrituals. Schließlich brauchte er auch dieses immer weniger und begann mit Rollenspielen zur Verarbeitung seiner Schuldgefühle. Das während des ganzen Prozesses noch parallel laufende Zwangsritual des Sich-waschen-Müssens schwächte sich sukzessive ab, bis es ganz verschwand und nicht mehr wiederkehrte.

Auch kleine Ticks haben zwanghaften Charakter und werden in der Psychoenergetik auf gleiche Weise wie »ausgewachsene« Zwänge angegangen: durch Transformation des Zwangs- in ein Spontanritual. – Ein Mann führte vor allem in Drucksituationen eine heftige, unkoordinierte, ungeduldige Bewegung von Kopf und Nacken aus, die so wirkte, als schüttle er ein Joch ab. Ich teilte ihm meinen Eindruck mit und schlug ihm vor, nun spürbewußt ganz mit dieser Bewegung identisch zu werden, bis zur Austricksung des Selbstbeobachters und völligen Fokussierung auf die Bewegung.

Im Laufe dieses Prozesses beginnt er gegen seine vielen alltäglichen Belastungen in Beruf und Familie vor Wut zu kochen. Am liebsten möchte er den ganzen Plunder hinschmeißen und weglaufen. Er zählt eine Belastung nach der anderen auf, und der Trotz, einfach allen den Rücken zu kehren, steigert sich bis zum wütenden Kahlschlag. Und immer bleibt er spürbewußt in der nun ebenfalls gesteigerten Bewegung seines Ticks. – Während die Wut ausraucht, dauert es einige Minuten, bis die Kopf- und Nackenbewegung im Gegensatz zum Tick harmonisch und flüssig wird. Nun wirkt sie auf mich nicht mehr wie das Abschütteln eines Jochs, sondern wie eine *Eigenstimulierung* von Phantasie und Vorstellungsvermögen durch ruhiges, lustvolles Kreisen von Kopf und Nacken. Auf die Frage nach seiner Stimmung antwortet er: »Freiheit, Unabhängigkeit, offenes Herz, Beweglichkeit«. Und dann steigt eine Szene in ihm hoch, die er vor zehn Jahren erlebt hat und in der eben diese

Stimmung vorgeherrscht hat. Er erzählt sie ausführlich, so daß die Stimmung der Freiheit, Unabhängigkeit, des offenen Herzens und der Beweglichkeit in ihm Wurzeln schlägt. Schließlich erwähnt er immer noch innerhalb dieser Stimmung seinen kleinen Sohn, den er mit eben diesem Gefühl liebt.

Der Selbstinitiand selber also gab das Energiesignal, die heilende Stimmung vor zehn Jahren mit seiner jetzigen heilungsbedürftigen Lebenssituation zu verbinden, und fand dazu in seinem Sohn den Anknüpfungspunkt. – Wenn der Therapeut aufmerksam genug ist, nimmt er den Punkt wahr, an dem der Selbstinitiand die notwendige Brücke schlägt, und er muß nicht von außen in die selbst organisierende Regie des Spontanrituals eingreifen. Diese Eigenart des Spontanrituals kann nicht hoch genug eingeschätzt werden. Sie steht im Gegensatz zur absichtlichen Verknüpfung einer schwierigen Lebenssituation in der Gegenwart mit einer wiederbelebten hilfreichen Stimmung aus der Vergangenheit (NLP). Sie ist der Angelpunkt psychoenergetischen Arbeitens. – Über seinen Sohn fand der Selbstinitiand den Weg, die offene, bewegliche und freie Stimmung einer vergangenen Situation in seine Gegenwart einzulassen. Ich wies ihn auf diesen Vorgang hin, was zu dessen Intensivierung und Verbreitung beitrug. In seiner neuen Gestimmtheit entwarf er realistische Pläne, um sich nach außen hin zu entlasten. Die vorangehende innere Entlastung konnte nur über die Verstärkung seines Spürbewußtseins gehen. Wenn dieses am richtigen Punkt ansetzt, findet es von alleine, ohne äußere Manipulation, den Weg der Heilung. Die Einsicht kommt infolge der Lösung des Symptoms, nicht umgekehrt.

Manche modernen Massenrituale in Sport, Unterhaltung, Medienspielen, auch manche individuell betriebenen sportlichen Moderituale wie Aerobic, Stretching, Bodybuilding nähern sich manchmal Zwangsritualen, die den Radius der Selbstentfaltung einschränken. – Dies war der Fall bei einem dreißigjährigen Mann, einem neuen Sisyphus, der so fanatisch Bodybuilding betrieb, daß, wie er sagte, zwei Liebesbeziehungen dabei in die Brüche gingen. Er erwog, keine dritte mehr einzugehen: Auch diese Frau würde ihn am Bodybuilding hindern. Wegen zunehmender Einsamkeits- und Leeregefühle kam er in meine Praxis. Auf meinen Vorschlag brachte er einmal Hanteln in die Einzelsitzung mit, war doch das Gewichtheben, dem er sich mit blinder Verbissenheit widmete, sein Energiesignal. Beim spürbewußten Stemmen der Hanteln, während er präzise seine sich verändernden Körperempfindungen schilderte, löste sich der anfängliche verbissene Zwang etwas auf, seine Bewegungen waren nicht mehr die eines Automaten oder Roboters, sondern zunehmend eines Menschen, der, während er schwitzte und keuchte, einen lebendigen, flexiblen Gesichtsausdruck bekam. Auf einmal stieg mit Macht die Erinnerung an seinen Vater in ihm hoch, der ihn als Kind wegen einer schweren Herzkrankheit nicht tragen und in die Luft heben durfte. Ich sagte ihm: »Du fährst fort, die Hanteln zu stemmen. Du bist der Vater, der seinen Sohn in die Luft hebt.« Da stieg Schluchzen in ihm hoch, doch stemmte er die Hanteln weiter, wenn auch etwas wackelig. Dann übermannte ihn das Schluchzen so sehr, daß er sie auf den Boden legen mußte. Auch er legte sich hin und war das Kind, das über seinen Vater, der es nie getragen hatte, weder real noch symbolisch, bitterlich weinte. Noch selten hat ein Mann in meiner Gegenwart so lange und fassungslos geschluchzt. Sein Bodybuilding war die Maßnahme, die er ergriffen hatte, um diesen Schmerz zu vermeiden.

Viel Druck – wenig Lust

Zwangsrituale bedeuten magischen Abwehrzauber gegen die Angst. Angst ist auch die Ursache aller anderen Ausdrucksformen von Druck, unter den wir uns stellen: So kommt Leistungsdruck aus der Angst, nicht zu genügen, körperliche Verspannung aus der Angst vor eigenen Gefühlen und denen anderer. Herz und Kreislauf sind besonders anfällig für den inneren und äußeren Druck, unter dem wir uns aus Angst, besonders vor Liebe und Aggression stellen. Angst verengt die Blutgefäße und läßt das Herz rasch und angestrengt schlagen. Dauert sie über viele Jahre an, gerät der Organismus in einen allgemeinen Kontraktionszustand: die kardio-vaskuläre Hypertonie. In der Angst verkrümmen wir uns in uns selbst. Zwar wollen wir uns schützen, gefährden uns aber, indem wir unsere Gefühle und

Blutgefäße bloß zur Selbstverteidigung gegen die Welt verengen, statt sie auch zur Öffnung für die Welt zu erweitern. – Dagegen macht Liebe das Herz weit, nicht nur in der sexuellen Lust, sondern auch in jeder Form von Hingabe an Menschen und Aufgaben. Der Puls wird ruhig: So geschieht »vagische Dilatation«. Wir sind nicht mehr ängstliche Torhüter des Ich, sondern wenden Gesicht und Körper der Welt offen zu, haben Lust auf Berührung, Verbindung, Schritte ins Freie. Schließen wir ab und zu das Tor, so, um es wieder zu öffnen; atmen wir ein, so, um wieder auszuatmen. Mit offenen Herzen atmen wir tief und kräftig aus, lustvolle Erregung nimmt den Weg nach außen, die Haut wird warm und rötet sich[7]. – Eben diese Öffnung des Herzens ereignet sich in Spontanritualen und weist die Spur der Heilung.

Ängstlichen Menschen fällt es nicht immer leicht, sich in der Gruppenmitte dem Spürbewußtsein zu überlassen. Solange sie sich unter Leistungsdruck stellen, kann sich dieses nicht richtig ausbreiten. Aus der folgenden Geschichte wiederum eines Mannes – das Druckproblem ist bei Männern verbreiteter als bei Frauen – wird dieser Zusammenhang besonders deutlich. Er gab einen Satz seiner Mutter wieder, den sie ihm gegenüber als Junge aufgrund einer Vorhautverengung ausgesprochen hatte: »Dein Geschlecht ist nicht in Ordnung.« Die Tatsache, daß er kaum je ein Gefühl in seinem Geschlecht empfand und an verfrühtem Samenerguß (ejaculatio praecox) litt, brachte er mit diesem für ihn traumatischen Satz in Verbindung. Vor allem in der Sexualität fühlte er sich unter einem permanenten Leistungsdruck: Viel Druck – wenig Lust. Sein stets angespannter Gesichtsausdruck zeigte seine defensive Grundhaltung. Er fühlte sich auch in meiner und der Gruppe Gegenwart unter Druck, und es dauerte lange, bis sein Spürbewußtsein stärker als seine Angst wurde. Ein Spontanritual auf diesem Weg beschreibe ich hier. Es war ein zwischen Fremdbestimmung und Eigendynamik, äußerem Druck und innerem Drang[8], Angst und Lust oszillierender Prozeß. – Während ich mit dem Mann sprach, schwankte seine Körperhaltung zwischen starrer Selbstaufrichtung und kraftlosem Kollabieren hin und her. Sobald ich, selbst mit ganz leiser Stimme, anfing zu sprechen, zuckte und sackte er jedesmal zusammen, rappelte sich dann hoch, hielt sich

für kurze Zeit aufrecht und fiel wieder auf ein inneres oder äußeres Signal hin in sich zusammen.
Im Vorfeld seines Spontanrituals frage ich ihn nach etwaigen guten Erfahrungen in der Kindheit, worauf er einen Satz wiedergibt, den seine Tante ihm gegenüber ausgesprochen hat: »Du bist ein netter, hübscher Junge.« Gleich fügt er bei: »Das kann ich nicht glauben.« Um ihn aus dem ängstlichen Flackern seiner Stimmung, das Spürbewußtsein verhindert, zu wecken, provoziere ich ihn auf seiner eigenen Energiespur: »Du lügst. Natürlich glaubst du es. Als du den Satz deiner Tante: ›Du bist ein netter, hübscher Junge‹ ausgesprochen hast, hat sich dein Kopf aufgerichtet und deine Augen begannen zu glänzen: Bleibe dein aufgerichteter Kopf und deine glänzenden Augen.« Doch schon hat er sich wieder in sich zusammengekrümmt. So geht es lange hin und her. Als ich merke, daß er nicht mehr weiß, wo ihm der Kopf steht, frage ich ihn: »Wo fühlst du deinen Körper am stärksten?« Sofort antwortet er: »Unten im Rücken, im Kreuzbein.« Das ist jetzt sein Energiesignal. Ich lege meine Hand zur Rückenstärkung, die er als erstes braucht, auf die bezeichnete Stelle. Sofort korrigiert er mich: »Nein, etwas weiter oben.« Er befindet sich also ganz spürbewußt in diesem Punkt. So bestätige ich ihm: »Deine Energie ist ganz in diesem Punkt.« Hier liegt seine Energiequelle. Nach zwei, drei Minuten richtet er sich energisch auf und teilt mit: »Ich stehe jetzt auf und gehe.« Das Spürbewußtsein im Rücken meint Überwindung von Antriebsschwäche, Selbstbehauptung, Aggression, Zupacken, Schritt in die Welt, während das Spürbewußtsein auf der vorderen Körperseite zärtliche Gefühle belebt[9]. Nun geht er mit wachsendem Selbstgefühl, nur sein linker Arm schlenkert wie ein Fremdkörper. Auf meinen entsprechenden Hinweis sagt er, hier im linken Arm fühle er den Satz seiner Mutter: »Dein Geschlecht ist nicht in Ordnung.« Ich begleite sein Gehen im Kreis und halte meine rechte Hand immer kurz vor den Punkt, an dem sein schlenkernder, linker Arm sich unbewußt bremst, so daß seine Hand leicht an meine stößt. Das tue ich, um ihm seine Eigenbremsung spürbar zu machen. Dies gelingt ein wenig, aber der Arm gehört ihm immer noch nicht ganz. Lange geht er herum, und es verändert sich nichts mehr. Auf einmal bleibt er stehen: »Ich habe einen Schritt

getan. Weiter komme ich nicht.« – Und ich: »In Ordnung. Dein Ritual ist zu Ende. Nun drehst du noch eine Ehrenrunde, ohne irgend etwas zu verändern: Du gehst so, wie du jetzt bist.« – Da geht er auf einmal völlig locker, der linke Arm gehört zu seinem Leib wie der rechte auch und wie alle seine Glieder. Auf dieser »Ehrenrunde« ohne Forderung und Druck ist er ganz Spürbewußtsein. Die Teilnehmer der Gruppe klatschen. Noch nie hat er so sinnenfällig erlebt, was der Leistungsdruck bisher mit ihm getan hat. Wenn der Druck weicht, ist die Lust da. Das Spontanritual fand seine Lösung, als das, was, wie er meinte, ich wollte, aufgehört hat. Selbst jetzt, da er diesen Zusammenhang realisiert, ändert sich an seinem freien Gehen nichts mehr. Sein Spürbewußtsein bleibt auch jetzt, da er merkt, daß das, was er tut, immer noch »offiziell« ist. Ihn packt sogar die Lust, noch zwei weitere »Ehrenrunden« zu drehen. – In einem anderen Spontanritual wird er vielleicht ein Energiesignal senden, das seine heutige Erfahrung mit der Sexualangst spürbewußt verbindet und so zu deren Auflösung beiträgt.

Jedes leere Alltagsritual, das nicht wohltuend auf unser sonstiges Leben ausstrahlt, ist ein Zwangsritual. Selbst *Meditation* kann zu einem solchen werden, wenn sie eine bloß insuläre Entspannung, Zentrierung, Eigenstärkung bewirkt, die keine Auswirkung auf Beruf und Partnerschaft hat: eine »Insel der Glückseligkeit«, die einem zwar hilft zu überleben, doch nicht, das Leben auch außerhalb der Insel zu befruchten, also eine Brücke von der Insel des Außergewöhnlichen zum Kontinent des Alltäglichen zu schlagen. Bloß defensiv eingesetzte Meditation erzeugt Druck nach innen und außen. Ein jüngerer Mann besteht darauf, jeden Tag zwei Stunden zu meditieren. Meditation ist für ihn ohne Zweifel eine echte und heilsame Praxis. Seine Frau befürchtet, sie könne dadurch in einer plötzlich eintretenden schwierigen Situation alleine dastehen, weil ihr Mann sich der Verantwortung entziehen und in die Meditation flüchten würde. Ihre Befürchtung ist wohl übertrieben. Doch geht es mir hier nur darum, zu zeigen, wie Druck und Zwang in einer Partnerschaft gelöst werden können. Die beiden haben über das Thema schon manchen Streit mit waffenklirrenden Fronten ausgetragen, ohne jedes Resultat. Erst später werde ich erfahren, daß der unmittelbare Anlaß zur Verschärfung dieser Kontroverse darin gelegen hat, daß die Frau seit ganz kurzem schwanger ist und befürchtet, ihr Mann würde auch nach der Geburt des Kindes an seinem starren Meditationsritual festhalten. Ihr scheint es an Vertrauen, ihm an Flexibilität zu mangeln. Den beiden, die sich eigentlich herzlich lieben, schlage ich einen Rollentausch vor. Nun gibt er in ihrer Rolle ihr, die in seiner Rolle ist, Ratschläge zu größerer Flexibilität in bezug auf Zeitpunkt und Dauer der Meditation; die Ratschläge klingen konkret und durchaus realisierbar. Im gleichen Gespräch macht sie in seiner Rolle ihm, der in ihrer Rolle ist, Vorschläge zur Stärkung des Vertrauens in die Partnerschaft. Auch diese Vorschläge sind einfühlsam und konstruktiv. Offenbar weiß er genau, was er zur Lösung der gemeinsamen Krise beitragen kann, ebenso wie sie. Die sterile Abstraktheit früherer Gespräche ist völlig verschwunden. Mit Liebe und Engagement gibt sich jeder selbst die richtigen Ratschläge. Was hinter ihren früheren aussichtslosen Streitgesprächen gelegen hat, wie allgemein hinter den meisten Endlosdisputen von Partnern, löst sich durch den Rollentausch auf, nämlich das heimliche Ohnmacht-Macht-Spiel. Aus unausgesprochenen kindlichen Ohnmachtsgefühlen heraus hat bislang jeder versucht, den anderen in ein neues Verhalten zu zwingen, in der Hoffnung, daß alte Ängste vor dem Ausgeliefertsein sich dadurch auflösen würden. Doch verstärkt Machtausübung aus Angstabwehr die Ohnmachtsgefühle des anderen, und so geht es dann im Rückkoppelungsverfahren hin und her. – Im neuen Spiel aber waren beide »mächtig«, weil jeder für sich und keiner gegen den anderen sprach und beide angstfrei aufeinander bezogen blieben: ein zunehmend heiteres und lockeres Spiel, für das es, wenn die Spielregeln eingehalten und die alten Rollen nicht versteckt weitergespielt werden, die Gegenwart eines Therapeuten gar nicht braucht. Ohnmacht-Macht-Spiele, also alle sogenannten Machtspiele, schaffen zwischen Menschen Druck und Zwang, und die Liebe stirbt ab.

Berührung mit Spürbewußtsein

Tritt an einer bestimmten Körperstelle eine Entzündung auf, können wir entweder dem Juckreiz nachgeben, uns kratzen und, wenn es sehr beißt, uns bis aufs Blut kratzen und damit eine Infektion, gar eine Blutvergiftung riskieren, oder wir können die Wunde mit Umsicht pflegen: sie desinfizieren, mit einer Wundsalbe einreiben, sie verbinden. In beiden Fällen treten wir mit der Wunde in *Berührung*: im ersten auf eine unbewußt impulsive, lieblose und schädliche Art, im zweiten mit Spürsinn für das zur Heilung Erforderliche. Die erste Art von Berührung ist ein Bild für unbewußte *Selbstzerstörung* auf allen Ebenen, die zweite für heilende *Eigen-* oder *Selbstberührung*, der wir bereits begegnet sind und die uns auch weiterhin beschäftigen wird. Selbstzerstörung geschieht ohne, Selbstberührung mit Spürbewußtsein. Beiden gemeinsam ist das Bedürfnis, den unterbrochenen Kontakt mit sich wieder aufzunehmen. Deshalb kann die erste in die zweite gewandelt werden. Darum geht es zum Schluß dieses Kapitels.

Der Übergang von einer zerstörerischen zu einer heilenden Berührung geschieht durch Spürbewußtsein in der ersten. Was heißt das? Zur Antwort wähle ich als *erstes Beispiel* die unbewußte Selbstverletzung durch *Gespräche.* Ich kann mich, angestachelt durch den »Juckreiz« früherer seelischer Wunden, in Streitgespräche verwickeln, in denen ich mich durch jedes Wort mehr isoliere, in Unbewußtheit abdrifte und mir schade. Gelingt es mir aber, innezuhalten, die Aufmerksamkeit von den Worten weg in meine derzeitige Empfindung zu lenken, beginnt das Leben wieder leise zu strömen, selbst wenn es eine traurige, verzweifelte Empfindung ist, die nun ausschwingen darf. Jetzt bin ich mit Spürbewußtsein auf dem Energiepunkt, und solange ich in ihm bleibe, gehe ich auf meiner Lebensspur.

Ein *zweites Beispiel* für die Transformation einer destruktiven in eine heilende Berührung ist die Endlosbewegung im *grüblerischen Kreisen* um das stets gleiche Problem. Dann geht es darum, innezuhalten und in meiner momentan stärksten Körperempfindung, zum Beispiel in der des Kopfwehs, einfach zu verbleiben und darauf zu verzichten, dieses zum Teufel zu wünschen, sondern es spürend einfach zur Kenntnis zu nehmen, wie den blauen oder grauen Himmel. Auf diese Weise nämlich geschieht mit mir das, was geschehen muß. Wahrscheinlich verschwindet das Kopfweh bald, doch das ist nicht die Hauptsache. Vielleicht fällt mir das eigentliche hinter dem vorgeschobenen Problem ein, das ich nun, da es mir einleuchtet, lösen oder zumindest als Tatsache akzeptieren kann. – Bei nächtlichen Grübeleien, die am Einschlafen hindern, ist die Verschiebung der Aufmerksamkeit von den Gedanken zu den Empfindungen im Kopf ein natürliches Schlafmittel. Nach dem Erwachen fällt uns dann vielleicht die Lösung zusammen mit dem Grundproblem ein.

Spürbewußtsein ist mentale Selbstberührung: sich in Richtung des Energiepunktes vor- und hineintastendes waches Spüren. In den Wörtern »Aufmerksamkeit« und »Achtsamkeit«, die in Übersetzung der buddhistischen Pali-Texte und auch in der Gestalttherapie zur Bezeichnung dieses Vorgangs verwendet werden, kommen für mich der Aspekt der spürenden Identität mit dem Wahrgenommenen ohne Reflexionsabstand sowie die Dimension der körperlichen Erfahrung und der Energiespur zu kurz. Daher hat sich mir die Suche nach einem neuen Begriff aufgedrängt, der sowohl die Verwandtschaft mit als auch den Unterschied von dem Begriff »Bewußtsein«, wie dieser in der westlichen Tradition verstanden wird, aufzeigt und auf alle Bereiche menschlicher Eigen- und Fremdwahrnehmung anwendbar ist. So prägte ich das Wort Spürbewußtsein, das diesen Anforderungen gerecht wird.

Im Spürbewußtsein ist kein Raum für rationale Absicht, etwa die der Gesundung von einer Krankheit. Denn Absicht bedeutet Abstand vom unmittelbaren Spüren und Wertung des Gespürten. Sie bewirkt Verdoppelung, die jede Heilung hemmt. Gelingt es, den Vorgang der »Verdoppelung durch Wertung« in die Eindeutigkeit des den ganzen Seelenraum durchströmenden Spürbewußtseins, in dem es keine toten Winkel des Nicht-Spürens mehr gibt, zu transformieren, pulsiert in uns ein Glücksgefühl, das durch kein Unglück mehr zu stören ist.

Ich durfte bisher drei todkranken Menschen begegnen, die die letzte Zeit ihres Lebens im unerschütterlichen, nicht mehr störbaren *Spürbewußtsein*, das eigentliche *Heilung* im beschriebenen tieferen Sinn des Wortes bedeutet, verbrachten: Zunächst einer Frau, mit der ich als junger Priester in Kontakt stand, dann einem Mann, mit dem ich eine Zeitlang therapeutisch gearbeitet habe, und schließlich einem jungen Künstler, den ich persönlich nicht kannte. Ich sah ihn vor drei Jahren am italienischen Fernsehen in einer Live-Show, in der Kulturschaffende aller Art vorgestellt werden. Im Sehen drängte sich mir ganz unerwartet und hartnäckig das Wort »jenseitige Ausstrahlung« auf. Ein fremder Glanz lag auf ihm, ein Licht, das ich so noch nie gesehen hatte: Spürbewußtsein ohne Grenzen, das seine Quelle an einem seelischen Ort hatte, dem ich selber mich erst einmal, während einer fast tödlichen Krankheit, genähert hatte. Der junge Mann sah völlig gesund aus, und doch wußte ich, daß sein Abschied schon vollzogen war. Eine Stunde später traf ich eine italienische Freundin und Kollegin, die im gleichen italienischen Dorf wie ich weilte, und schilderte ihr bewegt meine »jenseitige« Begegnung. Sie hatte die Sendung auch gesehen und nichts dergleichen wahrgenommen. Am nächsten Morgen klopfte sie ganz aufgeregt an meine Wohnungstür mit der Tageszeitung La Repubblica in der Hand: der 25jährige Künstler war kurz nach der Sendung an einem schweren Herzfehler, an dem er seit seiner Kindheit litt, plötzlich gestorben. Er habe seit langem um die Begrenzung seiner Lebensspanne gewußt und sei in diesem Wissen ein heiterer, freier Mensch geworden. – Diese Nachricht hatte für mich, ebensowenig wie der Kontakt mit den beiden anderen todkranken Menschen, die ich erwähnt habe, nichts Beängstigendes an sich. In dem Maße, da wir spürbewußt leben, gibt es keine Grenzen der Freiheit.

Warum habe ich diese sonderbare Geschichte erzählt? Es gibt keinen Ort menschlichen Spürens, von dem wir uns abzuspalten brauchen. Auch der Tod ist kein solcher Ort. – Ich glaube, daß es im Verborgenen jedes Menschen ein tiefes und differenziertes Wissen um den Tod gibt, vielleicht sogar den eigenen. Doch verwechseln wir es leicht mit unseren Ängsten. In diesen ist, wenn überhaupt, nur ein nebensächlicher Teil der Wahrheit. Das in uns schlummernde Wissen um den Tod knüpft an Erfahrungen an, die uns so nah und vertraut sind, daß es den meisten nicht in den Sinn kommt, sie mit dem Tod in Verbindung zu setzen. Das Transzendente und Jenseitige ist uns das

Allernächste, näher als das mit dem Verstand Beobachtete, genauso wie Spürbewußtsein uns näher als Spiegelbewußtsein ist.
An sechs Beispielen verdeutliche ich nun den natürlichen Übergang von einer destruktiven zu einer spürbewußten Selbst- oder Fremdberührung, die Richtungsänderung vom Tod zum Leben, die Wandlung also eines selbstzerstörerischen in einen heilenden Prozeß. An ihnen wird klar, daß Spontanrituale *Symptomverschreibungen* eigener Art sind: Symptome werden nicht zur Weckung konträrer Reaktionen »verschrieben«, sondern weil sie als Energiesignale Schlüssel zu ihrer eigenen Heilung sind.
Ein Mann, dem es schwerfällt, sich mit seinem Schicksal zu versöhnen, kneift sich während einer Gruppensitzung fortwährend mit beiden Händen am ganzen Leib und merkt es kaum. Sein Gesicht ist dabei schmerzverzerrt und starr. Allein im zuzuschauen tut weh. Nach etwa zehn Minuten – ich spüre, daß es der richtige Moment ist – gehe ich auf ihn zu und spreche bloß drei Worte aus: *»Du berührst dich.«* Diese Worte treffen in sein Herz. Sein soeben noch zu einer Fratze sinnlosen Schmerzes entstelltes Gesicht entspannt sich schlagartig. Es ist ein anderer Mensch, der nun mit innigem Ausdruck die Augen aufschlägt. Er zieht die Hände nicht von seinem Leib zurück, doch die Geste der Selbstquälung wandelt sich in liebevolle Selbstberührung. Mit hingebender Aufmerksamkeit beginnt er, sich sachte zu streicheln, während Tränen des sich lösenden Schmerzes über seine Wangen laufen. Wir sind alle tief bewegt. Seine frühere Gefühlstaubheit, Hoffnungslosigkeit, Lebensmüdigkeit, sein zynischer Abstand zu allen emotionalen Regungen sind verschwunden. Die Erfahrung einer spürbewußten Selbstberührung ist der Anfang einer Wandlung seiner ganzen Persönlichkeit. Aus einem isolierten und unglücklichen wird ein offener und glücklicher Mensch, der zwar immer noch manchmal mit seinem Schicksal hadert, aber jeweils sobald als möglich den Schritt in die heilende Selbstberührung tut. Dieser Mann gehörte zu den Menschen, die mich die Therapie der spürbewußten Eigenberührung, die in der Folge zu einem wichtigen Heilfaktor der Psychoenergetik wurde, lehrte.
Ich komme zur zweiten Geschichte über die Umwandlung einer von der Tendenz her selbstzerstörerischen Gebärde in eine heilende Be-

wegung im Dienste der Selbstorganisation. Während eine Frau um die vierzig von ihrer Lebenssituation erzählt, schlägt sie mit den Fäusten immer wieder heftig auf ihre Beine, mal auf die Ober-, mal auf die Unterschenkel. Diese zwanghaft wirkende unbewußte Eigenaggression mitzuerleben, ist schwer zu ertragen. Trotzdem muß ich zuwarten. Nach längerer Zeit sage ich sanft und bestimmt zu ihr: »Du schlägst mit den Fäusten auf deine Beine.« Im Gegensatz zur Reaktion des Mannes in der ersten Geschichte, der sich nach meiner Bemerkung nicht mehr gekniffen, sondern liebevoll berührt hat, hört sie nicht auf, sich energisch zu schlagen, doch tut sie es auf neue Art. Die Schläge werden rhythmischer, lockerer, gewissermaßen sportlicher. Vorhin sind ihr die Sehnen, Muskeln, Arterien in Hals und Nacken unter starkem Druck hervorgetreten. Nun nehmen ihr Kopf und Hals, ebenso wie der ganze restliche Körper teil an der nun nicht mehr isolierten Bewegung ihrer Hände und Arme: Heilende Gebärden haben immer ganzheitlichen Charakter. Plötzlich leuchtet mir ein, daß diese Bewegung eine sinnvolle Eigenstimulierung bedeutet. Wozu? Die Antwort gibt sie selbst, indem sie aufsteht, lebendigen Schrittes durch den Raum geht und dabei auch mit ihren Erinnerungen, Phantasien und Gedanken in Schwung gerät. Zur Bewältigung ihrer Umbruchsituation braucht sie diesen Lebensschwung dringend.

Eine andere Frau fällt mir dadurch auf, daß sie ihre Hände an beide Seiten der Kehle legt. Diese Geste wirkt auf mich so, als wolle sie sich unbewußt am Sprechen hindern: eine zerstörerische Gebärde, weil für sie die Selbstmitteilung lebensnotwendig ist, doch bemerkt sie die Gebärde selber nicht. Mit den Händen verstärkt sie ihren Angstwiderstand gegen die erlösende Mitteilung. Ihr sage ich: »Du legst die Hände auf beide Seiten deiner Kehle.« – Eine kurze Zwischenbemerkung ist hier angebracht: Mitteilungen wie diese sind nur dem Wortlaut nach Spiegelungen. Wesentlich an ihnen ist das Spürbewußtsein des Therapeuten in der entscheidenden Gebärde. Sie wirken ansteckend, weil sie Resonanz ausdrücken. Diese prägt Ton und Art der Botschaft. Über die Technik einer solchen Mitteilung braucht sich der Therapeut nur wenig Gedanken zu machen; zuviel Nachdenken würde die ansteckende Resonanz bloß schwächen. Eine

Mitteilung aus ansteckender Resonanz wirkt ohne kalkulierte Dramaturgie. – Zurück zur Frau meiner dritten Geschichte: Durch das nun einsetzende Spürbewußtsein verändert sich die Stellung der Hände an der Kehle nur geringfügig. Aber die Art der Berührung ändert sich: Waren die Hände vorhin in die Kehle verkrallt, liegen sie jetzt leicht und fest auf dieser. Die *Verteidigungsgebärde* ist zur *Schutzgebärde* geworden. Es gibt keinen Grund, der Frau diesen Schutz wegzunehmen und an Kehle, Nacken und Rücken zu »arbeiten«, zum Beispiel mit der stereotypen Aufforderung: »Laß es raus!«. Der spezifische Weg eines Menschen will respektiert sein. Jede Gebärde ist sinnvoll. Sobald sie spürbewußt wird, beginnt sie von alleine, ihren Sinn zu entfalten. Therapeutische Körperarbeit ist sinnvoll, solange sie in der Art der Spontanrituale ganz aus dem individuellen Prozeß eines Menschen herauswächst. Losgelöst von diesem bedeutet sie Entmündigung und Manipulation, selbst wenn sie im Moment Spannungen löst und natürliche Reflexe befreit. Bei allem Wissen um funktionelle Zusammenhänge im menschlichen Organismus haben wir nur wenig Ahnung von dem durch ein bestimmtes Individuum im sozialen Umfeld zu erfüllenden Schicksal. – Große Teile heutiger Psychotherapie verfallen dem Machbarkeitswahn und kopieren darin unsere Gesellschaft, statt sie davon zu befreien. Der gemeinsame Nenner ist die Herauslösung einzelner Lebensäußerungen aus dem Ganzen eines individuellen Schicksals, wie auch der gesellschaftlichen und ökologischen Vernetzungen.

Die Schutzgebärde der Frau, die sich aus der ursprünglichen Abwehrgeste gegen die Selbstmitteilung herausgeschält hat, ist die im Moment einzig sinnvolle: Die Frau braucht diesen Schutz. Alle spontanen Gebärden sind kreativ, sobald sie spürbewußt werden. Nun beginnt die Frau zu sprechen, nicht eruptiv, sondern achtsam und umsichtig. Sie benötigt den Schutz sorgfältiger Strukturierung, um nicht, wie bereits einmal in der Vergangenheit, von der Selbstoffenbarung, die aus ihr drängt, überschwemmt zu werden.

Die Wandlung angsterregender Selbstabwesenheit in heilsame Selbstberührung findet auch in ganz unspektakulären Mikrosequenzen statt. Dazu erzählte mir ein 35jähriger Mann, mit dem ich eine Zeitlang gearbeitet hatte, eine scheinbar banale Geschichte: »Als ich kürzlich auf einer Geschäftsreise in einem Hotel übernachtete, erwachte ich nachts ganz außer mir wie abwesend mit starkem Herzklopfen, spürte bodenlose Angst und konnte den Grund dazu nicht herausfinden. Vielleicht hatte ich geträumt, aber ich erinnerte mich nicht. Da legte ich meine offene linke Hand an die kühle Mauer hinter mir, realisierte auf einmal, was ich tat, zentrierte mein Spürbewußtsein in dieser Stellung, beruhigte mich schnell und schlief ein. Offensichtlich brauchte ich diesen Halt hinter meinem Kopf, um zu mir zurückzukehren. Den Grund für die beängstigende Abwesenheit von mir selbst habe ich nicht gefunden, aber durch die spontane Gebärde wurde ich von ihr befreit.« – Wie diesem Mann wird uns mit der Zeit das Spürbewußtsein in spontanen Gebärden und Stellungen zum gewohnheitsmäßigen Reflex, vor allem in Phasen der Überlastung und Selbstentfremdung.

Während eines Gruppenwochenendes erzählt eine Frau, sie habe von meinen warmen und festen Händen geträumt. Sie war es nicht gewohnt, berührt zu werden und zu berühren. Die Tatsache, daß ich während der Arbeit Menschen oft berühre, beschäftigte sie offenbar sehr und ließ sie auch im Traum nicht los. Das Traumbild meiner Hände machte ihr den schmerzlichen Mangel an Berührung in ihrem Leben bewußt. Meine Person war Katalysator für das in ihr nun erwachende, kostbare Bedürfnis nach Berührung. Während sie darüber sprach, war sie mit sich in Berührung: Ihre harmonischen Gebärden, ihre melodiöse Stimme und der Glanz ihrer Augen schwangen zusammen. Früher vermittelte sie mir oft den Eindruck von Selbstabwesenheit und Mangel an emotionaler Eigenberührung, also an Spürbewußtsein. Um dieses ging es in erster Linie.

Ich schlage ihr vor, sich hinzulegen, die Augen zu schließen und sich von den Händen einiger Gruppenteilnehmer einfach berühren zu lassen. Die Hände würden ihren Körper ganz bedecken und sie hätte nichts anderes zu tun, als in diesen Berührungen zu verweilen und alle Empfindungen in und unter der Haut sorgfältig zu registrieren. – Vorstellungen, die meine Person betreffen, meinen ja immer meine Rolle in der Gruppe, daher ist es sinnvoll, letztere als therapeutisches Instrument einzusetzen, einmal abgesehen von der Tatsache, daß sich auf diese Weise die Selbstberührung in allen Berührenden ausbreitet. – Die Frau ist sofort einverstanden. Nun ist ihr ganzer Leib eine einzige *verbundene Berührung*. Sie beginnt tiefer und schneller zu atmen, und ich teile es ihr mit. Ihr Ausatmen verstärkt sie nun, indem sie ihre Stimme hineingibt. Zuerst hören wir Klagen und Stöhnen, dann lange Seufzer der Erleichterung, dann drohendes Schnauben, Knurren, wildes Anfauchen, und jetzt brechen lauter und länger werdende Schreie aus ihr, die in einem gewaltigen, durchdringenden Schrei münden, den keiner von uns dieser Frau oder überhaupt einem Menschen zugetraut hätte. Es ist der *Geburtsschrei* eines zu seiner vollen Vitalität erwachenden erwachsenen Menschen. Nach und nach verhallt der große Schrei, und die vielen Hände bleiben auf ihrem Leib. Der Traum von warmen und festen Händen hat sich im Spontanritual inszeniert und der Träumerin zu Berührung und Geburt verholfen. Nun gibt es für sie keinen Zweifel mehr, welch gewaltiges Leben in ihr steckt. Die Er-innerung an diese Erfahrung ist ihr Fanal für bevorstehende, konkrete Entwicklungsschritte. – Aber noch ist das Spontanritual nicht zu Ende: Die Fremdberührung muß zur Eigenberührung werden, damit die Selbstinitiandin in Zukunft nicht mehr auf die einsame Spur der Selbstferne zurückgleitet. So kommen wir zum letzten Akt. Ich teile ihr mit, daß sich nun nach und nach eine Hand nach der anderen von ihrem Körper entfernen werde und es darauf ankomme, daß sie mit spürender Aufmerksamkeit an jenen Körperstellen verweile, wo die Hände sich entfernen. Dies geschieht mit andächtiger, inniger Langsamkeit. Nun liegt sie alleine da. Ihr ganzer Körper pulsiert weiterhin in der großen Berührung, doch ist es nicht mehr die Berührung durch andere, sondern durch sie selbst. Noch spürt sie die Hände, aber es sind die *Hände ihrer Seele*, die ihr niemand wegnehmen kann.

Meine letzte Geschichte handelt von einer jungen Frau mit *Berührungsangst*: Vor jeder nur angedeuteten Berührung und jedem Augenkontakt weicht sie panisch zurück. Geschieht wider ihren Willen trotzdem eine Berührung, erstarrt nicht nur ihr Gesicht, sondern ihr ganzer Körper zu einer einzigen Maske der Abwehr. Eigentlich weiß sie um ihre ungestillte Sehnsucht nach Berührung durch ihren Vater. Sie erzählt, daß dieser sie schon als kleines Mädchen weder berührt noch in die Arme genommen habe. Als die Selbstinitiandin zehn war, trennte sich der Vater von der Mutter. – Die junge Frau erklärt, daß sie die Weigerung ihres Vaters, sie zu berühren, verinnerlicht habe, und nun jede Berührung vermeide, um sich die Verletzung, diese wieder zu verlieren, zu ersparen. In ihrer Berührungsangst verbinden sich also die eigene Sehnsucht nach Berührung mit dem Nein ihres Vaters, sie zu berühren, zu einer dauerhaften Angst: einer Phobie. Das alles weiß sie schon lange, doch hilft es ihr nicht. Daß ihr Vater die Berührung der Tochter aus Abwehr seiner Anziehung für sie vermieden haben könnte, diesen Gedanken lehnt sie ab. Würde er unbewußte Inzestphantasien in ihr beleben? Das heutige Spontanritual gibt noch keine Antwort auf diese Frage.

Zunächst verspreche ich der Selbstinitiandin, daß ich sie nie gegen ihren Willen berühren werde. Damit will ich ihr zeigen, daß ich sie mit ihrer Berührungsangst respektiere. Doch wie kann sich diese auflösen? Die Antwort liegt auf der Hand: Unbewußt beginnt sie sich schon aufzulösen. Die Berührung, die bereits stattfindet, will spürbewußt wahrgenommen werden. Es gibt nichts zu erzwingen, die Feststellung der sich bereits verwirklichenden Berührung reicht, damit diese sich von alleine ausweiten kann. Doch welche Art von Berührung findet bereits zwischen ihr und mir statt? In Resonanz mit der jungen Frau erlebe ich meine eigene existentielle Sehnsucht nach Berührung mit Menschen. Von Herz zu Herz sind wir in dieser gemeinsamen Sehnsucht verbunden. In der Verbindung dieser Berührung gibt es keine Störung. In der Sehnsucht nach Berührung mit anderen Menschen berühren wir uns. Hier liegt die Energiespur zu weiteren Berührungen. Diese Spur ist dabei, sich zu intensivieren; ich erkenne es daran, daß mich die Frau, die bis heute meinem Blick stets ausgewichen ist, oft und lang anschaut. Wir sitzen in ziemlicher Entfernung voneinander an gegenüberliegenden Seiten des Raums. Dieser Freiraum trägt wohl dazu bei, daß sie in Fortsetzung der beschriebenen Berührung nun auch die Verbindung mit den Augen sucht. – Das Spontanritual endet damit, daß sie die anderen in der Gruppe bittet, ihnen sagen zu dürfen, ob und wie sie angefaßt werden möchte. Am Abend dieses Tages reicht sie mir zum ersten Mal die Hand zum Abschied.

Es gibt unzählige Wege von der Selbstzerstörung zur Selbstberührung.

Allen gemeinsam ist, daß sie nicht von der verneinenden Abspaltung der selbstzerstörerischen Gebärden, Haltungen, Worte, Ängste usw., sondern dem bejahenden Spürbewußtsein in diesen ausgehen. Das Wissen, daß nur aus Dunkelheit neues Licht kommen kann, ist so alt wie die Menschheit. Es macht die Sprungkraft aller Religionen aus. Das Spontanritual ist kein psychotherapeutischer Wegweiser auf dieser uralten Suchwanderung, sondern ihre Verkörperung und Inszenierung in einem bestimmten Individuum auf dem Hintergrund seiner Lebenssituation.

9
Der Leib: ein unbekannter Weiser

Der Leib in der Psychoenergetik

»Hinter deinen Gedanken und Gefühlen, mein Bruder, steht ein mächtiger Gebieter, ein unbekannter Weiser – der heißt Selbst. In deinem Leibe wohnt er, dein Leib ist er.«[1] – Der Mensch *hat* nicht einen Leib, er *ist* sein Leib, wie nicht nur Friedrich Nietzsche, von dem das einleitende Zitat stammt, sondern nach ihm unter anderem Karl Dürckheim hervorhob. Letzterer entwickelte aus dieser Einsicht die sogenannte »Leibtherapie«. – Wird es folglich überflüssig, von *Seele* zu sprechen? Die Antwort auf diese Frage darf nicht abstrakt, sozusagen als Glaubensbekenntnis ausfallen. Sie muß aus dem Phänomen des Menschen selbst hervorgehen. Emotionen und Stimmungen sind sogenannte seelische Ausdrucksformen des Menschen. Werden sie gebremst, geschieht dasselbe mit dem körperlichen Energiefluß und umgekehrt. Ein Beispiel möge diesen Zusammenhang erläutern. Werden die pulsatorischen Bewegungen des Mundes, mit denen das Kleinkind saugt und trinkt, nicht befriedigt, schnüren sie sich zu Beiß- und Schreiimpulsen zusammen. Die Gefühlsenergie wird angestaut, weil sie sich nicht durch lustvolles Saugen entladen kann. Die sanfte Aggression im Saugen ist dem Kind verwehrt. Daher weicht es in die gewaltsame Aggression aus, durch die es seine emotionale Energie befreit. Zunächst sucht die eine Emotion, nämlich die sanfte Aggression, die auch in der sexuellen Lust – Eindringen und Aufnehmen – und im lustvollen An- und Zupacken einer Aufgabe wirkt, den Weg der natürlichen Betätigung. Dieser wird ihr verwehrt; so wandelt sie sich in die andere Emotion, nämlich die gewaltsame Aggression. Die körperliche Hemmung, nicht saugen und trinken zu können, führt also zur Hemmung der sanften Aggression und diese zu der unter diesen Umständen einzig möglichen Ausdrucksform, nämlich der gewaltsamen Aggression. An diesem Beispiel wird klar, daß seelische Empfindung und körperlicher Selbstausdruck untrennbar zusammengehören. – Die gewaltsame Aggression habe ich im Zusammenhang mit Selbst- und Fremdzerstörung beschrieben. Sie tritt immer da auf, wo ein spontaner Lebensimpuls von außen oder innen unterbunden wird, und sie löst sich, wenn der emotionale Kontakt mit dem ursprünglichen Impuls wieder hergestellt ist, selbst wenn er nicht immer befriedigt wird. Beim erwachsenen Menschen müssen Frustration und Destruktivität nicht gekoppelt sein. Entscheidend ist das Spürbewußtsein im Lebensimpuls, werde dieser befriedigt oder nicht.

Wachsen die Frustrationen im Kleinkind an, dann intensivieren sich seine Wutausbrüche. Wenn sich darauf seine Bezugspersonen noch mehr von ihm zurückziehen, steigt Angst in ihm hoch, ist es doch auf Liebe und Fürsorge angewiesen. Nun unterdrückt es seine Wut. Der Preis jedoch, den es dafür bezahlt, ist hoch, aber unvermeidlich: Die beteiligten Muskelpartien verspannen sich in defensiver Unlebendigkeit. Liebesentzug würde seinen Tod bedeuten, Unterdrückung der Wut und Frustration »nur« diese partielle Totstellung. Das Kind trifft also die richtige »Wahl«. Es »wählt« den in Bitterkeit gefrorenen Mund, den starren Kiefer, die angespannte Zunge, die verengte Kehle, die hochgezogenen Arme und Schultern: eine Körperhaltung, durch die es sich vor sich selbst schützt, um den ihm notwendigen Schutz der Bezugspersonen nicht aufs Spiel zu setzen[2]. – Ausdruck und Emotion gefrieren gleichzeitig.

Leib und Seele sind jederzeit gleichermaßen sowohl von Befriedigung und Entspannung als auch von Frustration und Verspannung betroffen. Es gibt keine Emotion ohne körperlichen Ausdruck, und umgekehrt. Auch emotionale Hemmung und Erstarrung des körperlichen Ausdrucks geschehen gleichzeitig. Wir können nicht einmal von einem Wechselspiel sprechen, als würde etwas Seelisches zu etwas Körperlichem führen, und umgekehrt. Selbst in unserer Sprache wird die Unentmischbarkeit von Seele und Leib deutlich: Ein Bedürfnis ist sowohl körperlich als auch seelisch, ebenso wie eine Empfindung. Was wir als Seele bezeichnen, bildet mit unseren Instinktreaktionen eine Einheit, und was wir Trieb und Instinkt nennen, zeichnet sich durch sinnvolle dynamische Strukturen aus, durch passende, die

Betätigung motivierende Triebbilder, die Jung als archetypische Bilder definiert, also durch etwas »Seelisches«. – Die Unterscheidung von Leib und Seele beruht auf unserer Eigenart, die Wirklichkeit polar wahrzunehmen. Allerdings trifft die polare Wahrnehmung bloß für das spiegelnde, beobachtende, überlegende, unterscheidende, einteilende, wertende, ordnende, ausgrenzende und kombinierende Bewußtsein zu. Dieses ist jedoch einem anderen fundamentaleren zugeordnet: dem Spürbewußtsein. In ihm entfällt nicht nur die Trennung, sondern auch die Unterscheidung von Leib und Seele, weil es jederzeit ganz leiblich und ganz seelisch ist: Ausdruck und Emotion, Gebärde und Empfindung in einem. Entdecken wir zum Beispiel das Energiesignal in einer muskulären Verkrampfung und »füllen« wir diese mit Spürbewußtsein, wird gleichzeitig mit einer Emotion, zum Beispiel Aggression oder Liebe, der passende körperliche Reflex ausgelöst. Innerhalb dieses Prozesses unterscheiden wir Emotion und Gebärde, Seele und Leib nicht mehr, befinden wir uns doch in der einheitlichen *»Flußerfahrung« des Lebens*. Die Unterscheidung fängt erst wieder an, wenn wir aus dieser ein wenig aussteigen und uns mit ihr »auseinandersetzen«.

Sobald Spürbewußtsein einsetzt, beginnt in allen Bereichen des Lebens gleichzeitige Beseelung und Verleiblichung: Emotionen, Gefühle und Stimmungen werden zusammen mit dem körperlichen Ausdruck wach. Beginnt sich durch Spürbewußtsein die starre muskuläre Haltung aufzulockern, dann ereignen sich in unserem Leib unwillkürliches Zittern, Zucken der Muskulatur, Kälte- und Wärmeempfindungen, Jucken, Ameisenlaufen, Prickeln, Gruseln, und untrennbar von solchen Körperempfindungen steigen die »seelischen« Regungen von Angst, Wut und Lust in uns hoch[3].

Wilhelm Reich beschrieb als erster den Zusammenhang zwischen dem *Charakterpanzer* – den eingefleischten Verspannungen ganzer Muskelkomplexe – und der Emotion der Angst, dann bei Lockerung des Charakterpanzers die Freisetzung der gebundenen Destruktivität, die sich in »Wut über die Versagungen im Leben und den Mangel an sexueller Befriedigung äußert«, und schließlich bei noch tieferer Lösung des Panzers das Wachwerden sexueller Erregungen[4].

Die Beobachtungen Reichs und der Bioenergetik sind unverzichtbare

Voraussetzungen für jede Form von Psychotherapie. Allerdings bedürfen sie der Ergänzung durch die Darstellung solcher Lebensprozesse, welche die kreative und kulturelle Dimension menschlicher Entwicklung ausdrücken. Auch solche Lebensprozesse verdichten sich in Spontanritualen. Gerade die menschliche Gebärdensprache zeigt die Vielfalt und Differenziertheit leib-seelischer Entfaltung. Der Mensch lebt nicht nur von seiner Vergangenheit her, sondern auch auf eine in ihm angelegte Zukunft hin. Diese befreit sich in Spontanritualen. Jede spürbewußte Gebärde ist ein Schritt hinein ins eigene Selbst. Die Verschiebungen des Energiepunktes in Spontanritualen lassen sich nie voraussehen. Das gleiche Körpersymptom, der gleiche Körperausdruck können Verschiedenes bedeuten. Dazu folgendes Erlebnis:

Ich arbeitete mit einem Mann, dessen Symptomatik genau mit der Beschreibung Pierrakos' über die gefrorene Aggression im oberen Körperbereich übereinstimmte. Seine Arme klebten wie gefroren an den Schultern und wirkten vom übrigen Körper abgeschnitten. Er machte mechanische Bewegungen und es mangelte ihm an emotionalem Ausdruck. Seine Hände waren trocken und er erlebte Liebkosungen nicht als solche. Pierrakos führt diese Symptomatik auf folgende Kindheitserfahrung zurück: »Ein Kind greift mit seinen Händen nach der Mutter. Wenn ... die Mutter sich ihm liebevoll zuwendet, fühlen sich seine Arme mit dem übrigen Körper verbunden.«[5] Wenn sich ihm die Mutter aber über längere Zeit nicht zuwendet und ihn nicht aufnimmt, kommt es zur gefrorenen Aggression im oberen Körperbereich. Diese Deutung trifft auf viele Fälle zu. Der Mann mit den leblosen, abgeschnittenen Armen jedoch, von dem ich erzähle, hatte als Kind solche Entbehrungen nicht erlebt. Sein Spontanritual begann mit dem Energiesignal eines heftigen Juckreizes zuerst im rechten, dann auch im linken Handgelenk. Nachdem er spürbewußt lange in diesem Energiesignal verweilte, sah er sich in einem plötzlich auftauchenden Tagtraum als Zimmermann arbeiten. Ich ließ ihn die Szene beschreiben. Er tat es, stand noch während der Beschreibung auf und führte mit geschlossenen Augen voller Hingabe über längere Zeit die Arbeitsbewegungen eines Zimmermanns aus. Nach bioenergetischem Modell hätten sich zuerst die Schultern im Fallen gelockert und erst in der Folge die Arme und Hände verlebendigt. Hier war es umgekehrt. Die Hände waren Ausgangspunkt seines Spontanrituals. In ihnen begann die Verlebendigung und setzte sich in den Armen und Schultern fort. Ähnliches habe ich schon viele Male beobachtet. Die Verlebendigung eines Menschen geht oft kreative Wege außerhalb des physiologischen Funktionsschemas, weil sie im Spannungsfeld zwischen Schwer- und Leichtkraft, Erdung und Himmlung, Natur und Kultur geschieht. Der Lebenssinn, die »Zugkraft von oben«, schlägt sich nicht in Funktionsschemen und Bedeutungsmustern nieder. Sie ist Freiheit in einem anderen Sinn als die Befreiung von Symptomen und die Überwindung unhaltbarer sozialer Zustände. Sie kann sich auch da ereignen, wo letzteres nicht oder noch nicht geschehen kann.

Der Körper des Mannes floß in eine einzige kraftvolle Bewegung. Irgendwann begann er zu pfeifen, und sein Gesichtsausdruck wurde fröhlich und entspannt. Dann lachte er und sagte: »Ich habe verstanden.« Ich hatte ihn erst an diesem Wochenende kennengelernt und nichts verstanden. Da erklärte er mir, er sei vor acht Jahren, mit sechsunddreißig, aufgrund einer chronischen Erkrankung nach einer Reise in die Tropen Frührentner geworden. Den Beruf des Zimmermanns habe er damals aufgeben müssen. Nun dürfe er nicht arbeiten, um die Rente nicht zu verlieren. Bis heute habe er sich eingeredet, eigentlich sei er immer noch krank genug, um weiterhin ein Recht auf diese zu haben. In seinem Spontanritual aber habe er unmißverständlich gespürt, daß er den Schritt in seinen Beruf wieder wagen müsse. Seine Arme und seine ganze Lebensfreude würden ihm sonst absterben.

Im Anschluß an sein Spontanritual arbeitete der Zimmermann zunächst zwei Monate schwarz bei einem Freund, um seine Kräfte zu erproben, und jetzt bewegt er sich wieder in seinem angestammten Beruf, trotz ab und zu auftretender Schwächeanfälle. Seine Arme sind ebenso lebendig wie sein restlicher Körper. Er meinte, daß – wenn er dem Energiesignal nicht gefolgt wäre – er vielleicht einen so schweren Rückfall in seine Krankheit erlitten hätte, daß er auf die Rente tatsächlich wieder angewiesen gewesen wäre. Die Wiederaufnahme seines Berufs war also Ausdruck seiner Liebe zu sich selbst.

Und hier verbindet sich meine Deutung mit der von Pierrakos: Seine Arme und Hände wurden lebendig, als er sich selbst »Mutterliebe« gab.

Jung bezeichnet die Seele als »das innerlich angeschaute Leben des Körpers« und den Körper als »das äußerlich offenbarte Leben der Seele«[6]. Dieses Bild legt die untrennbare Einheit von Körper und Seele nahe. Allerdings ist der Körper nicht einfach Ausdrucksorgan der ihn von innen her formenden Seele. Eine Gebärde ist in jeder ihrer Schwingungen ganz und gar Seele wie auch eine Emotion, Empfindung oder Stimmung ganz und gar Körper ist. Um letzteres zu merken, brauchen wir nicht zu warten, bis wir Kopfweh oder Herzschmerzen haben. Es genügt, spürbewußt das Gefühl zu bejahen, das wir gerade empfinden und sogleich meldet sich ein bestimmter Körperteil und zwar auf lösende, befreiende Art. Es ist sinnvoll, wieder zur Bedeutung der ältesten Wörter für »Seele« zurückzukehren, etwa des hebräischen *nefes*, das einfach Leben heißt, oder des Sanskritwortes *atman*, das mit dem deutschen Wort Atem sprachverwandt ist, also ursprünglich den im Aus- und Einatmen strömenden »Lebensodem« meint. Alle Vorstellungsbilder von Leib und Seele sind unzulänglich, weil sie Vor-Stellungen, also Verdoppelungen sind. Nur Spürwörter können erfassen, was das Wort Seele sagen will.

Auf die mittelalterliche Frage, ob Frauen eine Seele haben, muß die Antwort lauten: »Auch Männer haben keine.« Und auf die noch im 19. Jahrhundert in Amerika gestellte Frage, ob Sklaven eine Seele haben, müssen wir antworten: »Ihre Herren hatten keine«, ebensowenig wie die, die bis heute fragen, ob Tiere eine Seele haben. – Lebewesen *haben* keine Seele, sie *sind* Seele, entsprechend der ihnen je eigenen Lebendigkeit. In dem Maße, da wir Seele *sind*, stehen wir in Resonanz mit der Beseeltheit anderer Menschen und der Natur. Vielleicht ist die *Resonanzfähigkeit* die wichtigste Eigenschaft dessen, was wir Seele nennen, die Fähigkeit, auf individuelle Art die Konsonanzen und Dissonanzen in der Welt zu spüren. – Das Wort »Seele« mit »Leben« zu übersetzen, vermindert in keiner Weise das »Seelische«. »Leben« bedeutet ja nicht bloß das »Funktionieren eines Organismus«, sondern darüber hinaus die Kraft des Lebendigen zu Schöpfung und Selbstüberschreitung.

Seele meint also die Beseeltheit lebendiger Prozesse und diese spielen sich im Leiblichen und Weltlichen ab. Das Subjekt des Lebens und folglich auch der Psychotherapie ist beseelte Leiblichkeit oder leibliche Beseeltheit. Die Seele ist eine Eigenschaft des Leibes, oder der Leib eine Eigenschaft der Seele. – Die Tiefenpsychologie hat sich bisher vor allem in solche Bereiche hineingewagt, die mit dem spiegelnden Bewußtsein zu erfassen sind, also in das Bewußtmachen und Deuten einerseits von Erinnerungsbildern (Freud) und andererseits von Symbolen des noch zu Lebenden (Jung). Psychoenergetisch ausgedrückt bewegte sie sich bisher vor allem auf der Seh- und Denkspur. Schon die Hörspur war ihr fremder, schwingt doch ein Ton unmittelbarer als ein Bild. Überall, wo der Spiegelungsabstand fehlte, die Tiefenpsychologie also nicht »sehen« konnte, war sie blind. Zwar unterstrich sie die Wichtigkeit des Gefühlstons in einem Phantasiebild oder einer Erinnerung, doch den umgekehrten Weg von einer Körperempfindung oder Gebärde zu einer Erinnerung oder Phantasie hat sie nicht beschritten. Dadurch eignete den auftauchenden Assoziationen eine gewisse Unverbindlichkeit in bezug auf das »praktische Leben«. In einer spontan entstandenen und nun spürbewußten Gebärde dagegen gibt es keine Unverbindlichkeit und Beliebigkeit mehr: Sie ist bereits ein Stück Verwirklichung. Die Spur ist klar, weil sie bereits beschritten wird. In ihr offenbart der Körper seine tätige Weisheit.

Im gleichen Text fügt Jung hinzu: »Ich muß mir dabei Einseitigkeit vorwerfen, denn ich übergehe mit Stillschweigen die Seele unserer Weltlichkeit.«[7] Die Tatsache des Leiblichen und Weltlichen führt die Tiefenpsychologie über die Beschäftigung mit psychoanalytischen Mustern der seelischen Entwicklung und Abwehr und mit dem »Bilderreich der Seele« hinaus in die Unmittelbarkeit spürbewußten, also leiblichen Erlebens mit seelischer Qualität hinein. Dieses wird zum Ausgangs- und Angelpunkt auch ihrer Beschäftigung mit allen bisherigen Themenkreisen. Dadurch wird sie die akademische Gestelztheit des neunzehnten und der ersten Hälfte des zwanzigsten Jahrhunderts verlieren und weniger Standes-, dafür um so mehr Gehbewußtsein haben.

Vor einiger Zeit nahm ich im kleinen Kreis an einem Gespräch mit dem englischen Film- und Theaterregisseur Peter Brook teil. Dieser arbeitet bekanntlich mit Schauspielern aus allen Kontinenten und Kulturen. Er sagte, seine afrikanischen Schauspieler würden direkt aus dem Bauch spielen, während wir – und dabei tippte er auf seine Stirn – zuerst, wenn auch vielleicht nur ganz kurz, in den Kopf gehen und dann das Vorstellungsbild in den spielenden Körper leiten würden. – In neuerer Zeit wachsen auch in unseren Breitengraden die Sehnsucht und die Begabung, unser spielender Körper zu *sein.* Wir brauchen darüber die durch Jahrtausende entwickelte kostbare Gabe der reflexiven Vernunft nicht zu vernachlässigen. Es geht nicht um eine Regression in die Wildnis, sondern um ein Hineintauchen in deren regenerierende Weisheit. Die Tiefenpsychologie hat diesen Entwicklungsschritt mitzugehen, sonst wird sie bald zum Hobby für Intellektuelle und Ästheten mit geringer therapeutischer Wirkung. – Im Spontanritual ist der ganze Leib Wahrnehmungs- und Ausdrucksorgan; es ist eine erschütternde ekstatische Erfahrung, wenn auf einmal Wahrnehmung und Ausdruck in eins fallen. Dann setzt sich die Weisheit des Entwicklungsinstinktes ins Werk.

Durch Spürbewußtsein bekommt unser Körper die neue Dimension eines *Spürleibes*, den wahrzunehmen wir lernen können. Er ist mit dem verwandt, was in der indischen Philosophie als *Feinkörper* (subtle body) bezeichnet wird. Er unterscheidet sich wesentlich von dem, was wir gemeinhin Körper nennen. Im therapeutischen Prozeß hat der Spürleib eine sich ständig wandelnde Gestalt. – Dazu ein kurzer Bericht.

Ein Mann mittleren Alters liegt mit geschlossenen Augen auf der Couch. Nach längerem Schweigen teilt er mit, durch sein Eigengewicht rutsche ihm der Kopf ganz nach hinten und schließlich im Rücken nach unten; nun befinde er sich hinten im Kreuz. – Was ist geschehen? Der Mann erlebte körperlich die natürliche Zuordnung seines Verstandes zum Spürbewußtsein. Er *sah* diesen Vorgang nicht, sondern *spürte* ihn in seinem Leib. Es handelte sich also nicht um eine Körperimagination. Sein Energiepunkt war jetzt ganz und gar im Kreuz, wo sich die obere und untere Körperhälfte verbinden: Im hinteren Bereich seiner Stoßkraft lokalisierte sich seine momentane »Mitte«. Stoßkraft und Durchsetzungsvermögen bildeten also den

nun entscheidenden Punkt seiner Entwicklung. Sie wiesen unserer Arbeit die Richtung.
Spürbewußtsein in einem bestimmten Körperteil führt zu seiner eigenen Deutung. Ein Selbstinitiand empfindet zu Beginn seines Spontanrituals einen starken Druck in seinen Augen. Doch die gängige Deutung dieser Empfindung als »Druck ungeweinter Tränen« trifft hier nicht zu, wie die Folge zeigt. Während der Mann über längere Zeit spürbewußt in diesem Druck verweilt, verschiebt sich dieser weit hinter seine Augen, worauf sich auch diese wie unter einer Saugwirkung immer tiefer in ihre Höhlen zurückziehen, und »Gummiklappen«, die vor Lichteinfall schützen, sich über die »Höhleneingänge« legen. Es ist offensichtlich, daß die Augen nicht nach außen, sondern nach innen schauen wollen. Dazu muß der Selbstinitiand zum »blinden Seher« werden. Nun »sieht« er in seiner eigenen Tiefe ein erstaunliches Bild, das einen präzisen Schlüssel zu seiner derzeitigen Lebenssituation bietet, und von diesem Bild aus inszeniert er ein klärendes Rollenspiel. – Kein Energiesignal bedeutet für alle Menschen dasselbe. Die Weisheit des Leibes entzieht sich allen Deutungsmodellen, seien diese tiefenpsychologisch oder bioenergetisch. Spürfaulheit ist die Todsünde des Spontanrituals.
Eine Beobachtung möchte ich noch mitteilen: Menschen, die den für sie hier und jetzt entscheidenden Schritt in die Heilung getan haben, werden schön. Der Glanz der Schönheit kommt aus der Verleiblichung ihrer Wahrheit. Die Schönheit eines in sich selbst stimmigen und heilen Menschen, oder zweier Menschen, die durch gegenseitige Liebe zu Gleichklang und Eigenbewegung gefunden haben, gleicht einem durch den hellen Abendhimmel fahrenden Kometen, der eine Ahnung von Sinn und Ziel zum Aufblitzen bringt.

Der wichtigste Körperteil

Wilhelm Reich verwendete die Methode der Beobachtung und Beschreibung durch den Patienten in bezug auf alle körperlichen Prozesse im Laufe der Therapie. Bei genitaler Unlebendigkeit liegt die entscheidende Verspannung im Zwerchfell. Reich schildert den Fall eines Mannes, dessen Zwerchfell sich zu lockern begann, was die Bauchdeckelmuskulatur vom Druck befreite. Dabei stellte sich im Oberbauch ein Empfinden wie beim Schaukeln oder Fallen ein. Reich ließ den Patienten die Muskulatur im oberen Bauch genau beobachten und beschreiben. Die Zuckungen wurden intensiver und gingen nach und nach in Strömungsempfindungen und schlangenartige Bewegungen des Körpers über. Aber das Becken blieb immer noch steif. Nun ließ Reich seinen Patienten wiederum beschreiben: daß bei den Zuckungen der ganze Unterleib nach vorne stieß und das Becken dabei ruhig blieb. Reich forderte den Patienten auf, weiterhin die Hemmung im Becken einfach zu beachten. In zwei Wochen war die Bremsung erfaßt und überwunden. Er lernte nun, das Becken in die Zuckung mit einzubeziehen. »Nun trat auch im Genitale ein nie gekanntes Strömungsempfinden auf... Die Zuckungen des Beckens, des Oberkörpers und des Bauches waren nunmehr die gleichen, die man im orgastischen Klonus produziert und erlebt.«[8] – Reich ließ seinen Patienten die Haltung im Geschlechtsakt genau beschreiben, und er kommentiert: »Die Bewegung im Geschlechtsakt ist künstlich forciert, ohne daß die Betroffenen es wissen. Bewegt wird gewöhnlich nicht das Becken für sich, sondern Bauch, Becken und Oberschenkel in einem Stück. Dadurch erfolgt die Bremsung des orgastischen Reflexes, der zu einem unwillkürlichen statt einem reflektorischen Akt wird.«[9]

Ich weiß nicht, wie weit sich Reich bewußt war, daß die Beschreibungen, die seine Patienten ihm gaben, nicht nur den Sinn hatten, ihn zu informieren, sondern das Spürbewußtsein der Patienten selber in den Verspannungen, beginnenden Entspannungen und Bewegungen des Geschlechtsaktes zu wecken und somit den Heilungsvorgang zu beschleunigen. Richten wir unser Bewußtsein auf einen bestimmten körperlichen Vorgang, so daß kein Platz für Selbstkritik, Entmutigung, Zweifel mehr bleibt, wandelt sich das beobachtende von alleine in ein spürendes Bewußtsein. An zwei Stellen habe ich bereits erwähnt, wie heilend die aufmerksame, bloß formale Beschreibung eines Bildes oder Körpervorganges wirkt, einesteils, weil das durch Wertung bisher Ausgeblendete und Verdrängte nun Einlaß findet, die formale Beschreibung also ins Unbewußte führt, andernteils, weil diese das Spürbewußtsein weckt und fördert. Ich vermute, daß ein guter Teil der therapeutischen Erfolge Reichs auf die Entwicklung des Spürbewußtseins durch Beschreibung zurückzuführen ist. Dieses bezog sich immer auf den gerade »wichtigsten« Körperteil, nämlich den, in dem eine Verspannung sich zu lösen begann. – Reich forderte seine Patienten auch auf, während des Geschlechtsaktes die ganze Aufmerksamkeit ins Genitale zu lenken. Dies ist der klarste Hinweis, daß es ihm bei der Selbstbeobachtung um die Steigerung des Spürbewußtseins ging. Wer von den Körperempfindungen her arbeitet, stößt unweigerlich auf dessen überragenden therapeutischen Wert.

Alle Organe haben nebst der unmittelbaren funktionalen auch vielfältige symbolische Bedeutungen. Spontanrituale führen zur Bedeutung, die gerade gemeint ist. Dies trifft auch für die spürbewußte Belebung des Beckens zu. Alle Bedeutungen spielen jeweils zusammen. Aber eine steht im Vordergrund. Dies möge folgender Bericht belegen.

Eine 45jährige Frau wollte ihren »Konflikt zwischen einer starren Fassade und ihrem Selbst bearbeiten«. So drückte sie sich selber aus. Während sie erzählte, war ich mehr und mehr von ihrem ängstlich defensiv angespannten Gesicht mit den teils hilflosen, teils kontrollierenden Augen fasziniert. Hier, in der Fassade, war ihr Spürbewußtsein auf dem Sprung. Die Fassade war ihr Energiesignal. – Ich beschränke mich auf eine schematische Darstellung des Geschehens: Das Spürbewußtsein in ihrem angespannten Gesicht und in ihren Augen läßt nicht nur die Fassade abblättern und ein offenes, humorvolles, glückliches Gesicht in Erscheinung treten, sondern gleichzeitig beginnt ihr Becken zu vibrieren und zu zucken. Was sie als Selbst bezeichnet hat, beginnt im Becken spontan zu leben. Sie sagt, daß es im Becken leicht und hell wird, und daß hier eine Quelle sprudelt. Das sind für sie keine *Bilder*, sondern *Empfindungen.* Die Quelle sprudelt einer Säule gleich nach oben, und in diesem Vorgang hat sie die Empfindung lustvoller »Aufrichtung«. Die Verlebendigung des Beckens bewirkt in ihr aufrechten Gang und Selbstvertrauen. Um diese geht es in ihrem Spontanritual. Nun, da die Frau stärker aus ihrem Selbst lebt, ist sie weniger auf eine schützende Fassade – Jung nennt sie »Persona« – angewiesen. Die Belebung des Beckens meint in diesem Beispiel mehr als nur die Befreiung des sexuellen Reflexes, nämlich Spürbewußtsein im Selbst. Spontanrituale sind weniger eindeutig – einseitig – als bloß körpertherapeutische Prozesse. Im lebendigen Becken kann sich gleichzeitig die Befreiung der Sexualität, Standfestigkeit und Selbstsicherheit in Beruf und Familie, Aufrichtung aus Entmutigung, meditative Selbsterfahrung usw. ausdrücken. Ein Aspekt zentriert jeweils alle anderen.

Eine andere Frau hat geträumt, ihr Bauch sei leer, ohne Eingeweide, nur die Gebärmutter sei noch da. Eine Hexe habe ihr die Eingeweide gestohlen. – In drei Schritten sucht sie ihr Energiesignal. Zunächst wendet sie sich dem leeren Bauch zu. Doch hier stellt sich keinerlei Spürbewußtsein ein. »Eigentlich ist er mir gleichgültig«, sagt sie. Dann spielt sie in einer Eigeninszenierung die Hexe: ihre Mutter, die ihre Eingeweide geklaut hat. Doch deren Haß ist gespielt. Die Frau erbringt für uns – die »Zuschauer« – eine Leistung, wie Prometheus, der Leistungsheld, der das Feuer im Himmel gestohlen hat und dem dafür zur Strafe die Eingeweide weggefressen wurden. Auch sie ist eine Leistungsfrau, und im Bauch gähnt die Leere einer latenten Depression. Selbst als Spielerin der Hexe, als Darstellerin der eigenen Aggression ist sie leer. Sie wirkt immer rat- und hilfloser. Schließlich spürt sie die Leere als Verzweiflung. So kommt der Moment des Umschlags zum dritten Schritt. Ich fordere sie auf: »Suche in deinem Körper. Wird an irgendeiner Stelle eine Empfindung wach?« Sie antwortet: »Ich spüre eine warme Schicht von Traurigkeit um mein Becken herum.« Die Leere der Depression im Bauch hat sich also in eine lebendige Empfindung »um das Becken herum« gewandelt: in Traurigkeit, die aus ihrer derzeitigen Lebenssituation zu verstehen ist. Ich sage ihr: »Im Becken ist es warm. Da ist Leben. Die Gebärmutter ist ja auch im Traum noch da. Du bist jetzt in dem, was da ist. Laß zu, daß es sich ausbreitet!« Nach langem, erlösenden Weinen beginnt sie, von innen her zu leuchten. Ihre ganze Gestalt wirkt wie verklärt. Sie strahlt in einem Glanz, der nicht fraglose Lust und Erfüllung bedeutet, einem Licht, das auch etwas Fremdes an sich hat; es verweist auf Unbekanntes, zu dem sie unterwegs ist. Nun sagt sie: »Mein Becken ist die Welt« und meint damit auch, wie sie später erklären wird: »Die Welt ist das Becken, aus dem ich neu geboren werde.« – In einer unsicheren, beängstigenden Lebenslage wird sie neu geboren. Zu Beginn des Spontanrituals, wie schon oft in ihrem bisherigen Leben, hat sie sich auf das fixiert, was ihr fehlte: auf den leeren Bauch und die relative Abwesenheit des Partners. Eben diese Verengung der Aufmerksamkeit auf das Fehlende hat ihre subdepressive Leere bewirkt. Doch hat ihr der Traum das Energiesignal verraten: »Deine Gebärmutter ist intakt, dein Becken lebendig!« – Mit der Mitteilung an sich selbst, daß sie von nun an in ihr Leben vertraue, was immer auch kommen werde, beendete sie ihr Spontanritual. Ihre Traurigkeit hat sich in Vertrauen gewandelt: ein spontaner Weg, den niemand, und sie am wenigsten, voraussehen konnte. – Auch in diesem Spontanritual meinte die Verlebendigung des Beckens als erstes nicht den Orgasmusreflex, sondern die spirituelle Neugeburt.

Zum Schluß berichte ich über das Spontanritual eines jungen Mannes; es war eines der ersten, das mich den charakteristischen Übergang von einer spürbewußten Gebärde in eine Inszenierung und somit die »Weisheit des Leibes« erleben ließ. – Der junge Mann wippt schon seit einigen Minuten nervös mit dem rechten Knie, offensichtlich ohne es selber zu merken; er hängt seinen Gedanken nach. Ich mache ihn auf seine Gebärde aufmerksam und gebe ihm den Hinweis, nun spürbewußt in ihr und nur in ihr zu bleiben. Nach und nach wandelt sich das Wippen in heftiges Stampfen. Dessen Sinn ist die uns bereits bekannte Eigenstimulierung: Auf einmal steht der Mann auf. Er befindet sich, wie er berichtet, in einer Küche und ist ein etwa zehnjähriges Mädchen. Eine Frau befiehlt ihm, den Boden mit dem Besen zu kehren. Er wischt und wischt und während er es tut, geht sein Wischen in die Bewegung von vorhin über: Er stampft immer heftiger und schreit: »Ich will raus!« Noch während er schreit, schmeißt er den Besen hin und rennt – nun als Junge – ins Freie, um mit anderen Kindern zu spielen.

Das Spürbewußtsein im aggressiven Widerstand gab ihm die Kraft zur Belebung einer lähmenden, beschämenden Kindheitssituation, in der er sich abhängig von einer herrischen Mutter und seiner Männlichkeit und Entschlußkraft beraubt gefühlt hat. Damals konnte er seine Sehnsucht nach Freiheit und Kontakt mit anderen Kindern nicht durchsetzen. Doch nun lebt in ihm die Kraft seines Stampfens, die er zu Beginn des Spontanrituals aus sich befreit hat: seine männliche Selbstbehauptung. Diese Kraft kehrt mitten in einer wieder belebten traumatischen Kindheitserfahrung in ihn zurück. Dadurch wandelt sich seine Angst vor Liebesverlust in Wut gegen die Mutter, und die Wut in lustvolle Aggression: er wagt den Schritt ins Freie, eine neue Geburt. – Der Leib ist kein Gefängnis, wie der Neuplatonismus und in seinem Gefolge Teile des Christentums behauptet haben. Sobald wir spürbewußt mit ihm eins werden, offenbart er sich als weiser Führer in die eigene Freiheit.

Zum Schluß ermuntere ich den Selbstinitianden, seinem Energiesignal – Wippen mit dem Knie –, sollte er sich wieder in ihm vorfinden, solange spürbewußt zu folgen, bis es sich in erlösendes Stampfen wandelt, und ich sage ihm lachend: »Das rechte Knie ist dein wertvollster Körperteil.«

Dritter Teil

Trance und Selbsttranszendenz

»Du mußt das Leben nicht verstehen,
dann wird es werden wie ein Fest.«

(Rilke, Frühe Gedichte)

10

Mensch ändere dich nicht!

Nachdem ich im ersten Teil den rituellen und im zweiten den spürbewußten Charakter des Heilungsprozesses beschrieben habe, geht es in diesem dritten Teil um dessen ekstatische Dimension: um die Tatsache, daß Heilung durch Grenzüberschreitung, Entrückung, wache Trance geschieht, daß wir also ins Eigene kommen, wenn wir Eigenes lassen. Auch in den ersten beiden Teilen konnte ich den ekstatischen Aspekt der Heilung nicht verschweigen, ist doch in einer Psychotherapie mit Flußqualität jederzeit alles da. Doch nun bildet er den neuen Schwerpunkt dieses Buches. Im vierten Teil schließlich wird zu zeigen sein, daß sich Heilung nie in individueller Isolierung, sondern immer im umfassenden Energiefeld eines Paares, einer Familie, Freundschaft, Gruppe oder Gemeinschaft, also in unserer Mitwelt ereignet.

Nicht-Wollen wollen

Weshalb ärgern wir uns über die meisten mehr oder weniger gut gemeinten Ratschläge von Freunden und Bekannten, selbst wenn sie inhaltlich den Nagel auf den Kopf treffen? Warum bewirken Ratschläge sowenig Veränderungen, außer daß wir vielleicht eine Zeitlang keine Lust mehr haben, unsere Ratgeber zu treffen? Unter Ratschlägen verstehe ich hier nicht sachliche Informationen, sondern Tips in Krisensituationen, zum Beispiel der Partnerschaft. – Der Hauptgrund liegt im zwischenmenschlichen Bereich, nämlich in den erwähnten Ohnmacht-Macht-Spielen, die zwischen Ratempfängern und Ratgebern oft stattfinden. Selbst wenn wir aktiv um Rat gebeten haben, fühlen wir uns, nachdem er uns gewährt wurde, oft in die Position des Schwächeren gedrängt. – Eigentlich haben wir uns selbst geschwächt. Vielleicht wußte etwas in uns bereits um die Antwort, bevor sie uns von außen gegeben wurde. Jedenfalls spürten wir, daß sie in uns schlummerte und wir eine Gelegenheit verpaßt haben, im eigenen Selbst nach der Antwort zu forschen und auf diese Weise Selbstvertrauen und Eigenverantwortung zu stärken. In der Tat: Die Art und Weise, wie wir etwas über uns und den einzuschlagenden Weg erfahren, bestimmt darüber, ob wir diesen schließlich beschreiten oder nicht. Leute, die gewohnheitsmäßig Ratgebermenschen aufsuchen oder Ratgeberbücher lesen, ver-legen ihre inneren Energiequellen nach außen; deshalb können diese ihr Leben nicht befruchten. Sie schlagen den Weg nicht ein, den ein anderer ihnen gewiesen hat, aus dem einfachen Grund, weil ihnen die *Motivation* dazu fehlt: der innere Antrieb, der sie zu Ausdruck und Verwirklichung *»bewegen«* könnte, nämlich das Spürbewußtsein im eigenen Energiepunkt, aus dem allein Mut, Selbstvertrauen, Innovationsfähigkeit, Selbstorganisation und Kreativität wachsen. Ich habe es bereits geschrieben: Wenn Therapeuten mehr sein wollen als Begleiter auf dem Weg der Selbstheilung, tragen sie aktiv zur Verhinderung der Heilung bei. Deshalb: Zwar sollen wir uns Informationen einholen, doch raten können wir uns nur selbst.

Doch trifft es wirklich zu, daß wir selbst uns *raten* können? Sobald es um Probleme, wie die in diesem Buch beschriebenen, um Weichenstellungen bei Übergängen und Klippen der menschlichen Existenz geht, ist sogar diese Frage nicht ohne weiteres zu bejahen. Es nützt nichts, wenn wir uns selber auf die Schultern klopfen: Mensch, verändere dich! Sei nicht depressiv! Lauf nicht von der Liebe weg! Kämpfe gegen deine Impotenz oder Frigidität! Verkrafte deinen Trennungsschmerz! Entspanne diesen Muskelkomplex! Löse dein Partnerschaftsproblem! Trag deine Krankheit mit Fassung! Hab keine Angst vor dem Sterben! – Die Liste der »Ratschläge an sich selbst« läßt sich beliebig fortsetzen. Wenn wir uns selbst Ratschläge erteilen, flüchten wir immer noch zu einem äußeren Ratgeber, der zwar unseren Namen trägt, aber nicht wir selbst sind, nicht unser Selbst ist. Die Aufspaltung in einen, der Rat sucht und einen, der Rat gibt, führt zur Aufspaltung in einen, der weiß, und einen, der trotzdem nichts tut. Für spürbewußte Menschen aber gibt es keine Trennung zwischen Wissen und Tun, Einsicht und Ausdruck.

Das Kontrollbewußtsein setzt uns zu: »Verändere dich!« oder: »Ich möchte mich verändern« oder: »Ich will mich verändern, aber ich kann nicht.« Das Spürbewußtsein dagegen sagt bloß: »Es geschieht, es wirkt.« Dann tritt das Kontrollbewußtsein wieder auf den Plan: »Aber es geschieht ja gar nichts. Ich habe mir ein Ziel gesteckt und alles läuft anders.« Und wenn weiterhin alles anders läuft, als ich will, obwohl ich weiß, was ich will, und will, was ich weiß, zermürben mich Müdigkeit, Ratlosigkeit und Verzweiflung. Nun breitet sich das Spürbewußtsein wieder aus und stellt fest: »Es geschieht, es wirkt, ich bin lebendig. Ratlos bin ich lebendig. Müde bin ich lebendig. Verzweifelt bin ich lebendig. Was ist, ist. Ich bin die Gebärde, die die Richtung weist, das Erinnerungsbild, das in Trab setzt, das Krankheitssymptom, das sich in eine durch den ganzen Körper pulsierende Empfindung wandelt.« – Solches Hin und Her zwischen dem kontrollierenden und dem spürenden Bewußtsein findet in jedem Menschen statt, der Gehversuche zur Heilung macht. Zuerst kommt das Erwachen in der Einsicht, »daß es so nicht weitergeht«, dann das schulterklopfende »wo ein Wille ist, ist auch ein Weg«, darauf die Entmutigung und schließlich im günstigen Fall immer mehr das Spürbewußtsein.

In einer Gruppe saß ein Paar, das viele Jahre lang ein »glückliches Paar«[1] war. Zusammen funktionierte man wie geölt. Doch als die Kinder heranwuchsen, wurde die Frau unruhig, unzufrieden und traurig. Eines Tages verliebte sie sich in einen anderen Mann und ging eine intime Beziehung mit ihm ein. Ihrem Mann warf sie nun Mangel an Einfühlung, Zärtlichkeit und Wärme vor und konfrontierte ihn mit ihrem Bedürfnis nach Erweiterung des geistigen Horizontes und Anregungen durch neue Bekannte. Der Ehemann fiel aus allen Wolken. Die erste seelische Erschütterung in seinem Leben fand statt. Er liebte seine Frau und seine Kinder – und war ratlos. Seine Frau verschaffte ihm psychologische Bücher, die zu lesen er sich anstrengte, zum Beispiel »Die Zweierbeziehung« von Jürg Willi und »Das Nein in der Liebe« von Peter Schellenbaum. Letzteres führte die beiden in meine Gruppe. Er war ein Mann voll Energie, Verspannungen und guten Willens. Er war bereit, alles zu hören, alles zu lernen, alles zu leisten, um diese erste ernsthafte Krise in seiner

Ehe zu beheben, auf ähnliche Weise, wie er mit großer Tüchtigkeit berufliche Probleme zu lösen pflegte. Je mehr er zu verstehen suchte, desto stärker schlugen mir die Verzweiflung und Hilflosigkeit dieses Leistungsmannes entgegen. Irgendwann rief ich ihm zu: »Mensch, ändere dich nicht!« Er war völlig konsterniert, antwortete nicht, wurde zunehmend blaß, stand plötzlich auf, stürzte hinaus und wir hörten, wie er sich auf dem Klo erbrach. Als er zurückkam fragte er: »Was soll ich denn tun? Ich will mich doch ändern.«

Der Nullpunkt, an dem wir unsere Wut und Verzweiflung darüber ausgekotzt haben, daß wir im Bereich der Gefühle und Beziehungen nicht leisten können, was wir doch leisten wollen, ist ein fruchtbarer Punkt. Denn nun gibt es auf einmal keine Leistung und kein Wollen mehr. So wird der *Nullpunkt* zum *Punkt Null*: Zum Spürpunkt, von dem aus unser Leben sich aus eigenen Kräften zu organisieren und regulieren beginnt. Dieser Prozeß setzt auf unerwartete, chaotische Art ein: Verlassenheit steigt in uns hoch. Die aus Angst gefrorenen Emotionen von Wut und Verzweiflung verflüssigen sich und brechen aus uns heraus. Der frühere Änderungswille ist daran, sich in der Änderung selber aufzulösen.

Kürzlich ist ein Buch mit dem Titel erschienen: »Bitte verändern Sie sich ... jetzt!«[2] Extrem entgegengesetzte Aufforderungen bewirken manchmal das gleiche. Die überspitzte Aufforderung, sich *jetzt* zu ändern, kann unter Umständen den alten fruchtlosen Änderungswillen ausschalten, ebenso wie die gegenteilige Aufforderung, nichts zu ändern, den spontanen Impuls zur passenden Änderung freisetzen kann. Zwar ist Selbsttranszendenz im Zulassen der spontanen Eigenregulierung nicht machbar, aber wir können einiges dafür tun, unser Machen zu entmachten. Es hat mit einer bestimmten Eigenschaft des Spürbewußtseins zu tun, nämlich mit *Trance*. Ich habe das Wort »Trance« und den Ausdruck Trancezustand oder tranceähnlicher bzw. trancenaher Zustand schon öfters für die subjektive Befindlichkeit, in dem Heilung geschieht, verwendet. Für Milton *Erikson* ist Trance »ein eingeschränkter Fokus nach innen gerichteter Aufmerksamkeit«.[3] Dieser bewirkt einen Zustand, in dem die gewohnten Abwehr- und Kontrollmechanismen weitgehend außer Kraft gesetzt und wir für Erinnerungen und Einflüsse von innen und außen durchlässig werden. Es gibt oberflächlichere und tiefere Trancezustände, letztere gelten als hypnotische Zustände. In jeder intensiven Empfindung, die unsere Energie zentriert, in jeder Faszination, etwa für einen Menschen, ein Kunstwerk oder eine Landschaft, geraten wir in eine leichte Trance, die unser Urteils- und Kontrollvermögen eine Zeitlang zurückdrängt, doch ohne es zu trüben. Wenn wir es wieder benötigen, stellt es sich rasch ein. Letzteres trifft nicht ohne weiteres für den Zustand überschäumender Verliebtheit oder Leidenschaft zu, in dem zwei Menschen sich gegenseitig völlig hypnotisieren können. – Es gibt leicht erlernbare Techniken, wie Menschen in Trance und Hypnose versetzt und dann suggestiv beeinflußt werden können. – Leichte Trancezustände sind natürlich und notwendig, bedeuten sie doch, daß wir uns »jenseits« von Kontrolle und Konvention erleben; das Wort Trance geht auf das lateinische Präfix »trans« zurück, das »hindurch«, »hinüber«, »hinaus« bedeutet. Alles schöpferische Tun, jede ungeteilte Hingabe an einen Menschen oder an ein Werk geschieht in einer so verstandenen Trance. Aber auch Massenhysterie beruht auf Trance und Hypnose. Sowohl, wenn wir ganz bei uns sind als auch, wenn wir außer uns unter fremden Einfluß geraten, befinden wir uns in Trance.

Das bedeutet einerseits, daß sich ohne eine zumindest leichte Trance keine wirkliche Wandlung der Persönlichkeit ereignen kann – auch in der Psychotherapie nicht – und andererseits, daß wir in diesem Zustand nicht nur wandlungsbereit, sondern auch aufgrund unserer größeren Beeinflußbarkeit seelisch labil und gefährdet sind. Deshalb darf der Punkt, auf den die Aufmerksamkeit mit eingeschränktem Fokus gerichtet ist, nicht von außen, also vom Therapeuten, und auch nicht willkürlich – durch bewußte Absicht – vom Selbstinitianden bestimmt werden. Sonst geschieht Manipulation durch einen fremden oder den eigenen Willen. Zwar ist es klar, daß wir ständig unter dem Einfluß von Fremd- und Selbstsuggestionen stehen, und auch, daß wir letztere unter Umständen fruchtbar einsetzen können, zum Beispiel im Autogenen Training. Doch wenn es um die Lösung eines Lebensproblems und nicht bloß um momentane Entspannung geht, sollte im Selbstinitianden die Ehrfurcht vor dem eigenen Selbst und das Vertrauen in die Eigenorganisation der Psyche die Spur bestimmen, und im Therapeuten die Ehrfurcht vor dem auch ihm unbekannten, unverwechselbar eigenen Weg des Menschen, den er begleitet. Deshalb machen wir im Spontanritual in bezug auf den »eingeschränkten Fokus nach innen gerichteter Aufmerksamkeit« keine Vorgabe, das heißt wir setzen keinen Punkt im vorhinein fest, auf den sich unsere Aufmerksamkeit zu richten hätte. Der *Fokus* – ich nenne ihn *Energiesignal* – entsteht spontan und unbewußt am *Ort des stärksten Schöpfungs- oder Befreiungsdrucks* eines Menschen, meist an einem ganz unerwarteten Ort. Von hier aus pulsiert die in ihm zentrierte Energie über eine individuelle Spur in den ganzen Organismus. Auch Menschen, die über längere Zeit an zahlreichen Spontanritualen aktiv und passiv teilgenommen haben, sind beim Auftauchen eines neuen Energie-Fokus' jedesmal völlig überrascht. Trotz meiner durch Erfahrung verbesserten Wahrnehmung gewöhne auch ich mich nicht an das plötzliche Hervortreten eines neuen Entwicklungspunktes, sein »Lautwerden« bewegt mich heute noch ebenso tief wie beim ersten Mal, und genauso leide ich, solange sich dieser Punkt noch nicht durchzusetzen vermag. Die Faszination und Motivation für mein Tätigsein liegen in dieser Erfahrung menschlicher Selbstgestaltung und Selbstüberschreitung.

Trotzdem ist es unvermeidlich, daß der Therapeut eine gewisse Rolle in der unbewußten Wahl des Energiesignals durch den Selbstinitianden spielt, doch immer auf der Spur von dessen Entwicklungsbereitschaften. Innerhalb oder außerhalb einer Therapie weiß jeder Mensch, solange er spürbewußt in sich zentriert ist, instinktiv, was er zusammen mit einem bestimmten anderen Menschen am ehesten entwickeln, oder wie er mit ihm die Lösung seines Problems am weitesten vorantreiben kann. Das Spürbewußtsein im auslösenden Energiesignal bezieht also auch die Wahrnehmung des zwischenmenschlichen Feldes mit ein. Daher würde das gleiche Energiesignal des gleichen Menschen in meiner Begleitung in ein teilweise anderes Spontanritual führen als in der Begleitung eines anderen Psychoenergetikers, und keines müßte »richtiger« als das andere sein.

Wir können uns aus der Fixierung auf das Machbare lösen, indem wir unsere Sensibilität für den jeweiligen Energie-Fokus entwickeln. Aus diesem Grund erzähle ich in diesem Buch viele Geschichten und beschränke mich dabei meist auf jene Sequenz, die auf die Wahrnehmung des Energiesignals folgt. Dies ist im Zusammenhang mit Spontanritualen fruchtbarer als die zusammenhängende Darstellung von Fallgeschichten. In jedem Leben sollte die Wahrnehmung der jetzigen Energiespur jederzeit im Vordergrund stehen. Lebenskontinuität entsteht nicht durch die Aneinanderreihung von Fakten, sondern durch die Treue zum momentanen Energiemuster. Im Spontanritual nützt der Selbstinitiand den ganzen »*schöpferischen Schwung*« (Bergson) seines Energie-Fokus bzw. -signals mit allen sich ergebenden Gebärden, Körperempfindungen, An- und Entspannungen, emotionalen Übergängen, Erinnerungsbildern der Vergangenheit und Phantasiebildern der Zukunft. Auf diese Weise strukturieren sich schwierige existentielle Übergänge. Die Aufforderung »ändere dich nicht!« will Raum für die Transformation aus Selbstimpulsen schaffen.

Eben darum geht es im Spontanritual eines Mannes mit starkem Änderungswillen. Sein Ausgangsproblem ergibt sich aus zahlreichen mißglückten Beziehungen zu Frauen. Immer wieder hat er sexuelle Begegnungen vorzeitig abgebrochen. Ausführlich erzählt er davon, doch in keinem Moment habe ich das Gefühl, daß *er* es ist, der spricht. Lange entdecke ich kein Energiesignal. Er erklärt und analysiert am laufenden Band, rennt im Sprechen atemlos von sich weg. Er scheint anzunehmen, daß er durch seinen Eifer die Lösung des Problems beschleunigt. Ich lasse ihn reden und reden bis ich bemerke, daß ihm die Kontrolle über das, was er erzählt, zu entgleiten anfängt. Immer spannungsärmer kullern die Worte über seine Lippen, während er eine gescheiterte Beziehung nach der andern darstellt. Doch seltsam: Ich spüre intensive Resonanz mit dem Selbstinitianden, nicht mit seinen Worten, aber mit dem Glanz seiner leicht geröteten Augen: in der uns gemeinsamen Sehnsucht nach Liebe. So konzentriere ich mich auf die Verbindung mit seinen sehnsüchtigen Augen und frage ihn, ob es in seinem Leben eine geglückte Begegnung mit einer Frau überhaupt je gegeben habe. Ja, einmal habe er eine Frau wieder getroffen, mit der es eigentlich schon Schluß gewesen sei. Es habe keinerlei Aussicht bestanden, daß es weitergehen könne, denn sie habe sich bereits an einen neuen Freund gebunden. Er fährt fort: »Kurz vor der Begegnung habe ich darüber nachgedacht, was denn wohl daraus werde. Und ich habe mir zur Antwort geben müssen: ›Ich weiß es nicht. Ich weiß es wirklich nicht.‹ Völlig unerwartet ist es dann zu einer wundervollen Begegnung gekommen, sexuell und in jeder anderen Hinsicht.«

Die banale Aussage *»Ich weiß es nicht«* hat seinen Energiefluß entstaut: Deshalb ist sie auch heute sein Energiesignal. Damals hat sie die einzige ganz und gar geglückte Begegnung des Selbstinitianden mit einer Frau ermöglicht. Ich spüre jetzt ihre befreiende Kraft. Während er dieses Sätzchen ausspricht, ist er zum ersten Mal ganz präsent. Ich sage ihm: »Gib den vier Worten ›Ich weiß es nicht‹ Raum. All deine Organe füllen sich mit den vier Worten an, indem du diese wieder und wieder aussprichst. Hör nicht auf, sie zu wiederholen und achte dabei ausschließlich auf deine Körperempfindungen!« Nun erwähnt er nacheinander mehrere Körperempfindungen, zum Beispiel Darmturbulenzen und Kopfweh. Folglich reagiere ich: »Fülle deinen Darm mit den Worten ›Ich weiß es nicht‹ aus oder: Mach in deinem Kopf Platz für das Sätzchen ›Ich weiß es nicht‹.« – Schließlich liegt sein Körper fest geerdet mit einer intensiven, warmen und fließenden Ausstrahlung entspannt da. Er bittet mich, mit einer Hand seinen Kopf zu halten – und spürt unbekanntes Vertrauen in den Vater. Irgendwann nehme ich meine Hand weg, das Gespür für die Berührung und das Gefühl des Vertrauens bleiben ihm erhalten. Mit einem flüssigen, intensiven Lebensgefühl steht er auf.

Das alles belebende Sätzchen »Ich weiß es nicht« hat in ihm den Freiraum für Empfindungen und Gefühle geschaffen, wo vorher Kontrolle, Mißtrauen, Unsicherheit, Überwachung, Selbstanalyse, tausend Ideen, was er tun könnte und müßte, um endlich den Weg in die ideale Beziehung zu finden, installiert waren. Es ersetzte das vorausplanende Wissen durch das momentane Empfinden, das Sich-ändern-Wollen durch die Wandlung aus spontanen Quellen, das Kopf- durch das Spürbewußtsein. Der Moment, da er das Sätzchen »Ich weiß es nicht« ausgesprochen hat, war ein wirklicher *Sternmoment* (»moment of excellence« im NLP), das heißt er verfügt neu über ein spezifisches Energiesignal, von dem aus er in kritischen Augenblicken vor neuen Begegnungen sein Spürbewußtsein beleben kann. Sternmomente sind ausstrahlende *Kraftpunkte* unserer Existenz.

Schritte aus mir heraus

Spürbewußtsein bewirkt Grenzüberschreitung. Es ist eine paradoxe Erfahrung: »Bei sich sein« bedeutet das gleiche wie »außerhalb des Ich sein«, nicht als Erfahrung des Neben-sich-Stehens und der Abspaltung, sondern der Dynamik im Werden. Das lateinische Wort »*Existenz*« bedeutet dasselbe wie das griechische Wort »*Ekstase*« nämlich »*Außerhalb-Stand*«. Übersetzt in eine prozeßhafte Sprache heißt dies: »*Transzendenz*«, das heißt wörtlich »*Hindurchschreitung*«, Überschreitung. Existenz ist schöpferische Selbstüberschreitung, ekstatisches, sich ständig aus sich heraus bewegendes Leben auf der Grenze eines Todes. Der Wille zur Veränderung stabilisiert das überlebte System, dagegen relativiert die Tatsache, daß wir Änderung weder wollen noch nicht wollen, dieses und jedes System zugunsten der Flußexistenz. Der Angelpunkt solcher dynamischer Selbsterfahrung ist eine scheinbare Beschränkung, nämlich auf den gegenwärtigen Augenblick: Wir erleben die Vergangenheit nur noch als »Gegenwart von Erinnerungen« und die Zukunft nur noch als »Gegenwart von Erwartungen« (Augustinus). »Sein im Moment« vermittelt das Gefühl, im Zug der stärksten Strömung stillezustehen: Das ist Existenz und Ekstase, das heißt »Außerhalb-*Stand*«. Solches Stehen ist zugleich Gehen, solche Standfestigkeit stete Bewegung. Im Brennpunkt des Augenblicks steht die Zeit still. Wer kennt das nicht von Sternmomenten, Momenten größter Lebensintensität, her?

Der Schritt aus mir heraus ist also auch ein Schritt in mich hinein, *Transzendenz* auch »*Intraszendenz*«, Überschreiten eines Systems auch Hineinwachsen ins eigene Selbst. Im Fluß des *Aus- und Einatmens* erleben wir die Identität des Hinaus und Herein als Prozeß. Jedesmal, wenn in einem Spontanritual eine Veränderung in der *Atmung* stattfindet, zum Beispiel deren Beschleunigung oder Vertiefung, oder Bauchatmung im Anschluß an bloße Brust- und Zwerchfellatmung, teile ich dies dem Selbstinitianden mit. Die Mitteilung löst Spürbewußtsein, und dieses Verstärkung aus. Spürbewußtsein im Atmen gehört seit jeher zur *Meditation*. Im Gegensatz zum Yoga wird in der buddhistischen Meditation der Atem nicht »gezügelt«, also nach bestimmten Gesetzen geregelt, sondern in seinem spontanen Fluß und in Verbindung mit dem ganzen Körper spürbewußt empfunden. Buddha selber drückt dies so aus: »Den ganzen Körper empfindend werde ich ausatmen. Den ganzen Körper empfindend werde ich einatmen.«[4] Eben darauf ist in allen Spontanritualen zu achten. Unwillkürliches tiefes Atemholen zeigt an, daß Wollen daran ist, sich in Sein zu wandeln. Bei depressiven Menschen ist es besonders wichtig, auf die Atmung zu achten; allgemein haben sie einen gedrückten Energiehaushalt: wenig Appetit auf Nahrung und Sexualität. Gelingt es, dank Spürbewußtsein tiefer und intensiver durchzuatmen, nimmt die Sauerstoffaufnahme zu und der Energiepegel steigt: in einem Gefühl von Befreiung hellt sich das Gesicht auf[5]. Transzendenz und Intraszendenz, Sich-in-die-Welt-Hinausgeben und Sich-ins-Selbst-Hineinnehmen verwirklichen sich jetzt in einem flüssigen, hellen Kreislauf. Der Atem bildet das Energiesignal und die zu verfolgende Spur. Die Erfahrung, daß Leben vor allem Spüren ist, machen viele zu Depression neigende Menschen zuerst im spürbewußten Atem.

Wenn sich das alte Lebenssystem ekstatisch in eine Flußerfahrung hinein auflöst, ist der Moment gekommen, ein neues System zu schaffen: Wir brauchen Strukturen, um »Lebensgeschichte« zu machen. Ekstase und Neustrukturieren gehören zusammen. Wie dies in einem Spontanritual geschehen kann, möge auch folgender Bericht veranschaulichen.

Ein Mann von etwa fünfunddreißig Jahren, der an den Folgen der gestörten Kommunikation in seiner Ursprungsfamilie immer noch schwer trägt, bildet im Gruppenraum seine alte Familienkonstellation nach: Eltern und drei Geschwister verkörpert durch fünf Teilnehmer stehen in einem vom Selbstinitianden intuitiv erspürten Spannungsverhältnis zueinander: am passenden Ort, im richtigen Winkel und Abstand. Jeder der fünf Mitspieler äußert auf seine Weise intensives Unbehagen an der ihm zugewiesenen Position, so daß der Mann immer mehr seinen Kopf hängen läßt und in sich zusammensinkt: Ja, genau so wie heute die Mitspieler müssen sich Vater, Mutter und Geschwister gefühlt haben. Während er dies jedem der fünf mit den passenden Details mitteilt, beugen sich sein Nacken und sein Oberkörper immer tiefer nach vorne. Um ihm das Spürbewußtsein für diese Gebärde des Energieverlustes, der Entmutigung und Schuld zu vermitteln, lege ich meine linke Hand auf seinen Nacken – ich bin Linkshänder – und drücke ihn mit kleinen rhythmischen Bewegungen noch etwas tiefer nach unten. Darauf sackt er noch mehr zusammen, fällt auf die Knie und vergräbt das Gesicht in ein Kissen auf dem Boden. Meine Hand bleibt fest auf seinem Nacken. Es geht darum, daß er bis an die Schmerzgrenze spürt, wie sehr er sich auf dem Hintergrund seiner Erfahrungen in der Ursprungsfamilie heute noch niederdrückt und einengt. Während ich fester drücke, merke ich auf einmal, daß er anfängt, tiefer zu atmen. Ich sage es ihm, worauf er trotz seiner zusammengekrümmten Stellung beginnt, in den Bauch zu atmen. Der Druck meiner Hand verstärkt sich noch mehr. Da bewegt er seinen Kopf wie zum Protest hin und her, zunächst wenig, dann mehr und mehr, stützt beide Hände auf den Boden und macht mit den Armen Hin- und Her-Bewegungen, vom Körper weg und zurück, einem Schmetterling gleich, der sich aus dem Kokon befreit und mit wachsender Sicherheit die ersten Flugbewegungen ausführt. Gleichzeitig versucht er, sich aufzurichten, doch intensiviere ich den Druck meiner Hand auf seinem Nacken so sehr, daß ihm dies anfänglich nicht gelingt. Plötzlich steigen Widerstand und Wut heiß und hell in ihm hoch, aber ich lasse noch nicht von ihm ab. Rhythmisch geht es nun auf und ab zwischen seiner wachsenden Kraft von unten und meinem Druck von oben. Zu seiner zusätzlichen Kräftigung stütze ich mit meiner Rechten sein Kreuzbein. Endlich ist er eindeutig stärker als mein – sein! – Widerstand und richtet sich voll auf, tief atmend und strahlend vor Kraft.

Sogleich sage ich ihm: »Nun stellst du deine Familie neu auf, wie sie dir entspricht, wie du sie brauchst.« – Innerhalb einer Minute stellt er instinktsicher seine neue »innere Familie« auf, wie sie in seinem Selbstmuster vorgezeichnet ist.

Er hat das Spürbewußtsein im extremen Schmerz seiner resignativen Selbstdrosselung und hernach in seiner gegen den Widerstand siegreichen Kraft gebraucht, um zur schöpferischen Selbstüberschreitung und Neustrukturierung fähig zu werden. Sein Entwicklungstrieb war durch das Wiedererstellen und -erleben der traumatischen Familienkonstellation nicht aktiviert, sondern im Gegenteil heruntergedrückt worden. Daher wurde es notwendig, daß er von der Horizontale in die Vertikale, von seinem Familientrauma in das Spürbewußtsein seiner Bedrückung umschaltete, bis diese sich in Stärke und Aufrichtung wandelte. Nun durchbrach er aus eigener Kraft sein altes Familiensystem: eine ekstatische Erfahrung von *Selbsttranszendenz.* Im Fluß spontaner Selbstregulierung war es ihm nun ein leichtes, die inneren Schicksalsfiguren zu einem neuen System zu gruppieren, das seine Ent-faltung, den Aufflug des Schmetterlings förderte.

Immer führt der Weg zur Heilung durch einen ekstatischen Punkt, der mit bloßen Rollenspielen und Inszenierungen nicht zu erreichen ist. Darin unterscheidet sich das Spontanritual vom Psychodrama wesentlich. Die ekstatische Erfahrung der Wende ereignet sich in spontanen und gleichzeitig spürbewußten Gebärden, in denen sich die Weisheit des Leibes offenbart.

11
Magische Wirkworte, Leitsätze, Wachstumsgebärden

Das Wort *Magie* bezeichnet »zwingende Handlungen«, »bei denen naturwissenschaftlich nicht faßbare, aber von dem Handelnden angenommene, ›übernatürliche‹ Kräfte beansprucht werden«[1]. Im volkstümlichen Gebrauch wird das Wort Magie mit *Zauber* gleichgesetzt. Zwei psychologische Faktoren führen zur Entstehung der Magie: die Ohnmacht, die der Mensch empfindet, wenn er angesichts von Krankheit, Tod und Katastrophen aller Art an Grenzen des Mach- und Beeinflußbaren stößt; er versucht nun, seine Ohnmachtsgefühle durch zwingende Vorstellungen und Handlungen, die zum erwünschten Ziel Entsprechungscharakter zeigen, zu kompensieren; – dann die Notwendigkeit, lebenswichtige Tätigkeiten aller Art durch rituelle Wiederholung des vorgestellten Handlungsablaufs »auf dem Trokkenen« einzuüben. Im Zusammenhang mit dem »Probehandeln« haben wir das Thema der rituellen Wiederholung bereits angegangen. So bedeutet etwa der Jagdzauber eine konzentrierte, detaillierte »Imagination in Bewegung« der bevorstehenden Jagd, ein psychisches Sich-Einstimmen in die Jagd durch entsprechende Gebärden und Bewegungsabläufe, verbunden mit der Überzeugung, daß das richtig ausgeführte Ritual den Erfolg der Jagd garantieren würde. Aus der Zusammenschau der beiden Faktoren wird deutlich, daß der »magische Mensch« selber nicht um die psychologische Ursache seiner zeitweiligen Erfolge weiß, nämlich um den in Trance erreichten Zustand völliger Identität mit der auszuführenden Handlung und die daraus folgende größere »Treffsicherheit« im eigentlichen und übertragenen Sinne.

Wenn ich im Zusammenhang mit Worten, Sätzen und Gebärden das Wort »magisch« gebrauche, dann einzig in der psychologisch »aufgeklärten« Bedeutung spürbewußten Probehandelns. Daß es überdies weiße, das heißt heilende, und schwarze, das heißt krankmachende und tötende Magie gibt, die auf dem Weg zwingender Suggestionen nützliche und schädliche Wirkungen ausübt, beschäftigt uns im Kontext von Spontanritualen nicht. Im Hinblick auf letztere bedeutet magisches Tun eine im Trancezustand konzentrierter Aufmerksamkeit und spürbewußter Identität zum Zweck der Einübung vorgenommene Handlung, die aus Worten, Sätzen, Gebärden und Inszenierungen im Rahmen eines rituellen Ablaufs besteht.

Wirkworte

In der Meditation des Yoga werden bis heute sogenannte *Mantras*, Silben und Worte als magische Klang- und Sinnfiguren zur Harmonisierung und Heilung des Menschen durch geeignete Schwingungsmuster verwendet. Als Akt der Initiation teilt der Meister seinem Schüler, im Erfühlen von dessen Entwicklungsbereitschaften, ein bestimmtes Mantra mit. Diese Mitteilung ist meist mit dem Gebot der Geheimhaltung verbunden.

Mantras gehören also im weiteren Sinne zur Kategorie der Wirkworte. Auch Wörter als Energiesignale in Spontanritualen sind Wirkworte. Ebenso wie Mantras sollen auch sie solange wiederholt werden, bis sich das Bewußtsein ihrer Bedeutung – das reflexive, verdoppelnde Bewußtsein – verflüchtigt. Von diesem Moment an entfaltet das Wirkwort auf unvorhersehbare Weise seine unbewußte, spontane Dynamik, deren Spur durch Inszenierung gefolgt wird, wo immer sie auch hinführt: in die spürbewußte Empfindung von Körpersymptomen, Emotionen, Erinnerungen, Bildern, anderen Wörtern oder Sätzen, verdrängten Szenen aus der früheren oder späteren Kindheit und Gebärden. Was immer sich aus dem Energiepotential des Wirkwortes entfaltet, wird so lange durch passenden Wechsel der Ausdrucksmittel verfolgt, bis seine Energie aufgebraucht und gleichzeitig die Lösung des im Wirkwort verschlüsselten Ausgangskonfliktes erfolgt ist. Diese gleicht der Lysis – Lösung – im klassischen Drama und in einem Teil unserer Träume. Für das Spontanritual spezifisch ist die mitgehende Aufmerksamkeit in den sich unwillkürlich wandelnden Körperempfindungen und die Tatsache, daß das auslösende Wirkwort, im Gegensatz zum Mantra, nicht von außen gegeben, sondern von innen spontan auftaucht. Es erweist sich dadurch als Wirkwort, daß es in der Empfindung die stärkste Energiekonzentration aufweist und sich seine Schwingung im ganzen Menschen ausbreitet.

In Berichten sind wir bereits der Energiespur mehrerer Wirkworte nachgegangen. Ich erwähne hier zusätzlich erst ein einfaches, dann ein komplexeres Beispiel.

In den Mitteilungen eines jungen Mannes kehrt das Wort *Einsamkeit* immer wieder, und jedesmal mit einem quälenden Unterton. Aufgrund von traumatischen Kindheitserfahrungen ist es ein komplexhaftes, mit gefangener Energie beladenes Wort. In ihm verdichten sich viele verdrängte und halbbewußte Erinnerungen an frühes Verlassensein und an späteres sich selber und andere Verlassen. Durch Assoziationen zum Wirkwort könnten wir sie wachrufen. Doch wählen wir zunächst einen anderen Weg: die Befreiung der emotionalen Dynamik des Wirkwortes durch ständige Wiederholung bis zum Verlust seiner rationalen Bedeutung. In ständigem Spürkontakt mit seinen Körperempfindungen wiederholt der junge Mann das Wort Einsamkeit bis zur »Bewußtlosigkeit«, das heißt bis zur Auflösung des Spiegelbewußtseins. Nun erlebt er in Brust und Zwerchfell wachsende Angst. Panische Anspannung läßt ihn seine Hände und Arme nach oben heben. Diese gleichen nun abgestorbenen Ästen, in die weder von innen noch von außen Leben strömt. Doch harrt er in der ätzenden Wiederholung des Wortes Einsamkeit aus. Auf dem Höhepunkt der Angst holt er auf einmal tief Atem. Ich sage es ihm, und nun geschieht die Wende: er richtet sich auf, legt die Hände aufs obere Zwerchfell und führt dann mit ihnen von dieser empfunden Mitte her Gebärden der Ausbreitung zu allen Körperteilen hin aus. Von diesem Zentralpunkt strahlt seine Lebenskraft in den ganzen Organismus aus. Die anfänglich in Brust und Zwerchfell gefangene Angst hat sich in eine ganzheitliche Pulsation in wacher Trance gewandelt. Eine Beseelung, die auch auf uns übergeht, ereignet sich in ihm. Jetzt öffnet er die Augen, spricht das Wort *Befreiung* aus, nimmt mit dem Blick Kontakt mit uns auf: Die Einsamkeit hat sich gelöst, oder richtiger gesagt: Das Eine der Einsamkeit hat sich vom quälenden Angstpunkt im oberen Zwerchfell mit kreisförmigen Pulsationen in seinen ganzen Organismus und über diesen hinaus in uns, die wir im gleichen Raum waren, und tendenziell in die ganze Mitwelt ausgedehnt. Das Wort Einsamkeit hat seine heimliche Kraft und Bedeutung entfaltet: Befreiung von Abhängigkeit.

Für Jung eignet jedem Komplex ein archetypischer Kern. Im beschriebenen Spontanritual ist dieser gewachsen und hat den beängstigenden, einengenden Komplex der Verlassenheit durch andere und sich selbst gesprengt. Der Komplex ist die Spur zum Sinn, das Symptom Symbol zur Heilung. Solche Aussagen der Tiefenpsychologie werden im Spontanritual zum Ereignis. – Oft wird zum Schluß eines von einem dunklen Wirkwort ausgehenden Spontanrituals ein neues Wort ausgesprochen, das den Sinn des ersten offenbart. Dann ist der Zeitpunkt gekommen, auch analytisch der Bedeutung des Wirkwortes durch die eigene Lebensgeschichte nachzugehen.

Nicht nur Spontanrituale üben eine beruhigende, versichernde Wirkung aus. Auch unsere kleinen Alltagsrituale wie regelmäßige Mahlzeiten, bestimmte sich wiederholende Sätze und Schrullen zwischen Partnern und Freunden, die Art wie Familienmitglieder sich am Morgen begrüßen und am Abend Gute Nacht wünschen, das gleiche Café, das wir regelmäßig aufsuchen, der gleiche Spaziergang, den wir häufig machen, und viele andere mehr, sind dazu da, in uns das Gefühl der Sicherheit und Geborgenheit immer wieder neu zu wecken und zu stärken. Kinder lieben die Regelmäßigkeit und Wiederholung der Gutenachtgeschichte, der abendlichen Umarmung durch Vater und Mutter, der Spiele mit den gleichen Kindern usw.

Einesteils entstehen Spontanrituale am Ort der stärksten Unruhe und Turbulenz, im Wirbel des größten Chaos, also da, wo der Druck zu Schöpfung und Strukturierung am stärksten ist. Andererseits zielen auch sie auf die erwähnte »Lysis«: auf Lösung und Ruhe hin. *Ruhe* gehört zur Erfahrung strömender Lebensenergie: »Und strömt und ruht.«[2] Ek-stase bedeutet – wir haben es gesehen – auch Stand in der Vertikale, Ruhen in ein und demselben Energiepunkt: der »Außen-Steher« – Ek-Statiker – ruht in seiner eigenen Mitte. Gesellschaftliche Außenseiter weisen auf zentrale Problem und Ausgangspunkte notwendiger Entwicklungen in einer ganzen Gesellschaft hin.

Je energiegeladener ein Wort, desto größer seine *Ambivalenz.* Die eine Seite zieht in den Tod, die andere ins Leben. Wir sind dieser Antinomie schon mehrfach begegnet. Das Wort »*Schönheit*« zum Beispiel bedeutet einesteils für Plato »Glanz der Wahrheit« und bezeugt die Ausstrahlung eines wahrhaftigen Menschen; andernteils kann es die gleißende Oberfläche meinen, mit der sich Hohlheit und Lebenslüge tarnen. – Oder das Wort *Leib*: Es mag ein Ausdrucksorgan beseelten Lebens oder ein Instrument zu Selbstunterdrückung und Selbstverrat bezeichnen, wie auch das Wort *Ritual* wesentliche Handlung zu Heilung und Wachstum, oder aber Zwangshandlungen zur Angstabwehr von Leben bedeuten kann. – Nirgends wie in den Religionen nehmen wir so deutlich wahr, daß die gleichen starken Worte einen Zug ins Leben und einen in den Tod, eine Dynamik in die Heilung und eine in die Krankheit aufweisen. Deshalb kann keine Religion aus sich heraus Heil vermitteln, es sei denn, wir lassen ihre starken Worte – zum Beispiel Liebe, Gerechtigkeit, Loslassen, Nichts, Gott – durch spürbewußte Wiederholung so lange in uns hallen, bis sich die Ambivalenz in der umfassenden Bejahung der polaren Wirklichkeit auflöst und wir zu ganzheitlichen Menschen werden.

Auf die Ambivalenz des soeben erwähnten Wortes *Ruhe* und ihre Auflösung gehe ich nun durch den Bericht eines weiteren Spontanrituals ein. In den westlichen und östlichen Religionen übt es eine faszinierende Wirkung aus. Hier war es das auslösende Wirkwort, also das Energiesignal.

Seit zwei Monaten steht eine Frau unter der traumatisierenden Wirkung eines Unfalls: Sie wurde durch ein rückwärtsfahrendes Auto von hinten gänzlich unvorbereitet angefahren und verletzt. Sie verfügte also nicht einmal über den Bruchteil einer Sekunde, um sich vor dem nahenden Auto zumindest seelisch zu schützen. Plötzlich war der heftige Schock da. Zunächst empfand sie körperlich und seelisch nicht das geringste, dann auf einmal stieg der obere Blutdruck auf zweihundertzwanzig, sie geriet in Panik, konnte die Tränen nicht mehr kontrollieren und wurde aufgelöst ins Krankenhaus gebracht. Dort kam eine große Ruhe über sie. Zwar liefen ihr die Tränen unaufhörlich weiter und die Glieder fuhren fort zu zittern, doch bei alledem war Ruhe da. Ein einziges Bild stieg in ihr hoch: der Leichenwagen, in dem ihre tote Mutter lag. Sie war zehn Jahre alt gewesen und auf die Ankunft des Leichenwagens nicht vorbereitet. Dieses Bild stand wie eine unausweichliche Obsession vor ihren Augen. Das ist Ruhe. Tod ist Ruhe. Leben ist Unruhe, Schock, Panik, Brutalität. Tod ist Ruhe.

Auch während die Frau erzählt, laufen ihr die Tränen über die Wangen. Seit zwei Monaten ist sie ihnen ausgeliefert. Auf meine Aufforderung hin wiederholt sie das Wort Ruhe – ihr Wirkwort – immer wieder, solange, bis eine Schwingung ihre ganze Persönlichkeit erfaßt und keinen Raum mehr für Wertungen, Bilder und Bedeutungen läßt: Ruhe – Ruhe – Ruhe – Ruhe ... Sie spricht es in unterschiedlichen Zeitabständen aus, mal leiser mal lauter. Die Wiederholung wird zur Wellenbewegung eines einzigen Klanges. Nicht ein isoliertes Wort ist am Werk, sondern ein Pulsieren ohne Anfang und Ende. Selbst wenn sie die Wiederholung unterbricht, um zu erzählen, was sie empfindet: Ruhe von Lasten, Ruhe von Verantwortung, Ruhe von diesem und jenem Konflikt – klingt es lautlos weiter: Ruhe – Ruhe – Ruhe –... Ein inneres Tönen ist im Gange, das auf den äußeren Klang nicht mehr angewiesen ist. Nun ist sie reines Spürbewußtsein und Körpergewahrsein, Beseelung und Verleiblichung in einem, will nicht den Tod, will nicht das Leben, lebt einfach, ohne zu wollen oder nicht zu wollen: ein ekstatisches Erleben, losgelöst von Bedingtheiten, also ein Leben auf der Schwelle »im freien Fall«. Auf solche Weise kann man leben, und auf solche Weise kann man auch sterben. Wenn man lebt, lebt man so, und wenn man stirbt, stirbt man so. Sie jedoch lebt. Der Unfall hat sie nicht getötet. Daher muß sie nun innerhalb dieses Lebens ohne Grund und Ziel die Augen aufschlagen, mit dem weiten Blick, der sich auf nichts fixiert, um das Entscheidende zu sehen – eine Frau nannte ihn »*Panoramablick*« –, auf ihre Lebenssituation schauen und realisieren, daß sie lebt, Ruhe für sie also strömendes Leben bedeutet. Ich stelle die nunmehr rhetorische Frage: »Ist das Grabesruhe? Ruhe im Tod?« – »Es ist Leben, Ruhe zum Leben«, antwortet sie. – Damit ist das eigentliche Spontanritual zu Ende. Im anschließenden Gespräch phantasiert sie und wir mit ihr, wie diese Ruhe, die Leben ist, in ihre alltäglichen Aufgaben in

Familie und Beruf einströmen kann. Ruhe – Ruhe – Ruhe –... Durch Wiederholung dieses mystischen Wortes möchte die Schwingung seines zunächst dunklen, dann sich ins Helle hinein öffnenden Klanges durch ihr Leben pulsieren, bis dieses sich nicht mehr von ihm unterscheidet: Freiheit von Lasten und Ängsten mitten in Belastungen und Aufgaben. – Die Frau weint schon lange nicht mehr. In der Pause lacht und plaudert sie. Ihr Unfalltrauma hat sich durch spürbewußte Wiederholung des Wirkwortes Ruhe aufgelöst und kehrt nicht wieder. Noch während des Spontanrituals hat ihre Monatsblutung eingesetzt, zum ersten Mal seit dem Unfall vor zwei Monaten.

Sätze als Leitmotiv

Manchmal sticht aus den Berichten von Menschen über einen Konflikt, in dem sie gerade stehen, ein einziger Satz wie ein Leitmotiv heraus. Meist wird er unbewußt wie zur Verstärkung mehrmals wiederholt. Sechs Beispiele von Sätzen als Energiesignale geben eine Ahnung von der Vielfalt der Möglichkeiten in deren »Verarbeitung«, besser: spontanen Entwicklungen.

Ein Mann gebraucht das Bild: Ein Stein sitzt auf meiner Lebensquelle. Auf meine Anregung hin legen sich einige Gruppenmitglieder auf ihn. Anfänglich bleibt er wie im Totstellreflex erstarrt liegen und regt sich nicht: die Erfahrung des Steines auf seiner Lebensquelle. Da legen sich noch zwei Leute mehr auf ihn. Nun beginnt er, angstvoll um Hilfe zu rufen. Aber noch jemand legt sich drauf. Endlich beginnt er, sich zu wehren. Mit gutem Gespür für seinen auflodernden, dann wieder zusammenbrechenden Einsatz zur Selbstbefreiung vermindert oder verstärkt die Gruppe den Druck auf ihn. Wutentbrannt befreit er sich nach längerem Hin und Her schließlich ganz und gar. Während er seinen vorherigen Platz in der Gruppe wieder einnimmt, schaut er mich verwirrt und wütend an. Der Stein auf seiner Lebensquelle hat ihm bisher offensichtlich auch manchen Gewinn an väterlicher oder mütterlicher Schonung eingebracht. Ich gehe noch nicht darauf ein: Die Angelegenheit muß noch weiter schmoren. Einen Monat später, anläßlich des nächsten gemeinsamen Wochenendes, äußert er laut seinen Protest gegen mich, daß ich gewagt habe, sein Bild vom Stein auf der Lebensquelle zu dieser realistischen Inszenierung vorzuschlagen. Zwar hat er in diese eingewilligt, wußte aber natürlich nicht, was auf ihn zukam. Mir wird zunehmend wohler: Seine Aggression ist die unbewußte Fortsetzung des noch unabgeschlossenen Spontanrituals. Sie entlastet mich von seinem früheren Appell um Schutz und Rücksichtnahme. Nun ist sein Stein weg. Ich sage es ihm. Augenblicklich erwacht sein Spürbewußtsein für die Befreiung, die im Gange ist. Bei aller Aggression freut er sich über meine Resonanz, nicht weil der Papa ihm beistimmt und sogar das böse Kind noch lieb hat, sondern weil in der wütenden Abstoßreaktion gegen mich und die anderen seine Lebensenergie immer spürbewußter strömt. Bei individuellen »Auferstehungen« werden »Grabsteine« oft auf merkwürdige Weise entfernt. Auf Jesu leerem Grab saß ein Engel und sagte: »Fürchtet euch nicht!« In der Tat: Nach der »Auferstehung« ist für Furcht kein Raum mehr, ist doch sie es, die uns mit schweren Steinen lähmt.

Eine Frau wiederholt mit großer Intensität den Satz: »Meine Mutter sitzt mir auf.« Mehr als in ihren anderen Äußerungen konzentriert sich in diesem Satz ihre Lebensenergie. Er also gibt das Leitmotiv für ihr Spontanritual ab. Nochmals spricht sie den Satz aus: »Meine Mutter sitzt mir auf.« Diesmal reagiere ich sofort: »Trag sie, wähle eine Frau in der Gruppe, sie ist deine Mutter und trage sie!« Sie tut es. Zwar ist sie eine kräftige Frau im »besten Alter«, doch die Mutter – sie hat sich keine leichtgewichtige ausgewählt – wird ihr, während sie mit ihr auf dem Buckel unentwegt im Kreise herumgeht, mit der Zeit doch zu schwer. Sie schwitzt und stöhnt, aber trägt die Mutter weiter, begleitet vom Satz, den sie ab und zu keuchend ausspricht: »Meine Mutter sitzt mir auf.« Ich wundere mich, wie lange sie nicht auf die Idee kommt, sie abzuwerfen. Den Befehl »Trag sie!« hat sie sich halt ein Leben lang gegeben. Nun, da ihre Anstrengung so groß wird, daß sie keine Rolle mehr spielen kann, sondern nur noch trägt und keucht und schwitzt, sie also ganz und gar *in* der Szene ist, die sie spielt und keine ihrer Bewegungen und Gebärden von ihrem Spürbewußtsein ausgespart bleibt, ist der Moment der Ekstase da, in welchem sie ganz bei sich außer sich ist: Ihre Augen schießen Blitze wilder Wut, funkelnd vor Wut und Kraft richtet sie sich auf, schmeißt ihre Mutter zu Boden und schreit ihr all das laut ins Gesicht, was zu sagen sie bisher nie gewagt hat. – Auch diese Geschichte erzähle ich nicht weiter. Das Wesentliche im Zusammenhang mit dem Thema Wirkworte ist gesagt. Seit Jahrzehnten trägt sie mit sich den »Traum« herum, ihre Mutter abzuschütteln, um ihrer eigenen Lebensspur zu folgen. Nun hat sie die »Couch«, das heißt ihre Träume und das Sprechen *über* diese in Bewegung, Inszenierung und Gestaltung gewandelt. – In unserer Sprache steckt verborgene Weisheit und Dynamik: Sobald wir unsere Sprachbilder *sind*, statt sie bloß auszusprechen und zu deuten, geraten wir in Bewegung, wie ein Film, der, nachdem wir die Spule im Projektor gestoppt und deshalb nur ein einziges Bild gesehen haben, sich nun in Bewegung setzt, weiterläuft und seine Geschichte aufrollt. Wo uns verborgene Konflikte hemmen, da bleibt unser Lebensfilm auf ein einziges Bild fixiert. Spontanrituale offenbaren, in welche Geschichte hinein sich dieses Bild auflösen will. Oft geben Sprachbilder Hinweise auf erstarrte Lebendigkeit.

Ein 40jähriger Mann sagte über sich selbst kurz und klar: »Ich bin Kopf und ich bin Schwanz. Dazwischen bin ich nichts.« Auch für ihn gilt, dieser Sprachspur zu folgen. Das Hin und Her zwischen Kopf und Schwanz, sich selbst und anderen mißtrauender Überlegung und Geilheit, ist ihm wohlbekannt, es hat einen Teil seiner bisherigen Entwicklung blockiert und in seinem Leben Schmerz, Spannung und Beziehungskonflikte verursacht. Eine Partnerschaft ist unter anderem auch daran gescheitert. – Der zweite Satzteil, »Ich bin Schwanz«, ist stärker besetzt als der erste, »Ich bin Kopf«. Deshalb schlage ich als Ausgangsposition nicht die energetische Spannung zwischen Kopf und Geschlecht, sondern einzig und allein die drei Worte vor »Ich bin Schwanz«.

Nun windet und schlängelt sich der Mann auf dem Teppichboden liegend in totaler Geilheit, macht obszöne Gesten und bleckt die Zunge, tut dies lange, sehr lange, bis er nichts mehr vor-spielt, sondern spielend *ist*: nur noch Schwanz, spürbewußter Schwanz. Dadurch geschieht eine unerwartete Wandlung mit ihm: Die zuckenden Bewegungen seines Beckens und seines übrigen Leibes gehen nach und nach in harmonische Wellenbewegungen über, die wie ruhige weiche Koitusbewegungen im Stadium der ersten Verschmelzung oder wie das träge Strömen eines großen Flusses wirken. Nun ist Sexualität in den größeren Zusammenhang ganzheitlichen Lebens hineingewoben. Eine harmonische Bewegungsintegration findet statt. Auf dem Rücken liegend legt er beide Arme im leichten Abstand vom Körper mit nach oben halboffenen Handflächen neben sich auf den Boden: eine vertrauensvolle Gebärde des Aufnehmens und Empfangens, ein weiblicher Gestus, der die phallische Besessenheit von vorhin löst und das nun zugeordnete Männliche er-gänzt, ein mann-weiblicher Integrationsgestus. Sanft kreisend reibt er Daumen und Zeigefinger beider Hände: eine Gebärde sensibler Selbstberührung. Eben diese – die Selbstberührung – hat ihm bisher gefehlt. Um sich zu spüren, hat er sich oft in phallischer Obsession aufgepeitscht. Wie anders ist seine jetzige Gestimmtheit! Seine beiden auf dem Boden ruhenden ausgebreiteten Hände liegen auf der Höhe des Bauches, und ich spüre, wie die zwischen ihnen pulsierende Energie sich mit dem Bauch verbindet und hier der neue Energiepunkt erwacht. Seine Bauchdecke hebt und senkt sich in der sich intensivierenden Atembewegung. Ich bemerke, daß auch die Augen einiger Gruppenteilnehmer auf seinen neuen Energiepunkt im Bauch gerichtet sind. Nun ist er weder Kopf noch Schwanz, sondern Bauch und Mitte und in deren Ausstrahlung ganz Kopf und ganz Schwanz, mit sich verschiebenden Schwerpunkten.

Ein weiterer Mann leidet an schweren Schuldgefühlen wegen seiner Homosexualität. Sie haben in ihm lebenshemmende Symptome verursacht. Nach und nach schält sich aus seinem Reden als stärkster Satz und Leitmotiv heraus: »Ich bin schwul!« Dieses »Ich bin schwul!« ruft er zunächst zaghaft, mit plötzlichen, peinvollen Unterbrechungen, dann immer lauter und voller, bis der Satz den hintersten Winkel des Raumes füllt und in allen vibriert. Die drei Worte schreien sich aus seinem ganzen Leib. Der anfängliche Unterton von Verzweiflung ist nicht mehr zu vernehmen. Der Satz ist der Satz ist der Satz. Auf dem Höhepunkt der Schwingung wandelt er sich in ein einziges Ja: »Ja, ja, ja«, er ruft, schreit, jubelt, triumphiert und dieses Ja umfaßt alles: Homosexualität, Schuldgefühle, deren Abwehr, die jetzt sich ereignende Auflösung seiner Schuldgefühle und seiner Abwehr, sein Freund, seine Arbeit, sein Leib, alles, was er ist, sein Leben mit allem, was lebendig ist: »Ja, ja, ja!« – Der Gedanke, daß es »bloß« um Homosexualität geht, ist längst aus seinem Kopf und unseren Köpfen verschwunden. Sein Ja ist kein Ja *zum* Leben, sondern das Ja *des* Lebendigen, das Leben als Ja. – Feines elektrisches Prickeln durchschaudert uns alle. Sein Ja ist ansteckend, und nun ist es nicht mehr seins, auch nicht unseres, sondern einfach das Ja. Selten habe ich nach einem Spontanritual bei so vielen Menschen Dankbarkeit erlebt wie nach diesem.

In meiner fünften Geschichte bündelt sich die Faszination einer Frau in drei Worten: »Die Leere füllen.« Während sie bei der Schilderung ihrer Lebenssituation diesen Satz zweimal ausspricht, vibriert soviel Intensität in ihm, daß ich sie bitte, ihre ganze Spüraufmerksamkeit in diese drei Worte zu lenken, sie mal laut, mal lautlos zu formulieren. Kaum beginnt sie damit, laufen ihr die Tränen über die Wangen. Gierig saugt sie beim Einatmen die Luft in sich hinein, während das Ausatmen zögerlich und ruckweise verläuft. In hektischem Tempo erzählt sie, womit sie ihre Leere füllt: mit Rauchen, immer wieder Rauchen, mit Essen, gierig Essen, mit Lesen und Verschlingen von Büchern, mit Sammeln verschiedener Gegenstände. »Die Leere füllen, die Leere füllen, die Leere füllen…« – Sie füllt und füllt, und die Leere bleibt und bleibt. Alles Herbeibeschwören des Füllenden leert sie noch mehr. Sie legt sich hin, auf einmal still, die drei Worte klingen in ihr ohne ihr Dazutun. Nun ist sie spürbewußt in ihnen. – Ich frage sie: »Wo ist deine Energie jetzt?« Sofort antwortet sie: »In den Händen.« Und noch während sie diese Antwort gibt, beginnen die Hände von alleine, durch keinen Kopf gesteuert, hilflos in die Luft zu greifen. So fügt sie hinzu: »Meine Hände greifen in die Leere.« – Und ich: »Wiederhole: ›Meine Hände greifen in die Leere‹, laut oder lautlos!« Ihr Weinen wird stärker. Konvulsive Krämpfe schütteln ihren Körper. Sie weint als Kleinkind. Ihre Lippen stülpen sich nach vorne und saugen noch gieriger die Luft ein. Ich merke, daß sie daran ist, in einen spürunbewußten Trancezustand abzugleiten. Daher sage ich: »Du bist deine Lippen. Deine Lippen stülpen sich nach vorne. Du bist deine Krämpfe und du schüttelst dich. Bleib von innen her in diesen Bewegungen. Du bist sie ganz und gar.« Nun setzt das verlorene Spürbewußtsein wieder kräftig ein: Sie ist zugleich spürbewußt und spontan – ein Kennzeichen des Spontanrituals. Die Bewegungen beginnen sich zu harmonisieren. Einmal lächelt sie kurz. Ich erinnere sie an ihren Leitsatz: »Die Leere füllen«. Als sie ihn wieder einige Male wiederholt hat, frage ich sie: »Wo ist der Satz jetzt?« Der Satz ist ja das Leitsystem ihrer Empfindung. – Sie antwortet: »Zwischen Bauch und Mund.« – Wiederum also, wie beim Mann mit dem Motiv »Ich bin Schwanz«, stellt der Leitsatz die entscheidende Verbindung her, nämlich zwischen dem unersättlichen Mund und dem Ort der Leere, nämlich dem Bauch. Und auch hier bedeutet diese dynamische Integration Heilung. Um die Leere füllen zu können, muß sie sich spürbewußt mit der Verbindung zwischen Bauch und Mund identifizieren. – Nun meldet sich ihr Herz, das Organ in der Mitte zwischen Bauch und Mund. Darauf hat ihr ganzes Spontanritual hingezielt. »Ich spüre mein Herz«, teilt sie mit. Und nach einem Weilchen: »Da ist Unruhe und Angst.« – Und ich: »Du bist ganz und gar die Unruhe in deinem Herzen.« Dann lege ich meine Hand auf ihre Brustmitte. Bald äußert sie: »Es ist heiß.« Ich ziehe meine Hand zurück und sie legt ihre an die gleiche Stelle. In dieser entscheidenden Selbstberührung zentriert sich ihr Spürbewußtsein, und ihr Atem vertieft sich. Lustvoller und länger wird ihr Ausatmen. Im Gegensatz zum Anfang liegt der Schwerpunkt ihres Atmens immer mehr auf diesem. Nun wird sie ganz zur Empfindung der Liebe; ihr warmer, hingebungsvoller, offener Gesichtsausdruck und die sanfte, innige Ausstrahlung ihres nun entspannten Körpers zeigen es. Irgendwann sage ich: »Dein Herz pocht. Du brauchst nichts zu tun. Es pocht. Du brauchst keine Zigaretten, und nur soviel Essen und Lektüre, wie sie dir wohltun. Dein Herz pocht, dein Herz lebt.« – Ihr Bauch hebt und senkt sich in ruhigen Wellenbewegungen, der Mund lächelt. Bauch und Mund verbinden sich im Herzen, in der Liebe. Immer noch lächelt sie: »Es ist wunderbar.« Dann lacht sie, als ob sie über sich selbst staune. Offensichtlich beginnt sie, sich aus ihrem abgeschlossenen Spontanritual zu lösen. Sie sagt: »Ich fühle mich lustig.« – Nun ist sie vom Herzen aus fröhlich, wie jeder glückliche Mensch.

Dieses Spontanritual zeigt unter anderem, daß es nicht reicht, »in die Regression zu gehen«. Bevor ich therapeutisch mit dem Spürbewußtsein in Spontanritualen arbeitete, erlebte ich manchmal, daß Menschen, die zum Kleinkind regredierten und früh gebremsten Emotionen kathartisch freien Lauf ließen, hernach zwar befreit, dankbar und offen waren, aber ihren Lebenskonflikt nicht gelöst hatten, weil sie während der Regression immer unbewußter wurden. Die inszenierte Heilung, das heißt die Integration des im frühen Konflikt Auseinandergebrochenen fand nicht statt. Es fehlte das Spürbewußtsein in der frühkindlichen Ohnmacht und somit die Möglichkeit, aus dieser heraus den individuellen Weg der Konfliktbewältigung und Verlebendigung im Erwachsenen sich entfalten zu lassen. Nicht Regression ist Sinn und Ziel des Spontanrituals, sondern das Spürbewußtsein in dieser und somit ihre Wandlung in eine vom Ort des größten Leidensdrucks ausgehende Progression, verstanden als Neustrukturierung des Lebensplanes. Jung nennt diesen Vorgang »progressive Regression«, ohne ihn auf die »Träume in Bewegung«, also die Spontanrituale anzuwenden. Diese Lösung ereignet sich ebenso spontan wie die vorausgehende Regression. Die Frau im letzten Bericht hat in ihrem Spontanritual die zu überwindenen Klippen, mit denen sie auch später wieder konfrontiert sein wird, kennengelernt: vor allem die Fixierung auf den gierigen Mund und, mit diesem in funktionalem Zusammenhang, auf den leeren Bauch. Zwischen beiden hat sie das beide erlösende pochende Herz gefunden: Das Spürbewußtsein in diesem – die Liebesfähigkeit – ist die absichtslos gewachsene Initiative zur oralen Fixierung.

Im letzten Bericht tritt der anfängliche Leitsatz nach und nach zurück und wird von einer Gebärde abgelöst, die von nun an die Regie übernimmt. Es ist wichtig, nicht an den auslösenden Satz fixiert zu bleiben. Wenn wir merken, daß dessen Energiepegel sinkt, heißt es, von der Spur der Worte auf eine andere Spur, hier die Spur einer Gebärde zu wechseln. Im letzten Bericht drängt sich dieser Wechsel schon dadurch auf, als der Leitsatz die Vorstellung einer Gebärde beinhaltet. In jedem Spontanritual muß der Therapeut dazu beitragen, daß der Selbstinitiand auf allen Spuren eine gute »Bodenhaltung« hat, wie ein sicheres Auto auf den verschiedensten Straßen und

Wegen. Nur mit »Bodenhaltung« kann die notwendige wache Trance entstehen und sich ausweiten. – Was verstehe ich unter »Bodenhaltung«? Der Selbstinitiand muß dicht »auf den Fersen« des sich von einer Empfindungsspur auf die andere – zum Beispiel von der Spur eines Leitsatzes auf die einer Gebärde – verschiebenden Energiepunktes bleiben. Beim kleinsten Abstand von diesem würde wieder das verdoppelnde Kontrollbewußtsein die Führung übernehmen und das Spürbewußtsein verdrängen. Zwar brauchen wir im Alltag die Verbindung beider Bewußtseinsformen zu einer optimalen Wahrnehmung. Doch im Spontanritual, in dem es um Selbsttranszendenz, das heißt um den schwierigen Übergang von einem alten Konflikt in eine neue Synthese des Daseins geht, verzögert jede Beimischung von reflexivem Bewußtsein die Heilung. Deshalb findet das analytische Gespräch erst im Anschluß an das Spontanritual statt.

Nun komme ich zum Spontanritual einer Frau, deren Leitsatz noch deutlicher als im letzten Beispiel eine Gebärde verbildlicht. Er lautet: »Ich bin mit der Nase vor einer weißen Wand; meine Nase klebt an dieser Wand.« Sie formuliert ihn in der einführenden Gesprächsrunde zu diesem Wochenende. In ihm kristallisiert sich ihre depressive Hoffnungslosigkeit. Die weiße Wand ist wohl ein Bild für diese: Die Frau kommt nicht vorwärts und weiß weder ein noch aus. An ihrer Arbeitsstelle führt sie eine Tätigkeit aus, für die sie überqualifiziert ist; obschon der Chef ihr bei der Anstellung eine andere Aufgabe versprochen hat. Nun steht sie wie in ihrem Sprachbild vor der großen, weißen Wand, abgewandt vom Haus, in dem ihre Eltern leben. Sie ist vier Jahre alt. Niemand kümmert sich um sie. Sie ist ausgeschlossen, allein, ein einsames Kind, das selten Zuwendung bekommt. Depression macht sich breit. Das Blut hat sich aus Gesicht und Händen zurückgezogen. Ihr Gesamtausdruck ist unbeweglich und starr. – Ich spreche ihren Satz aus: »Meine Nase klebt an der Wand« und füge hinzu: »Sie klebt wirklich an der Wand!« Auf der Schwelle zur spürbewußten Berührung der Nase mit der Wand beginnt ihre Lebensenergie kaum merklich anzusteigen. Ein klein wenig lockert sich ihre Maske und ein Hauch von Farbe überfliegt ihr Gesicht. Sie fängt an, ihren Kopf ganz sachte hin und her zu bewegen: Die Eigenstimulierung im Spürbewußtsein einer Gebärde ist also im Gange. Leise bemerke ich: »Deine Nase reibt sich an der Wand.« Nach und nach intensiviert sich die Reibung, und ihr ganzer Körper stimmt in die Bewegung ein, noch verhalten, doch stetig. – Ich frage sie: »Was ist auf der anderen Seite der Wand?« – Sie antwortet: »Kinder spielen da drüben. Es sind die Nachbarskinder. Ich darf nicht mit ihnen spielen, meine Eltern sagen, sie seien asozial.« Auch während sie erklärt, setzt sich die Reibung der Nase fort; diese wirkt auf mich wie Schnuppern nach Neuem, Riechen auf der Spur der Freiheit. Nun steigt ihre Energie rasch und kräftig an: Die Reibung beschleunigt sich; die Kontrolle über das Geschehende entgleitet ihr. Ihr Spürbewußtsein – ihre Nase! – übernimmt die Führung. Eine plastische Erinnerung steigt in ihr hoch: Trotz des elterlichen Verbots hat sie mit den Nachbarskindern gespielt, und es ist herrlich gewesen. »Und es *ist* herrlich«, betone ich. Dann frage ich sie: »Auf welcher Seite der Wand befindest du dich jetzt eigentlich?« – »Auf der anderen!« antwortet sie. »Na also!« ermuntere ich sie und schon tut sie den Schritt auf die andere Seite. Die Wand ist verschwunden, und sie spielt mit den »asozialen« Nachbarskindern. Leute aus der Gruppe kommen und spielen mit ihr. Es geht ausgelassen und verrückt zu. Nun spricht sie zwei neue Worte aus: »Freiheit« und »Abenteuer«. – Sie ist schalkhaft bewegt, ein völlig anderer Mensch. Ich überlasse sie eine Zeitlang ihrem Spiel. So kann sich der freie, glückliche Zustand in ihr verankern. – In einer letzten Szene tritt sie vor ihren Chef: »Geben Sie mir die versprochene andere Arbeit!« Sie teilt ihm nicht mit, daß sie kündigen wird, falls er dies innerhalb eines Monats nicht tut. Denn zuerst will sie eine neue Stelle suchen.

Die Etappen dieses Spontanrituals bildeten ein Sprachbild, ein Kindheitstrauma, eine Gebärde, eine glückliche Kindheitserinnerung und schließlich die Konfrontation mit einem aktuellen Konflikt. Es war nicht notwendig, diese Verknüpfungen »therapeutisch« in Gang zu setzen. Solange ein Selbstinitiand spürbewußt bleibt, geht er spontan seinen Weg. Dieser führt zu einer Vollständigkeit, die raffinierteste Inszenierungen von außen nie erreichen können. Dieser Weg bedeutet schöpferische Selbsttranszendenz und bewirkt die Heilung. Ein einziges Spontanritual führt zur jetzt möglichen Vollständigkeit; mehrere

Spontanrituale über einen längeren Zeitraum führen zu einer Vollständigkeit, die sich dem Selbstmuster eines Individuums annähert.

Wachstumsgebärden

Durch alle Teile dieses Buches sind Leserinnen und Leser Gebärden begegnet, in deren Vollzug Menschen aus einer Art seelischer »Schlafkrankheit« ins pulsierende Leben hinein erwachen. Der Traum, den wir in uns tragen, zuckt zunächst bloß ab und zu, dann regt, windet, bewegt und befreit er sich mit faszinierendem Zielsinn hinein in eine Gebärde. Nach dem ersten Ruck aus der Angst der Schwung in die Lebendigkeit! Nun geht es, nun gehe ich, und es geht: Ich gehe weiter, weil der erste Schritt getan, die Hemmung des Anfangs überwunden ist. Ob eine Frau die Nase an der Wand reibt und sich so mit Energie auflädt, bis sich die Wand auflöst und sie auf der anderen Seite Freiheit schnuppert, ob ein Mann aus Bedrükkung mit den Flugbewegungen eines Schmetterlings sich aus dem Kokon der Ursprungsfamilie befreit und aufrichtet, ob ein anderer sich mit der sanft kreisenden Berührung von Zeigefinger und Daumen, mit ausgebreiteten Armen und nach oben offenen Händen aus Obsession und Zwang in die Offenheit des Geschehenlassens hinein entspannt, immer geht es bei solch schöpferischem Tun um *Wachstumsgebärden.* Und jedesmal taucht gerade jene Wachstumsgebärde auf, die sich jetzt, im Prozeß der »Entpuppung« des in uns schlummernden Traums, befreien muß.
Viele ziehen es immer noch vor, in der Psychotherapie und auch im sonstigen Leben bloß zu ver-stehen, sich höchstens ein wenig die Füße an Ort zu ver-treten, während der Kopf hochtourig surrt, als in den Schwung ihres inneren Traums mit Gebärden einzustimmen: aufzustehen und zu gehen, zusammen mit ihrem Traum, der im Buchtitel durch die Couch verbildlicht wird – die Couch, auf der sich in der Psychoanalyse Träume und Phantasien zu Worte melden. Und viele realisieren nicht, daß auch archetypische Bilder, also Bilder, die allen Menschen tief vertraut sind, weil sich in ihnen Menschsein

spiegelt, auf Verleiblichung hinzielen, also gleichzeitig zu Anschauung und Inszenierung bestimmt sind.

Jede Wachstumsgebärde hat in ihrem Grundmuster archetypischen Charakter. Daher weckt sie durch Resonanz in anderen eine verwandte Gebärde. So lasse ich manchmal – ich habe es schon erwähnt – eine aus einem individuellen Spontanritual geborene Gebärde von allen Gruppenteilnehmern auf eigene Art ausführen. Der Selbstinitiand ist »Held« einer Geschichte, die alle angeht: Katalysator eines Wachstumsprozesses in allen Teilnehmern.

Die Verbindung von Bild und Gebärde kann in einer Gruppe auch folgendermaßen hergestellt werden: Jeder malt sich ein inneres Bild »vom Leib«, das heißt im Spüren des eigenen Körpers, aufs Papier. Dann werden die Bilder den Wänden entlang aufgehängt, und alle tanzen in Blick- und Spürkontakt mit ihrem Bild, eventuell zu passender Musik, eine sich aus der Gestimmtheit des Bildes gestaltende Gebärde frei. Dann wenden sie sich vom gemalten Bild ab und werden ganz mit der sich noch und noch wiederholenden Gebärde spürbewußt identisch. Zum Schluß tanzen alle, die wollen, einer nach dem anderen, ihre Gebärde in der Mitte des Gruppenkreises.

Wachstumsgebärden sind keineswegs immer ästhetisch oder erhebend. So gab ein Mann »seiner Frau«, das heißt der eigenen Abhängigkeit von seiner Frau – es brauchte dazu keine Mitspielerin –, nach langer spürbewußter Sammlung einen gewaltigen Tritt in den Hintern, der von der Ferse bis ins Gehirn durch den ganzen Leib wie eine einzige gewaltige elektrische Entladung zuckte. – Später schrieb er mir: »Ich konnte diesen Strom noch tagelang spüren.« Oft bereiten sich in Spontanritualen Gebärden mit höchster Energiekonzentration vor, die durch Bündelung des Spürbewußtseins im richtigen Moment ausgeführt werden müssen. Mit ihrer Verdichtung bewirkt eine solche Gebärde mehr als tausend halbherzig ausgeführte Bewegungen und zehntausend Worte. Sie versetzt uns schlagartig ins eigene Lot. Auch das Gelingen von menschlichen Beziehungen hängt davon ab, daß wir in entscheidenden Begegnungen aus uns Gebärden befreien, durch die wir mit dem anderen spürbewußt ganz eins werden. – Die sexuelle Hin- und Hineingabe ist eine solche Gebärde. Mehr dazu in meinen Beschreibungen des »dritten Leibes«.

Im Gegensatz zu solchen »wahrhaftigen« Gebärden gibt es auch »falsche« Gebärden, die wir gerade deshalb ausführen müssen, um ihre Unstimmigkeit, oder Nicht-mehr-Stimmigkeit zu erfahren. Jedes Spontanritual ist ja ein probeweises sich an die *»richtige« Gebärde* Herantasten. – Eine Frau, alleinerziehende Mutter, beklagt die Abwesenheit eines männlichen Partners. Nun träumt sie in einer Nacht, sie ziehe zusammen mit einem Mann einen Karren und fühle sich glücklich dabei. Sie kommentiert: »Ich will meinen Karren nicht mehr alleine ziehen.« – So setzt sie ihren Traum in einem Spontanritual fort und zieht ihren Karren – eine herumliegende Matratze – zusammen mit einem von ihr gewählten Mann wie in einer Manege lange Zeit im Kreise herum. Nach längerer Zeit gemeinsamen Schleppens, merkt sie, daß sie sich auch so alleine fühlt, und schickt den Mitspieler an seinen Platz zurück. Nun schleppt sie ihren Karren wieder alleine weiter und wird immer verzweifelter. Auf einmal stößt sie den Karren – die Matratze – aggressiv von sich und geht, von seiner Last befreit, weiter im Kreise herum, immer schneller, doch keine Erlösung stellt sich ein. Auf dem Gipfel ihrer Hoffnungslosigkeit bricht sie schluchzend zusammen. Ich lade sie ein, sich auf die Matratze, die ja als Karren ihre Lebenslast bedeutet hat, zu legen. Hier weint und klagt sie immerfort. Erinnerungen an frühes Alleinsein steigen in ihr hoch. Doch indem sie ihr kindliches Unglück im Sprechen endlos ohne Unterbrechung schleppend weiter und weiter zieht, leiert sich dieses nach und nach aus. Die Sinnlosigkeit des traumatischen Lebensmusters aus der Kindheit erfährt sie unmittelbar und spürbewußt. Leere macht sich breit, ich spüre ein erstes Erwachen erwachsener Kraft.

Auf dieser Schwelle lasse ich sie auf eine Schmalseite der Matratze mit dem Blick auf die andere, wo sie sich den Mann ihres Traumes und ihrer Träume vorstellt, sich setzen. Nun teilt sie diesem mit, wie sie sich ihn vorstellt: »Du bist frei und läßt frei.« Das Wörtchen »frei« ist offenkundig das am intensivsten besetzte. Also gibt es das Leitwort für das folgende ab. Ich lasse sie sich auf den Platz ihres Traummannes setzen und obiges Sätzchen in der Ich-Form aussprechen: »Ich bin frei und lasse frei.« Während sie nun in der Rolle des Mannes diese Worte ausspricht, richtet sie sich spontan auf, ihr Atem vertieft sich und wir spüren ihre Zentrierung: Das ist sie selbst, in der neuen Erfahrung und Gebärde eines freien, erwachsenen Menschen. Wieder und wieder lasse ich sie in der Rolle des Traummannes das Sätzchen wiederholen: »Ich bin frei und lasse frei.« In der Wiederholung dieses ihres Wachstumsmotivs erstarkt sie zusehends. Dann fordere ich sie auf, sich auf ihren alten Platz am anderen Ende der Matratze zurückzusetzen. Sie tut es, und sogleich ist sie wieder im alten bekannten Lamentieren drin. Auch dieses zieht sich eine ganze Weile dahin, bis es sich erneut ausgeleiert hat. Dann wechselt sie wieder auf den gegenüberliegenden Platz, und sogleich steigt der Energiepegel an. Dieses Spiel geht so lange hin und her, bis sie auf ihrem alten Platz in Lachen ausbricht: Die Freiheit des Traummannes beginnt, ihre eigene zu werden. Nun bitte ich sie, doch einmal zu versuchen, auf ihrem eigenen Platz, ohne Rollenwechsel, den Satz des Traummannes auszusprechen: »Ich bin frei und lasse frei.« Sie tut es mit noch etwas zaudernder Stimme. Im Wiederholen des *Wachstumsmotivs* in eigener Sache schwankt sie noch geraume Zeit zwischen dem alten Muster auf der traumatischen Spur und dem neuen auf der erotischen *Wachstumsspur* hin und her, doch immer mehr verlagert sich ihre Lebensenergie auf diese, bis endlich volle Eindeutigkeit und klarer Fluß da sind. In diesem Moment schlage ich ihr vor, aufzustehen, sich vor solche Männer in der Gruppe, einer nach dem anderen, hinzustellen, denen sie die klärende Mitteilung schuldet. So begibt sie sich denn zum ersten Mann ihrer Wahl, schaut ihm in die Augen und tut ihm unmißverständlich kund: »Ich bin frei und lasse dich frei«; dasselbe geschieht noch mit zwei anderen Männern.

Damit hat ihr Spontanritual den Weg durch die wichtigsten Situationen genommen, die durch die Fixierung ihrer frühen Verlassenheit bisher erschwert wurden: den Weg durch unfreie Partnerschaft, unfreies Alleinsein, unfreie Projektion ihrer eigenen unterdrückten Freiheit, halb freies, halb unfreies Schwanken zwischen der traumatischen Sackgasse und der Wachstumsspur. Schließlich führte es zum freien Selbstausdruck und zur Kontaktnahme mit Männern in Unabhängigkeit. Diese neue Spur wird sich später in ihrem Alltag noch zu bewähren haben. – Zur Vollständigkeit dieses Weges waren wiederum keine planmäßigen Regieanweisungen von meiner Seite notwendig. Es reichte, zusammen mit der Selbstinitiandin hautnah ihren wechselnden Energiesignalen zu folgen und auf diese Weise dem Intensitätspunkt, dem Ort der Wende zur freien Selbstregulierung, näher zu kommen. Wesentlich auch in diesem Prozeß war das geduldige Ausharren in der Steigerung der jeweils stärksten Empfindung. Die Gebärde des Anfangs hatte sich dabei als Lüge erwiesen: Nicht Alleinsein macht ihre eigentliche Lebenslast aus, sondern ihr vermeintliches Abhängigsein von einem Mann. Zum Schluß wich die falsche Gebärde der Ausgangssituation – auf Gedeih und Verderben gemeinsam den gleichen Karren ziehen – dem richtigen Satz: »Ich bin frei und lasse dich frei.« – Erst jetzt war sie beim stimmigen Gefühl ihres Traums angelangt und bereit, im Gefühl der Freiheit ihre Belastungen, die in der Tat groß waren, mit einem anderen zu teilen. Die reale oder mentale Wiederholung des jeweils passenden Ausschnitts aus ihrem Spontanritual wird ihr in späteren kritischen Schwellensituationen helfen, auf der Wachstumsspur zu bleiben oder sie wiederzufinden, falls sie sie verlieren sollte.

12
Statt Selbstunterbrechung: Selbsttranszendenz in der Wiederholung

»Für heute reicht's«: Die Traurigkeit in der stets gleichen Unterbrechung

Als Kommentar zu seiner Resignation in der Partnerschaft sagte mir kürzlich ein Mann: »Da liegt halt meine Grenze.« Ich antwortete mit der Frage: »Wie machst du das?« und meinte damit: »Was trägst du aktiv zu dieser engen Grenze bei?« – Viele Menschen setzen ihre schicksalshafte Begrenzung zu früh an, nämlich da, wo sie sich selber unterbrechen. Die (NLP-)Frage »Wie machst du das?«, führt zum Ort auf der Grenze, wo sich passiv erduldetes Schicksal in Eigenaktivität und Freiheit wandeln wird. Das traumatische *Prinzip Selbstunterbrechung* ist die Umkehrung des erotischen *Prinzips Selbsttranszendenz.* Auf der Folie der Selbstunterbrechung nehmen wir Möglichkeiten zur Selbsttranszendenz wahr. Daher wende ich mich zunächst der Selbst- oder Eigenunterbrechung zu.

Zwar sind unserem Dasein natürliche Grenzen gesetzt; der Tod faßt sie alle zusammen. Doch wer sich gedrängt fühlt, mit defensiver Ängstlichkeit diese oder jene Begrenzung, meist im Bereich von Beziehung und Eros, als vorgegeben und unverrückbar hinzustellen, gibt dadurch zu erkennen, daß er an eben dieser Stelle seinen Erlebnisfluß unterbricht, in der irrigen Meinung auf eine natürliche Grenze gestoßen zu sein. Ein Mann, der dieses Buch liest, wirft nun vielleicht seiner Frau vor: »Siehst du, du könntest weitergehen! Also tu es gefälligst, sonst lauf ich dir davon!« Doch bildet gerade dieses »tu es endlich!«, das letztlich die Betroffenen gegen sich selbst richten, die vielleicht wichtigste Ursache zur Selbstunterbrechung. Denn irgendwann in der Kindheit und später immer wieder hat statt der notwendigen Begegnung eine »Vergegnung« (M. Buber) stattgefunden: Die lebendige Empfindung ist erstarrt und konnte »nichts mehr tun«: eine Erfahrung von Ohnmacht und Vernichtung. Vor den natürlichen Fluß des Geschehenden hat sich die Aufforderung »tu es endlich!« geschoben: als verzweifelter Appell des Kindes an die Mutter – der Notruf »Mensch ändere dich!« in der Originalausgabe – und später des Erwachsenen an sich selbst.

Zu jedem einzelnen der Spontanrituale, von dem ich berichtet habe, hat heimlich eine alte Selbstunterbrechung motiviert, und eben diese gab das Energiesignal ab. In jedem Spontanritual wandelt sich Selbstunterbrechung in Selbstberührung und Selbsttranszendenz. Eigenunterbrechung wird immer als leib-seelische Hemmung empfunden: als Drosselung der Lebensenergie.

Auf die Frage: »Wie mache ich das, wie unterbreche ich mich, wie verlasse ich meinen Lebensfluß kurz vor der Stromschnelle, nach deren Überwindung mein Leben doch kräftig anziehen würde?«, brachte es noch niemand fertig, aus dem Stand zu antworten, denn die Frage selbst wird bereits innerhalb jener Verdoppelung gestellt, die Ursache der Selbstunterbrechung ist: Soeben war noch frageloses Leben, und dann auf einmal hat ein lautloser Rückzug stattgefunden, und nun ist einer da, der fordert: »Tu es!« oder »Gib dir Mühe!« oder »Wolle!«, und ein anderer, dessen Blut und Empfindung sich tief ins Innere des Leibes zurückgezogen haben, und der nun ängstlich nach außen starrt und auf bessere Zeiten wartet. Trotzdem kann es sinnvoll sein, diese Frage zu stellen, denn sie führt zur unwillkürlichen Empfindung von Ohnmacht, Verzweiflung und Verlassenheit, also zur entscheidenden Empfindung, auf die wir nun unsere Aufmerksamkeit zu richten haben, so lange und in solcher Ausweitung, bis die Antwort auf die Frage »Wie mache ich das?« in Gestalt einer plötzlichen Erinnerung, Eingebung oder Einsicht von alleine erfolgt, in einem Moment, da wir die Frage selbst schon längst vergessen haben.

Es gibt Menschen, die von schwierigen Ereignissen und Problemen in ihrem Leben auf eine Weise erzählen, daß ihre Zuhörer dabei vor Langeweile gähnen. Bei ihnen ist die Eigenunterbrechung besonders sinnenfällig: Sie vermitteln, wie wenig emotionales Gewicht sie selber diesen Ereignissen und Problemen beimessen und wie sehr sie den Schmerz über sie verdrängen. Dazu folgende Geschichte:

Ein Mann, seit einem Jahr verheiratet und seit sechs Monaten getrennt, erzählt in der Gruppe wörtlich: »Ich habe einen unheimlichen Haß auf meine Frau. Mit ihr läuft sexuell viel weniger als früher mit anderen Frauen. Nur solche Frauen wollen mich, mit denen zusammen etwas Wichtiges nicht klappt: entweder wie bei meiner Frau der Sex, oder die Frau, die ich möchte, will mich nicht, oder sie hat schon einen. Geistig versteh ich mich mit meiner Frau, im Bett nicht.« – Er redet noch längere Zeit so weiter. Bei seiner ersten Pause frage ich die anwesenden Frauen: »Was fühlt ihr?« – Eine antwortet: »Ich fühle eine Anforderung an mich«; eine andere: »Und ich Druck«; eine dritte: »Ich komme mir wie ein Objekt vor«; eine vierte: »Ich habe gar kein Gefühl«; eine fünfte: »Ich amüsiere mich«; und schließlich eine sechste: »Ich langweile mich«. – Der Mann scheint zum ersten Mal betroffen: »Dabei fühle ich selber so viel.« Ich reagiere: »Offensichtlich merkt das niemand. Möchtest du in die Mitte gehen und deine Geschichte nochmals erzählen?« Er steht auf, setzt sich in die Mitte des Raumes. In einem Anflug von Hilflosigkeit und Verzweiflung schluchzt er kurz auf: »Ich finde nie die Frau, die ich will und die mich auch will.« Sein kurzer Ausbruch trifft uns unerwartet. Im Gegensatz zu vorhin habe ich das Bedürfnis, ihm Unterstützung zu geben: »Stell dir vor, du hast eine Kontaktanzeige aufgegeben und nun triffst du eine der Frauen, die geantwortet haben, zum ersten Mal. Möchtest du für diese Rolle in der Gruppe eine Frau aussuchen?« Er tut es. Gemeinsam gehen die beiden an einem See spazieren und plaudern. Die Mitspielerin bewegt sich geschickt auf der Gesprächsebene des Mannes. Sie tauschen Informationen über ihre verschiedenen Lebenssituationen aus. Irgendwann ist dieser Gesprächsstoff erschöpft. Ich interveniere: »Wie wäre es, wenn du ihr das, was du empfindest, ausdrücken würdest? Du brauchst dabei kein Theater zu spielen. Sag einfach dieser konkreten Frau, was du für sie empfindest, soweit du das in der Gruppe tun willst. Vergiß die Kontaktanzeige! Jetzt geht es um euch beide.«
Nun bekommt seine Stimme zum ersten Mal einen weichen Ton, und sein Gang wird fließender. Etwas stockend, dann immer sicherer, erzählt er seiner Gefährtin, was ihm an ihr gefällt. Nach und nach gerät sein Gefühl etwas in Bewegung, und wir atmen erleichtert auf.

Unser Interesse am Gespräch zwischen den beiden erwacht. Sie erzählen sich das, was sich zwei Menschen, die sich sympathisch finden, in der ersten Begegnung sagen, zumindest, wenn es so weitergeht. Denn eigentlich hat das wirkliche Gespräch ja eben erst angefangen. Auf einmal stockt der Schritt des Mannes. Die beiden haben sich noch keine zwei Minuten freundschaftlich unterhalten. Mit rigider Bestimmtheit teilt er seiner Begleiterin und uns mit: »Für heute reicht's. Heute will ich nicht weiter.« – Und schon sitzt er wieder mit dem alten, unbeweglichen Gesicht auf seinem Kissen an der Wand. – Seine Begleiterin von vorhin, plötzlich allein gelassen, steht verdattert in der Raummitte. Sie braucht Zeit, um sich wieder zu fassen. Dann wendet sie sich zum vorigen Begleiter: »Gerade hat mein Herz angefangen, sich dir zu öffnen. Jetzt verschließt es sich wieder.« Ich stimme ein und sage zum Mann: »Das ist die alte Klippe: Ein Gefühl wallt in dir hoch, und abrupt brichst du mitten im Spannungsaufbau ab. Was du von deinen Frauen erzählt hast, paßt zu deiner Eigenunterbrechung. Du hast von dir selber erzählt.« – »Was kann ich denn tun?«, fragt er mit tonloser Stimme. – »Nichts. Du bist da, wo du jetzt bist, an der jetzigen Grenze deiner Hingabe. Nur hier ist dein Ort. Hier bist du.«

Am Punkt seiner Selbstunterbrechung breche auch ich meinen Bericht ab. Denn nur um deren Erklärung geht es mir hier. Ich mute auch meinen Leserinnen und Lesern zu, diesen Punkt auszuhalten. – Was sich bis jetzt ereignet hat, bedeutet noch kein Spontanritual, sondern die Bewegung auf ein solches hin. Der niedrige Energietonus des Mannes bei seiner ersten Mitteilung zeugt von seinem Zustand gewohnheitsmäßiger Eigenunterbrechung. Sein äußeres Leben: was er bisher mit seinen Bezugspersonen erlebt hat, stimmt genau damit überein. Als seine Empfindung begonnen hat, verhalten zu strömen, entstand zwischen ihm und seiner Begleiterin, und auch zwischen ihm und uns sofort ein Beziehungsnetz, das eben noch völlig gefehlt hatte: Eine Vibration von leiser Liebe. Und dann der plötzliche Abbruch, die Selbstunterbrechung da, wo das verneinende Gespenst aus dem Inneren Einhalt gebot, wie eh und je im gleichen Moment am gleichen Punkt. Nichts blieb, nichts kam: Totenstille mitten im Leben. – Doch dieses Nichts ist der kostbare Ort eines Schmerzes, der spürbewußt geworden, *Wachstumsschmerz* ist und in Gebärden der Befreiung führt. – Wir durften der Verwandlung des Urschmerzes in eine Neuschöpfung des Selbst bereits in vielerlei Gestaltungen begegnen: Selbsttranszendenz ereignet sich oft in der Ekstase spürbewußten Leidens.

Wenn eine Mutter ihre Hingabe und Fürsorge nicht einmal, sondern wiederholt am stets gleichen Punkt unterbricht, erfrieren die Wachstumsgebärden des Säuglings an eben diesem Punkt. Mancher Säugling ist für die Mutter zu lebendig, nämlich lebendiger als sie selbst. Dann neigt sie dazu, dieses Mehr an Lebendigkeit auch in ihrem Kind zu unterdrücken: das Mehr an Verschmelzung, Lust, Wut, Traurigkeit, Trotz und Hunger. Durch strenge, einschränkende Gesten hemmt sie die schöpferischen Wachstumsgebärden ihres Kindes. Die gleiche Hemmung der angeborenen Wachstumsbereitschaft im Kind zu Gebärden des Selbstausdrucks bewirkt auch eine Mutter, deren distanzlose Affenliebe zum Kind die einzige Möglichkeit ist, mit Lebendigkeit überhaupt in Kontakt zu treten. Durch selbstsüchtige Vorwegnahme der Gebärden des Kindes verhindert sie deren spontane Entfaltung[1]. Dies habe ich im ersten Teil ausgeführt. – Der Säugling fügt sich der fremden Gebärde und läßt seine eigene verkümmern.

Aus manchen Spontanritualen, zuletzt aus dem der Frau mit dem Leitsatz »die Leere füllen«, ging hervor, daß Heilung aus der Kontaktnahme mit dem eigenen Herzen, dem symbolischen Organ der Liebe, kommt, als Umkehrung der »Unheilsgeschichte«, die in der Kindheit die »Wunde der Ungeliebten« geschlagen hat. Im wachen Durchleben der früh betäubten und gebremsten Wachstumsschmerzen befreien sich die Wachstumsgebärden. Wie der Säugling zu seinem Gedeihen die sich regelmäßig wiederholende Begegnung der Mutter mit seinen Wachstumsgebärden braucht, so muß nun auch der im Spontanritual endlich doch noch zu seinem Ausdruck Erwachte die spontan geborene Gebärde wiederholen, wie das gesunde Kinder von alleine tun. Die Auflösung der Selbstunterbrechung geschieht nicht nur im einmaligen ekstatischen Erleben des lange Verhinderten, sondern im Anschluß an dieses auch in der einübenden stärkenden Wiederholung der noch ungewohnten Wachstumsgebärde.

Wiederholungen auf der heißen Spur

Es reicht nicht, Lebensenergie in Bildern des Strömens und Fließens zu erfassen: das Bild des »*Gefälles*« ist nur eine Möglichkeit, Lebensenergie zu erfahren. Immer müssen wir es mit der umfassenderen Erfahrung und Beobachtung verbinden, nämlich, daß Leben eine sich auf regelmäßiger Wiederholung gründende Beziehungsdynamik ist. Was wir wie *Fließen* empfinden, ist eigentlich *Pulsation*. Energie ist rhythmisch. Der Rhythmus auch des Lebendigen drückt sich in Kadenzen aus, und diese bilden zusammen den Lebensstrom, ähnlich wie in der Musik mehrere rhythmische Motive zusammen eine musikalische Bewegung ergeben. Psychologisch heißt dies, daß nicht eine einzige Stimmung – eine einzige emotionale Kadenz – unser Leben bestimmt, sondern eine große Anzahl von verschiedenen Stimmungen – verschiedenen emotionalen Kadenzen. Ein alternierender Rhythmus besteht sowohl innerhalb einer einzigen »Stimmungsgestalt«, etwa zwischen Heiterkeit und Traurigkeit, oder Liebe und Angst, oder Zuversicht und Verzweiflung, als auch zwischen all unseren Stimmungen. Plato nennt diese »periodische Bewegungen der Seele«[2]. – Insofern unser Leben aus Rhythmen und Kadenzen besteht, ist es ordnende Rhythmik, und im Bereich der Einzelorganismen und ihrer Verbindungen untereinander auf allen Ebenen Selbstorganisation und Selbstregulierung[3]. – Gemäß der indischen Mythologie wurde die Urenergie durch die Vereinigung von Schiwa und Schakti, also des männlichen und weiblichen Prinzips, in Bewegung gesetzt. Die Verbindung beider Pole setzte den »Klang« (nada), also die Resonanz frei.

Alle – auch die therapeutische – Beziehungen verwirklichen sich durch Resonanz. Die Bilder des Mitgehens und Begleitens zur Umschreibung therapeutischen Handelns bedürfen der näheren Erklärung, damit sie hilfreich werden. Psychoenergetische Therapie versteht sich als Resonanz der in einem Selbstinitianden momentan erwachenden stärksten Empfindung, Emotion, Stimmung, Gebärde, des aktivierten Körpersymptoms, der zur Lösung bereiten Verspannung oder Hemmung, des intensivsten Wortes, Satzes oder Bildes. Der Therapeut nimmt die noch spürunbewußte Schwingung des anderen spürbewußt auf, läßt sie so lange in sich pulsieren, bis sie wirksam genug ist, um den Selbstinitianden kräftig zu ergreifen und in ihm Spürbewußtsein zu wecken. So wandeln sich die bisherigen Auffassungen von Übertragung und Gegenübertragung durch die energetische Erfahrung von ordnender Rhythmik innerhalb des gemeinsamen »Organismus« – des »dritten Leibes« –, den zwei sich aufeinander beziehende Menschen bilden. Je stärker die Resonanzfähigkeit des Therapeuten ist, desto schwächer sind seine Projektionen – Gegenübertragungen – auf den Selbstinitianden. Daß dadurch auch dessen Projektionen – Übertragungen – auf ihn schwächer werden, ist eine erstaunliche und im Bezugsschema der Psychoanalyse unerwartete Erfahrung.

Der einzige, aber grundlegende Unterschied der therapeutischen Beziehung zu sonstigen Beziehungen besteht in der Tatsache, daß der Therapeut, einmal abgesehen von seinem Fähigkeitsausweis, den Schwerpunkt seiner Aufmerksamkeit auf die im *anderen* erwachenden »Bewegungen der Seele« richtet, während ein Partner in sonstigen Beziehungen den eigenen autonomen Regungen ebensoviel Gehör schenkt, wie denen des anderen. Allerdings sollte gegen Schluß einer Analyse oder Therapie eine »normale« Beziehung bewußt angestrebt werden, um die mit der einseitigen Resonanz verbundenen narzißtischen Illusionen aufzulösen und gegenseitige Resonanz zu üben. Im vierzehnten Kapitel werde ich meine Betrachtungen zur therapeutischen Resonanz fortsetzen.

Ich sammle nun die in allen Teilen dieses Buches verstreuten Hinweise zum Thema »*Wiederholung eines Spontanrituals*« und fasse sie in *drei Bemerkungen* zusammen:

Erstens: Durch Wiederholung einer Gebärde, eines Wortes oder Satzes aus einem Spontanritual wird das in Krisensituationen oft fehlende *Spürbewußtsein* geweckt und intensiviert. Manchmal drückt sich eine Emotion bereits unmißverständlich körperlich aus, zum Beispiel in einer Gebärde, ohne daß der Betroffene etwas davon spürt. In diesem Fall möge er trotz Spürunbewußtheit die Gebärde wiederholen: Das Spürbewußtsein wird sich dank der Wiederholung nach und nach einstellen und das unzutreffende Gefühl von Unechtheit auflösen.

Im Laufe vieler Wiederholungen hungert das Spürbewußtsein nach und nach das verdoppelnde *Spiegelbewußtsein* aus. Jetzt wird die »Entwicklungsarbeit« allein durch den Entwicklungstrieb »erledigt«. Wie im Verlauf jedes natürlichen Pulsierens, etwa im Herzschlag oder Atem, variiert und modifiziert die spürbewußte Wiederholung den Rhythmus. Dies gilt stärker bei Wiederholungen eines Spontanrituals in längeren Intervallen: Dann fließen die veränderten Wachstumsbedürfnisse ein und können sogar unter Umständen zu einem neuen, ebenfalls zu wiederholenden Leitmotiv führen.
Zweitens: Manchmal erinnert uns die Schwellensituation, in der wir uns gerade befinden, an ein *Klippenmotiv* in einem durchlebten Spontanritual. Stellen wir uns nun die Frage: »Welche *Empfindung* regt sich in mir, jetzt, da ich mich wieder in diesem Klippenmotiv vorfinde?« Dann stimmen wir, falls es nicht schon von alleine geschehen ist, in diese nun spürbewußte Empfindung mit dem *Energiesignal* zum damaligen Spontanritual ein: einer Gebärde, einem Wort oder Satz. In der spürbewußten Wiederholung intensiviert sich der Energiefluß. Immer weniger denken wir nach und zurück. Die Erinnerung an das Spontanritual, das wir »wiederholen«, wirkt unwillkürlich und ohne eigenes Zutun. Sie ist Er-Innerung aus der Spontaneität des Spürbewußtsein: das wiederholte Spontanritual ist immer noch ein spontanes Ritual. Der Ausgangspunkt zur Wiederholung muß nicht das erste Klippenmotiv, sondern kann irgendeines im damaligen Spontanritual sein: jenes, das die derzeitige Situation spiegelt. Und jedesmal gilt es, so lange in der Wiederholung zu bleiben, bis das Klippenmotiv in ein neues Lebensmotiv umschlägt.
Der Ausdruck »*Klippenmotiv*« ist ein Motiv der *Wiedergeburt* und geht auf die Mythologie zurück: Der »Held« – Verkörperung des Selbst – muß im richtigen Moment, nicht zu früh und nicht zu spät, zwischen den sich rhythmisch öffnenden und schließenden Meeresklippen hindurchfahren. Besteht er die »Prüfung«, so ist ein Wachstumsschritt getan. Scheitert er, dann gerät er in Enge und Angst: Er erleidet Schiffbruch, zerschellt und geht unter. Die Situation des Helden im schmalen Durchgang ist ein Bild für die Situation des Selbstinitianden im Spontanritual. Der *Ort der Klippe* entspricht dem

»*wunden Punkt*« in diesem: dem Energiepunkt im Übergang. Das erste Klippenmotiv im Spontanritual bildet das erste *Energiesignal*, das zweite Klippenmotiv das zweite Energiesignal, usw.
Mit der Energie des Spontanrituals sollten wir nach Abschluß seiner Wiederholung nun auch mit umsichtigem Verstand an die Lösung derzeitiger Probleme herangehen. Dabei verbinden sich ekstatische Selbsttranszendenz und konkrete Wachstumsschritte innerhalb unseres sozialen Umfelds.
Drittens: Manchmal münden Spontanrituale zum Schluß in eine einzige zusammenfassende und *integrierende Gebärde*. Ich habe davon mehrere erwähnt. Die Wiederholung kann sich auf diese eine ganzheitliche Gebärde beschränken. Dies ist die wohl einfachste Form spürbewußter Wiederholung. Auch für sie gilt, was ich in der ersten Bemerkung ausgeführt habe: Durch die aufmerksame Wiederholung der Schlußgebärde wird sich das Spürbewußtsein von alleine einstellen.
Mit der Zeit bekommen wir eine Nase auch für eigene individuelle Möglichkeiten zur Wiederholung eines Spontanrituals oder eines Teils aus diesem. Jederzeit leitet uns das Spürbewußtsein auf der *»heißen Spur«* einer wachsenden Intensität. Wie Kinder, die im Versteckspiel nicht die kalte, nicht die laue, nicht die warme, sondern die heiße Spur suchen, folgen auch wir im Spontanritual der Spur der stärksten Energiebewegung in uns. – Wenn es gerade nicht möglich ist, durch real inszenierte Wiederholung auf ihr zu bleiben, sollten wir wenigstens durch *mentale Wiederholung* unseren Lebensfluß aktivieren.

13
Die Vaterschaftsklage des Teufels

«In die Welt weit
aus der Einsamkeit
wo Sinnen und Säfte stocken
wollen sie dich locken.«

(Mephisto zu Faust in:
Goethe, Faust I)

Zweitausend Jahre lang wurde sein Prozeß verschleppt. Heute klagt er sein Recht ein: Er will als legitimer Sohn eines Gottes anerkannt werden, der die Kulturgeschichte mit seinem Samen befruchtet und es aus instinktiver Weisheit verstanden hat, sein wildes Ungestüm in die Strukturierung von Sexualität und Aggression, von Formen des Zusammenlebens, von schwierigen Übergängen in Individuum und Gemeinschaft, von konfliktlösenden Dramen zu leiten, ohne dabei seine überschäumende, unberechenbare, verwüstende, Wahnsinn und Tod bringende Seite zu verleugnen. Im Gegensatz zu seinem Vater hat der abgeschobene Sohn den Weg in die Wildnis genommen, von wo aus er Partisanenkämpfe führt: Er läßt Fromme plötzlich Amok laufen, Zahme wahnsinnig werden, Mütter ihre Kinder umbringen, Männer Frauen vergewaltigen. In der Verbannung ist er gefährlich geworden. Um zu überleben, bricht er in Zerstörungswut aus, sät Traurigkeit und Tod.

Gott sei Dank beginnt der Teufel heute wieder, sich mit der ihm angeborenen Lustigkeit zu regen. Jene, die ihn noch immer von den Steinkirchen ihrer erstorbenen Leiber her verfolgen, sind weniger geworden, und selbst in manchen christlichen Basisgemeinden wird seine Vaterschaftsklage ernst genommen. Doch zu seiner alten Vitalität ist er noch längst nicht erwacht. Er hat es verlernt, Kulturgeschichte zu machen. Der Unterschied zwischen seinen durch Jahrtausende perfektionierten Partisanenkämpfen aus dem Unbewußten der Frommen und seinem heutigen Herumblödeln in den wenigen

Zwischenräumen der sich zu Tode strukturierenden Gesellschaft ist noch klein. Der Freiheitsdrang des Teufels scheint erlahmt: Zwar tobt er nun weniger in den verbotenen Leidenschaften von Moralisten, dafür um so mehr in den Zwängen sinnentleerter Funktionalisten und in den Süchten von deren gespenstischen Schatten, den ebenso sinnentleerten Anti-Funktionalisten. – Die Drogensüchtigen, heimliche Anhänger des Vaters Dionysos, teilen das Schicksal seines Sohnes: Ekstase, Wildheit, Transzendenz haben sich von sinnvollen Ordnungen abgetrennt. Auf der einen Seite verkümmern die Bürokraten und Arbeitswütigen, auf der anderen lassen sich Drogensüchtige in passive Zerstörung treiben. Beide verbindet eine heimliche Verwandtschaft: Die Etablierten suchen in gesellschaftsfähigen Süchten Entspannung und Vergessen, die Drogensüchtigen etablieren sich in ihrer Abhängigkeit von der Wohlfahrtsgesellschaft. Der heilige Rausch des Dionysos, die fruchtbare Ekstase auf der Grenze zwischen Chaos und Ordnung, Tun aus Schöpfungslust und Wachstumsdrang sind beiden abhanden gekommen.

Also wird die Vaterschaftsklage des Teufels immer noch verschleppt. Des Teufels Vater war der große Sinnen- und Sinngeber. Sein verstoßener Sohn dagegen wurde in der Verbannung zunächst zum großen Sündiger; in unserer Zeit ist er der große Sinnentleerer, der Verwirrer (griechisch: diabolos), der seine Leidenschaft in die Zerstörung lebendiger Zusammenhänge lenkt. Er ist der moderne Held im Gleichnis vom verlorenen Sohn. Seine Tragik spiegelt die Tragik einer ganzen Gesellschaft. Durchbrochen werden kann sie nur von sich gegenseitig mit Lebendigkeit ansteckenden vielen einzelnen. Der aus der Verbannung zu uns heimkehrende Sohn war lange verwahrlost. Wir können von ihm keine guten Manieren erwarten. Lassen wir ihn trotzdem an unserem Tisch essen und in unserem Bett schlafen! Dank ihm lernen wir, mit ordentlicher Lust und lustiger Ordnung zu essen, Sexualität zu genießen, zu arbeiten und Gemeinschaft mitzugestalten. Das Zusammenleben mit ihm wird noch eine weitere Wirkung auf uns ausüben. Der Sohn des Dionysos wird uns auf kritischen Schwellen des Lebens dazu bringen, Häusliches über Bord zu werfen, in die Einsamkeit zu gehen, nackt auf Grenzlinien zu balancieren, zu wandern, zu streunen, mit wilden Tieren zu leben,

schrille Schreie auszustoßen, Hirtinnen und Hirten nachzustellen, zu fasten, zu völlern, uns in Verrücktheiten zu tanzen, Angst und Krankheit mit Ekstase zu sprengen. Wenn solches geschieht, wird der Sohn mit dem Vater eins: die Epiphanie des Dionysos – er hat in der Geschichte der Menschheit tausend Namen – im Intensitätspunkt wahrhaftigen Seins.
Dieses Buch zielt darauf hin, der Vaterschaftsklage des Teufels stattzugeben. Indem wir ihn als legitimen Sohn des Dionysos in seine Rechte einsetzen, wird er wieder zu seinem natürlichen Sohn. Dionysos liebt Legalität nur soweit, als sie dem natürlichen Lebensfluß Kanäle schafft. In der Gefolgschaft des Dionysos tanzen wir auf der heißen Spur von Spontanritualen Gebärden des Wachstums frei.
In einem ersten Teil werde ich mehr über Dionysos erzählen, im Anschluß an bereits früher Gesagtes[1]. Im Spontanritual, von dem ich im zweiten Teil berichten werde, geht es um einen Pakt mit dem Teufel, der Lebendigkeit und Heilung verspricht.

Der junge Gott, der sich selber heilt

Hinter der Fratze des christlichen Teufels grinst also der sinnenfreudige Gott Dionysos. Am Teufel ist nur die Verteufelung christlich. Alles andere geht auf heidnische Gottheiten zurück, die den dunklen, dem Menschen unerklärlichen Aspekten der Schöpfung zugeordnet waren. Alle Rituale, die das Verhältnis des Menschen zu den Kräften der Sinnlichkeit, der Weiblichkeit, des Rausches, der Ekstase, der Destruktivität in der Natur und im Menschen selbst, des Wahnsinns, der Kreativität, der mystischen Verschmelzung, des Todes regelten und soweit als möglich in Bahnen des Lebens und Zusammenlebens leiteten, – diese in fast allen Kulturen bekannten Rituale wurden im Christentum als Teufelswerk und Teufelspakt bekämpft. Auf diese Weise geschah die Entehrung alter Gottheiten wie Dionysos, Pan und Wotan zu Figuren des Bösen. In den Spontanritualen werden diese Gottheiten wieder in ihre angestammten, uns eingeborenen Rechte eingesetzt. Rausch und Ordnung,

Trance und Struktur, verbinden sich in ihnen zu Gebärden der Schöpfung und des Wachstums.

Dionysos ist der Gott »des Wilden, Innigen, unmittelbar Erlebten und Gespürten«[2], der Gott, der Lust und Unlust in der Daseinslust: in dem, was wirklich ist und wirkt, verbindet und transzendiert, der Gott, der auf der ekstatischen Spur alltägliches Leben beseelt und strukturiert, die Dynamik des Chaos auf Schöpfung hin entbindet. Er ist Drang nach Geburt, ins Leben drängende Intensität, sinnliche Lust in der Kultur und spirituelle Dimension der Lust, Beseeler der griechischen Tragödie, verrückter Tänzer in der Wildnis, Mann und Weib in einem. Vermutlich hat er sich, wie bereits geschrieben, aus dem indischen Gott Schiwa entwickelt. Auch der ekstatische Tanz der Derwische von Tod und Wiedergeburt[3] hängt religionsgeschichtlich mit Schiwa und Dionysos zusammen.

In den dionysischen Mysterienkulten der hellenistischen Zeit wurde der Wert menschlicher Sexualität durch sexuelle Vereinigungsrituale von Frau und Mann anerkannt und gefeiert. Die heitere Freiheit, die uns aus der antiken Kunst entgegenschlägt und sie so anziehend macht, hängt ohne Zweifel mit der religiösen Wertschätzung der Sinnlichkeit zusammen. Werden wohl eines Tages auch in unseren Städten wieder Phalli aus Stein den Weg weisen? Und wann wird die Nacktheit an Stränden und in Bädern Nudistencamps überflüssig machen? Das Ignorieren der sakramentellen Würde des Leibes und besonders der Sexualität durch das Christentum hat bis heute so tiefe Spuren hinterlassen, daß bloße Phantasien dieser Art vielen als abwegig vorkommen mögen. Wie alle Instinktkräfte braucht auch die Sexualität Ordnungsstrukturen, durch die sie sich im einzelnen und in der Gesellschaft entfalten kann, ohne Schaden anzurichten. Doch sind solche Strukturen, wie dies Spontanrituale in Minisequenzen belegen, im Menschen selber angelegt, zumindest in den wesentlichen Grundzügen. Erst Verhüllung, Verschleierung, Verdrängung verleihen den Instinktkräften ein Übermaß an Destruktivität.

Sogar der Rausch kann einen menschlichen und religiösen Wert darstellen. Erst seine Isolierung macht ihn gefährlich. Rituell eingebunden weckt er Kreativität. Während der dionysischen rituellen Mahlzeiten ließen sich die mit Blumen bekränzten Initiierten in einen heiteren Rauschzustand gehen. In diesem, so glaubten sie, nahm der Gott Dionysos von ihnen Besitz. Das ist die Wortbedeutung von »En-thusiasmus«.

All diese Hinweise über Dionysos haben einen gemeinsamen Nenner: In seinem Einflußbereich galt die sinnliche Empfindung als Medium von Offenbarung, der Leib war göttlicher Bereich, weil der Gott sich im menschlichen Leib, in seinen Empfindungen, Ausdrucksformen und Gebärden offenbarte. Diese Auffassung deckt sich im wesentlichen mit der »Philosophie« des Spontanrituals. Spürbewußtes Leib-Sein offenbart den Entwicklungssinn unseres Daseins. Nicht allgemeine Theorien, sondern spontane Wachstumsgebärden vermitteln Selbsterkenntnis.

Im Zusammenhang mit der dionysischen Lebenseinstellung geht es nicht um Einzelfragen, wie etwa nach der Bedeutung von Alkohol und Drogen in unserer Lebensgestaltung oder nach bestimmten sexuellen Praktiken, sondern allein um die fundamentale Einstellung zum »Leib, der wir sind« (K. Dürckheim). Der Leib ist »ein großer Weiser« (vgl. Kapitel 9), der um den Weg des Wachstums und, was im Kern das gleiche heißt, der Heilung genau weiß. In jedem Spontanritual wird ein Stück dieses Wissens verleiblicht. Die Erfahrung eigenen Leib-Seins geschieht durch Verleiblichung.

Im sinnlich-leiblichen Leben herrscht keine *Langeweile.* Denen, die sich langweilen, fehlt es an Spürbewußtsein, ob es sich bei ihnen um den Sinnen entfremdete oder im Gegenteil verfallene Menschen handelt. Spürbewußtsein bedeutet ja durch waches Spüren beseelte Leiblichkeit. – Dionysos trug den Beinamen: »der die Langeweile verscheucht«. Auf der heißen Spur wacher Lebendigkeit wird uns nie langweilig. Nonnos von Panopolis erzählt in seinen »Dionysiaka«, daß Dionysos sich nur einziges Mal gelangweilt habe, nämlich, nachdem er sich in den Jüngling Ampelos verliebt hatte und dieser sich gerade auf Hirschjagd befand: »In Abwesenheit seines Freundes empfand der Gott Langeweile.«[4] Verliebte gehen leicht des Spürbewußtseins verlustig, weil sie ihre Lebendigkeit nur noch in Verschmelzung mit dem oder der Geliebten spüren. Im Französischen gibt es den umgangssprachlichen Ausdruck: »je m'ennuie de toi«, wörtlich: »ich langweile mich deiner«, womit jemand sagen will, daß

er sich nach dem anderen sehnt, und sich gleichzeitig langweilt, weil dieser nicht da ist.
Von keinem andern Gott außer Dionysos wird berichtet, daß er sich vom Wahnsinn *selber geheilt* hat. Wegen seiner Fähigkeit zur Selbstheilung und Selbsterneuerung wird er als der »junge Gott« bezeichnet. Im Initiationsprozeß der Dionysos-Jüngerinnen und -Jünger wurde die Selbstheilung des Gottes in ritueller Inszenierung gleichsam als Sakrament der Selbstheilung vergegenwärtigt[5]. Auch in diesem Sinne ist das Spontanritual dionysischer Natur.

Meister Lustig – Hölle und Heilung

Im nun folgenden Bericht eines Spontanrituals heilen sich eine Frau – die Selbstinitiandin – und der Teufel – ein Mitspieler – gemeinsam: Die Frau versucht, ihren Mangel an Spürbewußtsein, der Teufel seine Selbstverteufelung loszuwerden. Beides ist ein und dasselbe: Es geht um die Befreiung der Selbstinitiandin zu Sinnlichkeit und Lebensfreude. Der Gradmesser des Gelingens während des ganzen Spontanrituals liegt im Ausmaß ihrer Langeweile: ob sie sich sehr, wenig, wieder etwas mehr, oder gar nicht mehr langweilt. Sollte letzteres gelingen, dann würde der »Gott, der die Langeweile verscheucht« von ihr Besitz nehmen und der Teufel könnte in ihrer Lust wieder selber lustig werden. Er würde zu ihrem inneren Meister, mit Dionysos identisch: zum Meister Lustig.
Ich stütze mich im Bericht weitgehend auf Notizen, die mir die Frau selber zur Verfügung gestellt hat, nachdem mir meine eigenen auf die in der Einführung beschriebene Weise abhanden gekommen sind. Die Wiedergabe wörtlicher Formulierungen der Frau setze ich in einfache Anführungszeichen, meine Antworten in doppelte Anführungszeichen und meine Erläuterungen in Klammern. Die Schilderung des Hin und Her zwischen Langeweile, Verdoppelung durch Selbstbeobachtung, Mangel an Spürbewußtsein einerseits – die drei Punkte gehören zusammen – und dem Ansteigen des Interesses und des Energietonus, dem einheitlich pulsierenden Leben und dem Spürbewußtsein andererseits – auch diese drei Punkte bilden eine

Einheit –, eignet sich als Zusammenfassung einiger wichtiger Faktoren im Ablauf eines Spontanrituals. Daher steht dieser Bericht am Schluß des dritten Teils meines Buches.

Die vitale, etwa 45jährige Frau beginnt zu erzählen: Ich bin in einer Lebenssituation, die ich so ›nicht mehr aushalten kann und will‹... ›auf den ersten Blick betrachtet ist alles total in Ordnung‹, fährt sie fort, ›in einzelnen Bereichen sieht mein Leben sogar ganz besonders erfreulich aus‹ (die drei visuellen Wörter ›Blick‹, ›betrachtet‹, ›sieht‹ unterstreichen die Distanz, die sie im Erzählen von sich selber nimmt und vermitteln gleichzeitig unterschwellig das eben durch die Distanz zu ihrem leiblichen Sein zu erklärende Unbehagen über sich selbst). Dann führt die Frau aus, was alles in ihrem Leben ›ganz ausgezeichnet‹ ist. Und tatsächlich: Wäre nicht der andere, quälende Gefühlston, könnte Neid in den Anwesenden auftauchen. Nun aber konstatiert sie abschließend zu den Ausführungen über ihre Situation: ›Bei alledem fühle ich mich unglücklich.‹ (So drückt sie ihre *Sinnleere* aus, die eine *Sinnenleere* ist: In meiner Arbeit mit Menschen bin ich noch keinem begegnet, dessen Sinnleere nicht mit Sinnenleere im Zusammenhang stand, das heißt mit einem Mangel an dem, was ich Spürbewußtsein nenne. Zum ersten Mal drückt sie heute ihre Empfindung aus, nämlich mit dem Wort ›unglücklich‹, doch ist dieses noch eher atmosphärisch als sinnenfällig.) Und sie faßt zusammen: ›In all dieser schönen Ordnung..., wo alles so gut ist, kann und will ich nicht mehr leben.‹ (Die ›schöne‹ Ordnung ist eine tote Ordnung, weil die ekstatische Kraft schöpferischer Strukturierung fehlt. Die Schönheit der toten Ordnung ist wie aus Plastik: Man kann sie anfassen und es geschieht nichts.)

Und nun formuliert sie mit bitterer Intensität einen Satz, der von der Energieladung und dem Inhalt her ihre Lebenssituation verdichtet. Er bildet also ihr erstes Energiesignal. – Beim Aussprechen des Satzes stellt sie zum ersten Mal den Blickkontakt mit mir her: *›Ich will nicht mehr mein eigener Kasper sein.‹* Sofort reagiere ich: »Also bist du's noch. Du bist dein eigener Kasper. Geh in die Mitte. Du bist dein Kasper.« – Sie tut es und wählt schnell drei Mitspieler für ihr Kasperletheater aus: die Katze, den Leoparden und den Teufel als Meister Lustig. In ihrem Bericht fährt sie fort: ›Zunächst fühle ich mich recht wohl. Ich kuschele mich an die Katze und fühle mich in ihrer Nähe behaglich, doch ist es in dieser Geborgenheit bald auch wieder langweilig.‹ (Es muß ihr also schon die ganze Zeit über langweilig gewesen sein, außer während ihrer anfänglichen Geborgenheit bei der Katze. In der Beschreibung dieses kurzen Moments braucht sie zweimal das Verb ›fühlen‹. Doch da es nicht Geborgenheit ist, wonach es sie eigentlich gelüstet, zieht es sie wieder fort. Der diesmal eingenommene Abstand von dem Empfundenen stellt ihre gesunde Reaktion auf ein Gefühl dar, an dem es ihr nicht mangelt: asexuelle Nähe und Wärme. Aus innerem Drang nach Wachstum muß sie es transzendieren. Ihre Langeweile ist schöpferische Ungeduld, die sie vorwärtstreibt. Auf ihrer Spur nähert sie sich dem Spürbewußtsein.)

Nun läßt sie sich auf den Leoparden ein. Das ist ›schon ein wenig spannender‹, denn mit ihm kann sie ›balgen, spielen und kämpfen‹. – Zwischendurch greift Meister Lustig ein und ›packt sie ganz direkt‹ an. Wenn das geschieht, schreibt sie, ›so wehre ich das zwar ab, doch es ist auch ganz reizvoll für mich‹. (Ihre Abwehr könnte als ganz normales Zögern zu Beginn einer Begegnung gedeutet werden. Doch die Folge zeigt, daß sie mehr beinhaltet. Da, wo die Selbstinitiandin ihre aufsteigende Lust unterdrückt, empfindet sie Anstrengung und Pflicht: eine Aufgabe muß gelöst werden. Das Kopfbewußtsein übernimmt die Regie, sobald der Lustpegel ›zu hoch‹ steigt.) Sie fährt fort: ›Als ich von der Rangelei mit dem Leoparden ganz erschöpft bin, steht es für mich an, mich mit dem Teufel zu beschäftigen. Doch ich weiß zunächst gar nicht, wie ich das anstellen soll. Ich bitte deshalb den Teufel um Rat. Meister Lustig gibt mir daraufhin den Tip, ich solle ihn doch mal necken. Auch dazu fällt mir zunächst einmal gar nicht so recht etwas ein. Wie soll ich es bloß anfangen, in Kontakt mit dem Teufel zu gelangen? Nochmals ermuntert mich Meister Lustig, ihn zu necken. Mit viel Zögern und Zaudern zwicke und zwacke ich ihn dann ein wenig an seinem Hals, gebe ihm von der Seite einen Knuff, nehme stärkeren Blickkontakt auf. Und siehe da: Der Teufel reagiert auf mich.‹

(Daß die Frau den Teufel am *Hals* ›zwickt und zwackt‹, steht in unbewußter Entsprechung zu dem, was sich in ihrem eigenen Hals vorbereitet, wie wir gleich erfahren werden. Im Hals nämlich wird ihr Spürbewußtsein deutlich einsetzen. In Rollenspielen beobachten wir oft Resonanzphänomene dieser Art: Unbewußt geschieht eine Aufladung mit Energie am »wunden Punkt« – hier am Hals –, der zum Wendepunkt werden wird. – Sie äußert Erstaunen darüber, daß der Teufel auf sie reagiert: ›Und siehe da: Der Teufel reagiert auf mich.‹ Ihr Erstaunen tritt an einer alten traumatischen Energieklippe in ihrem Leben auf. Oft hat sie als Kind lebendige Wachstumsgebärden ausgeführt, und keiner hat reagiert. Die Grenze ihrer frühen Bezugspersonen hat sie zur eigenen Grenze verinnerlicht. Gleich wird sie wieder Abstand von ihrem Erstaunen nehmen, und Langeweile wird über sie kommen.)

Unmittelbar anschließend an das Vorherige setzt sie ihren Bericht so fort: ›Doch irgendwie ist das auch noch nicht das Richtige, ich falle immer wieder in meine Langeweile zurück und werde ungeduldig, daß nichts Aufregendes passiert.‹ (Immerhin realisiert sie, daß das Entscheidende nur *›passieren‹* kann. Allerdings erwartet sie das, was ›passieren‹ soll von außen, so wie sie als Kind, mit Wachstumsgebärden alleine gelassen, erwartet hat, daß das ihr Notwendige, nämlich sinnlich warme Begegnung, ihr endlich von außen, nämlich von ihren Eltern her zufalle. Auf die Tatsache, daß damals zu wenig passiert ist, hätte sie mit Entmutigung und Depression reagieren können. Sie jedoch flüchtete vor diesen nach vorne und ergriff manche Initiative zu Beziehungen. Unbewußt aber wirkte in ihr der deprimierende Satz: ›Es wird nichts passieren.‹ Aufgrund dieses traumatischen Vorurteils setzte sie da Anstrengung ein, wo Entspannung, Sinnlichkeit, Lust und Verschmelzung am Platz gewesen wären. – Ihr vorheriges Erstaunen ist in seiner Bedeutung nicht zu unterschätzen: Nun ist sie nicht mehr ganz in ihrem traumatischen Satz, daß nichts passieren wird, befangen, sondern öffnet sich im Aha-Erlebnis einer neuen Erfahrung: Der Teufel reagiert, und sie nimmt wahr, daß er reagiert! Die Folge des Spontanrituals zeigt sukzessive Abnahme ihrer Kontrolle. In Resonanz mit dem Teufel, in den Berührungen mit ihm, kommt sie immer mehr in Selbstberührung mit der eigenen Vitalität.)

›Ich rücke dem Teufel ganz nah auf die Pelle und umfasse ihn im

Nacken und an den Schultern mit beiden Armen. Das tut mir erst einmal schon ganz gut. Und ich fühle mich recht wohl so in dieser Nähe, zumal Meister Lustig auch immer lebendiger auf mich reagiert und mich weiter auffordert, ihn zu necken. Auch hier spüre ich erst wieder Ratlosigkeit und Zögern, doch irgendwann lasse ich mich beim schelmischen Blick in die Augen des Teufels zu immer mehr Berührungen ermutigen, ja ich beiße ihn sogar recht heftig in seine Schulter. Ich bin erstaunt über meine Hemmungslosigkeit.‹ (Das Erstaunen über die Tatsache, daß der Teufel reagiert hat, hat sich in Erstaunen über ihr eigenes Tun gewandelt. Nun wird sich das Spontanritual rasch zu seiner Peripetie, dem Umschlagpunkt, hinbewegen.) ›Doch gleichzeitig war es mir auch ein Genuß, auf diese Weise in noch näheren Kontakt zum Teufel zu kommen. Vorübergehend ist die Langeweile weg. Es beginnt sogar ein neckisches Spiel zwischen dem Teufel und mir. Nicht schlecht. Doch sobald es mir auch nur etwas zu anstrengend wird (der Widerstand kurz vor der Schwelle!), falle ich immer wieder ein Stück in meine Langeweile zurück. Ich empfinde in meiner Kehle einen *Schmerz*, der sich wie eine silberne Spindel anfühlt.‹

(An diesem Punkt beginnt ihre Empfindung sich der Kontrolle durch das Kopfbewußtsein ganz zu entziehen und füllt sich mit Spürbewußtsein an. Daß sie ihren Schmerz als ›silbern‹ empfindet, zeigt den Wert, den sie ihm zumißt. Silber ist die Farbe des Mondes und des Weiblichen. Die silberne Spindel, wir werden es erleben, stachelt sie an, ihre weibliche Geschlechtlichkeit zu befreien. Solange dies noch nicht, oder erst unvollständig geschieht, ist Schmerz da.) Und sie fährt fort: ›Diesen Schmerz möchte ich *herausschreien*. Ich bitte den Teufel, mir dabei zu helfen. Der Teufel nimmt mich in seine Arme, und ich schreie und schreie. Ich huste und würge. Der Schmerz in der Kehle löst sich etwas. Doch das ist es noch nicht ganz. Erst in der intensiven Balgerei mit Meister Lustig, in der Umarmung von Frau und Mann wird meine Lust tiefer und anhaltender geweckt. Und der Schmerz löst sich zu einem lustvollen *Lachen*. Das total erotische Spiel in dem gemeinsamen Rhythmus der Bewegungen unserer Körper und der Schwingungen unserer Becken erfüllen mich *ganz und gar* mit *lustvollem Wohlbehagen*.‹

Mit Lachen und Lust hat sich Meister Lustig in der Selbstinitiandin erlöst. Die Hölle verdrängter Sinnlichkeit, Ursache von Traurigkeit, unterschwelliger Depression und ohnmächtiger Wut ist hell geworden. Die Schwelle einer frühen Hemmung hat sie überschritten, den Schritt in die Heilung getan. Dieser rituelle Reifungsweg, der in packender Verdichtung entscheidende Lebensklippen und ihre Überwindung aufgezeigt hat, ist von nun an als neue Daseinsspur in ihr eingegraben. Wird ihr Fluß in Zukunft wieder vor einer der bekannten Klippen stocken, so kann sie in die spurbewußte Er-Innerung gehen und das Weitere geschehen lassen. Oder sie kann vor einer Begegnung den für sie im Moment entscheidenden Ausschnitt aus ihrem Spontanritual zur Einübung mental wiederholen.

Als Ausklang schlage ich der Frau scherzhaft vor, einen Pakt mit dem Teufel mit folgender Zielsetzung zu schließen: »Die Gefühle, die ich im Laufe meines Spontanrituals geäußert habe, will ich mit dem Beistand von Meister Lustig nähren und berücksichtigen.« Sie ist einverstanden. Auf einem Blatt Papier schreibt sie den Pakt, der nun kein Teufelspakt, sondern ein Vertrag mit dem Leben war, folgende Gefühle auf: Ungeduld, Prickeln, Verbindung, Wärme, Nähe, Kraft, Heiterkeit, Lust. – Beide unterzeichnen den Pakt. So war ihr Teufel aus der Verteufelung erlöst und Dionysos geboren.

Vierter Teil

Die Liebe ist ein dritter Leib

14
Heilender Widerhall

Psychotherapie im Resonanzraum

Meine Ausführungen sind bisher in einem entscheidenden Punkt unvollständig geblieben. Ich habe erklärt, daß Energiesignal und Verlauf des Spontanrituals einen individuellen Prozeß der Inszenierung und Verleiblichung bilden. Den im menschlichen Organismus sich verschiebenden Intensitätspunkt nannte ich Energiepunkt oder Energiequelle. Aus der Perspektive des individuellen Organismus behalten meine bisherigen Aussagen ihre Gültigkeit, und es war über die längste Strecke notwendig, den Schwerpunkt ganz auf diesen zu setzen, um nicht Gefahr zu laufen, durch verfrühtes Eingehen auf die soziale Dimension des Spürbewußtseins dieses im Individuellen zu verlieren, bevor es sich richtig verwurzeln konnte.

Kommt ein Kind zur Welt, dann schreit es. Bereits dieser erste Selbstausdruck hat seinen Ursprung nicht im Kind allein, sondern in der neuen Situation seines In-der-Welt-Seins. Sein Schmerz ist der erste in einer langen Reihe von Wachstumsschmerzen. Die Sauerstoffaufnahme durch Atmen ist der Anfang seiner Pulsation zwischen Selbst und Welt. In dieser Pulsation existiert das Kind. Vorher war die Mutter seine einzige Mitwelt. Nun weitet sich diese Mitwelt in wachsenden Kreisen für ihn aus. Sein erster Schrei ist Widerhall in einer neuen Sphäre. Mit ihm ist das Neugeborene ganz und gar identisch, wie bereits das Tao Tê King feststellt: »Den ganzen Tag schreit es (das Neugeborene), und doch wird seine Kehle nicht heiser aus der Fülle des Einklangs.«[1] Sein Selbstidentischsein entspricht seinem Einklang mit der Welt. Dieser wird als völliges Angewiesensein des Kleinkindes auf die »Dualunion« mit der Mutter (E. Erikson) gedeutet. Doch offenbart der Einklang mit der Welt außerdem symbolisch den »weisen« Aspekt des Kindes, der in uns Erwachsenen Sehnsucht nach offener, spürbewußter Verbindung mit der Welt weckt. Diese ist Ausdruck menschlicher Reife. »Sein im Selbst« und »Einklang mit der Welt« meinen das gleiche.

Im Zusammenhang mit zwei Spontanritualen habe ich auf die Entsprechung zwischen der Reinheit des Schreis, der Intensität des Spürbewußtseins und der Dichte der durch die Anwesenden empfundenen Kommunikation hingewiesen. Noch haben wir den Schrei der Frau aus dem letzten Bericht im Ohr: Husten und Würgen während ihres Schreiens haben angezeigt, daß sie noch nicht ganz »aus sich heraus« kam, also noch nicht ganz bei sich und mit ihrem Mitspieler da war. In zwei früheren Berichten hatte sich der Schrei zu jener Eindeutigkeit gesteigert, die Heiserkeit und Müdigkeit verscheucht: Gleichzeitig war die ungestörte Verbindung mit sich selbst und mit den Anwesenden hergestellt – beides in einem. Jeder Selbstausdruck bedeutet Resonanz in einem Umfeld, Schwingung im Zwischenraum, Zusammenspiel. Nie verändert sich ein einzelner, immer wandelt sich der Bereich, in dem dieser lebt, also auch alle anderen, die in diesem Bereich leben. Im menschlichen Paar läßt sich diese Entsprechung am genauesten beobachten. Entweder verbiestert sich das gemeinsame Spiel in sich verschärfenden Polarisierungen, oder aber es bewirkt Harmonisierung dank einem polaren Spürbewußtsein. Meist haben wir es mit einer Mischung beider zu tun. Letztlich ist das »magnetische Feld«, in dem wir uns bewegen, eigentlicher Ursprung unseres Seins in jedem Moment. Das uns Bewegende und Motivierende sind nicht wir als Individuen, sondern wir im Spürbewußtsein eines sozialen Feldes.

Was sich zunächst wie philosophische Spekulation anhören mag, hat weitreichende Konsequenzen in jedem »Bereich«, »Kreis«, »Feld«, wo wir uns gerade bewegen. Die *»verbundene Wahrnehmung«*, die eine weitere Stufe des Spürbewußtseins bedeutet, hat einen qualitativen Sprung in unserer Lebensgestaltung zur Folge. Darum geht es in diesem letzten Teil meines Buches.

In diesem eher theoretischen Kapitel wird der Schwerpunkt auf der Wandlung unseres Verständnisses von Psychotherapie liegen. Die Kritik an der klassischen Psychoanalyse soll wie auf einer Negativfolie hervorheben, worauf es in einer Psychotherapie, die auf »verbundener Wahrnehmung« beruht, ankommt. Doch zunächst gilt es, das Wort »*Resonanz*«, das uns schon mehrmals beschäftigt hat, weiter zu klären. Noch mehr dazu werde ich im Rhythmus der Beschreibung dessen, was ich »dritter Leib« nenne, sagen.

Ein chinesisches Sprichwort sagt: »Wenn man an jemanden denkt, muß er niesen.« Es zeigt in einer ersten Annäherung, was Resonanz psychologisch bedeutet. Allerdings irrt der Sprechende im Sprichwort vielleicht insofern, als er meint, zuerst habe er an den anderen gedacht, und dann habe dieser geniest. Resonanz ereignet sich in Gleichzeitigkeit und Entsprechung. – Das chinesische Sprichwort ist auch deshalb interessant, weil es zeigt, daß Resonanz unter Menschen über unterschiedliche »Leitsysteme« läuft: Der eine niest und der andere denkt. Das erinnert an Beaudelaires Vers: »Die Töne und Lichter antworten sich.«

Der Begriff der Resonanz stammt aus der Physik. Er bezeichnet die »Tendenz zur vollkommenen Harmonisierung der Rhythmen«. Dieses Phänomen ist universal gültig: »Wenn zwei oder mehr Oszillatoren«, (das heißt schwingende physikalische Systeme) im selben Feld fast im gleichen Rhythmus pulsieren, neigen sie dazu, ›einzurasten‹, so daß sie schließlich genau synchron schwingen.«[2] – Dasselbe gilt für menschliche Interaktionen. Paul Beyers hat sie in so verschiedenen Kulturen wie in denen der Amerikaner, Eskimos, afrikanischen Buschmänner und den Eingeborenen Neuguineas untersucht. In jedem einzelnen Fall hat er *Rhythmusangleichungen* festgestellt. Dasselbe gilt für die »Synchronisierung der Herzschläge von Psychiater und Patient«[3]. Vor zwei Jahren habe ich die fünfundzwanzig Teilnehmer einer Gruppe eingeladen, ihren am Handgelenk ertasteten Pulsschlag mit einem vernehmlichen: »Tak, tak, tak....« der Stimme zu signalisieren. Innerhalb von etwa einer Minute waren alle Herzschläge synchron.

Bei Menschen, die sich gut verstehen, läßt sich in kurzer Zeit eine *Harmonisierung* der Gebärden, Stimmen, Blicke usw. feststellen. Das Wort »*Gestalt*« bezeichnet nicht nur eine Einzelpersönlichkeit. Immer bilden wir im Zusammensein mit anderen entweder polarisierend in defensiver Abwehr oder harmonisierend in polarer Bezogenheit eine sich als dynamische Einheit bewegende und wandelnde gemeinsame Gestalt, die ebenso leiblich wie ein individueller Leib ist: Ausformungen des »dritten Leibes«. Dessen Bedeutung für Krankheit und Heilung kann nicht hoch genug eingeschätzt werden. – Selbst Menstruationszyklen zweier Frauen in der gleichen Wohnung verlaufen synchron oder annähernd synchron[4]. Alle leib-seelischen Prozesse, so auch Gesundung oder Erkrankung sind Prozesse des dritten Leibes. In einem Paar kann es sein, daß ein Partner entweder stellvertretend für beide krank wird, oder daß das Symptom des einen einem anderen des anderen entspricht. Nicht nur im Psychischen, auch im Somatischen sind Paare und Familien heilende oder krankmachende Systeme. Paare oder Gruppen bilden Energiefelder und empfinden wie ein einzelner Körper. Insofern sind wir alle jederzeit »symbiotisch«. Die entscheidende Frage lautet, ob uns unsere »Symbiose«, hier verstanden als dritter Leib, spürbewußt ist oder nicht, das heißt, ob wir das Verbindende oder Trennende in Einzelsituationen, zum Beispiel der Partnerschaft, als polares Geschehen in einem größeren Ganzen spüren und begreifen können, oder ob wir uns im Gefühl schicksalshaften Getriebenseins diesem größeren Ganzen entweder durch Rückzug entziehen oder durch Autonomieverlust verfallen. – Der Verlust der sozialen Harmonie ist immer ein Verlust der individuellen Harmonie, und keiner kommt zuerst, beide geschehen gleichzeitig. Harmonie bedeutet nicht Abwesenheit von Konflikten, sondern Selbstorganisation, Selbstregulierung eines sozialen Systems durch verbindendes Bewußtsein aller Beteiligten. Diese handeln in Konflikten nicht polarisierend, sondern polar. So geschieht Heilung aller im umfassenden Ganzen eines dritten Leibes.

Das immanente Machtspiel der klassischen Psychoanalyse

Die folgenden Ausführungen richten sich hauptsächlich – aber nicht nur – an Kolleginnen und Kollegen. Sie beinhalten die Auseinandersetzung zwischen Psychoanalyse und Psychoenergetik und können ohne Verständniseinbuße für den Rest des Buches übergangen werden.

Im Verhältnis zwischen Psychoanalytiker und Patient, so wie es in der psychoanalytischen Literatur beschrieben wird, fehlt es an »verbundener Wahrnehmung«. Oft fördert die Psychoanalyse die Polarisierung da, wo Resonanz am Platz wäre. Dadurch kann sich der Heilungsprozeß verzögern. In jedem Falle stabilisiert sich im Patienten die Tendenz zu polarisierenden Machtspielen da, wo solche in unserer Gesellschaft als normal, natürlich oder zumindest unvermeidlich angesehen werden. Der Mangel an Resonanzfähigkeit ist sogar bei solchen Psychoanalytikern, wenn auch in geringerem Maße gegeben, in deren Arbeit Begriffe wie Einfühlung und Empathie die wichtigste Rolle übernommen haben.

Die Resonanzunfähigkeit und das damit verbundene unbewußte Machtspiel, das der Analytiker mit dem Patienten spielt, sind der Psychoanalyse immanent, das heißt sie hängen mit deren Auffassung von menschlicher Beziehung im allgemeinen und von der Gegenübertragung im besonderen zusammen. Diese Resonanzunfähigkeit beruht auf Verdrängung der eigenen Leiblichkeit durch den Analytiker im Rahmen der analytischen Beziehung. – Diese Thesen, die sich an die Adresse der freudschen Psychoanalytiker richten, lassen sich aus der gesamten psychoanalytischen Literatur, angefangen bei Freud, belegen. Ich wähle zwei die moderne Psychoanalyse auf unterschiedliche Weise besonders prägende Autoren – Kernberg und Winnicott – aus, um in der Auseinandersetzung mit ihnen und im Anschluß an bereits erfolgte zahlreiche Hinweise in diesem Buch einige Aspekte der Psychoenergetik hervorzuheben, in deren Zentrum die spürbewußte Resonanz steht.

In seinem Buch »Borderline-Störungen und pathologischer Narzißmus« unterstreicht *Kernberg*, daß es gilt, »allen Bemühungen des Patienten *entgegenzutreten*, die darauf *abzielen*, ihn omnipotent zu *beherrschen*, zu *kontrollieren* und zu *entwerten*. Es sehe so aus, als *wolle* er (der Patient) damit *erreichen*, daß der Analytiker sich als *gescheitert* und als *Versager* fühlt.«[5] – Ich setze jene Wörter kursiv, welche die Polarisierung hervorheben. Kernberg wird sie vermutlich dem Patienten gegenüber nicht in diesen Formulierungen verwenden, doch allein die Tatsache, sie zu denken, belebt in der narzißtischen Persönlichkeit die alte Erfahrung wieder, daß auch hier jemand ist, der ihm *entgegen*tritt, der sich von dem, was er empfindet, absetzt, gegen ihn ist, was atmosphärisch auch im Wort *Gegen*übertragung enthalten ist. Nun erwidert mir vielleicht eine Kollegin oder ein Kollege: »Eben das spielt sich ja ab. Einfühlsam muß ich den Patienten mit dem konfrontieren, was er tut.« – Ich stimme zu, daß sich genau das abspielt, was Kernbergs Deutung ausdrückt, wie auch alle anderen Aussagen, die ich von ihm zitieren werde, meinen Erfahrungen entsprechen.

Doch zeigen solche Aussagen nur den Vordergrund dessen, was der Patient unbewußt in seiner Interaktion mit dem Analytiker tut. Solange sich dessen Deutung auf diesem Vordergrund bewegt, ist er im gleichen Vorstellungssystem wie sein Patient gefangen. Von diesem sagt er ja, er wolle ihm das Gefühl vermitteln, zu scheitern und zu versagen. Eben dies geschieht im Patienten durch das ausgesprochene oder unausgesprochene »Entgegentreten« des Analytikers. Der Patient hat nun das Gefühl, auch in der Beziehung zum Analytiker zu scheitern und zu versagen.

Etwas später berichtet Kernberg, daß er sich Sorgen um den Patienten mache. In Nutzung seiner Gegenübertragung deutet er diese Sorge so, daß der Patient ihn besorgt machen möchte, weil er die eigene Sorge um sich selbst nicht ertragen kann, sich also entlastet, indem er sie in der Übertragung an den Psychoanalytiker delegiert. Wiederum: Dies trifft zweifellos zu. Dank seiner Gegenübertragung versteht der Analytiker, was der Patient mit ihm unbewußt tut. Doch ist das alles? Trifft es den Kern des Geschehens?

Bevor ich antworte, fahre ich mit Zitaten aus Kernbergs Buch fort. Aus dem folgenden lassen sich zunächst keine Polarisierung, keine Distanznahme vom Patienten herauslesen: »Da diese Patienten (narzißtische Persönlichkeiten) ihren Analytiker als Erweiterung ihrer selbst oder umgekehrt: sich selbst als einen Teil des Analytikers behandeln, spiegelt sich im Gefühlserlebnis des Analytikers hier noch deutlicher als bei anders gelagerten Fällen das wider, womit der Patient selbst sich innerlich auseinandersetzt; insofern ist die systematische Nutzung der Gegenübertragungsreaktion bei der Behandlung narzißtischer Persönlichkeiten besonders aufschlußreich.«[6]

Hier scheint Kernberg die Gegenübertragung als reines Resonanzphänomen zu behandeln. Doch scheint es nur so. Damit Resonanz entstehen kann, müssen beide das gleiche »Musikgehör« haben: Eine Stimmgabel schwingt bei einem Ton nur dann mit, wenn der Ton ihrer Eigenfrequenz entspricht. Ist dies nicht der Fall, dann ist der Ton für die Stimmgabel gar nicht vorhanden. Was der Psychoanalytiker aber mit dem Patienten erlebt – so in freier Fortsetzung der Gedanken Kernbergs –, ist dessen Angelegenheit. Zwar hat es auch mit der konkreten Lebensgeschichte des Analytikers zu tun. Doch das ist – immer noch im Sinne Kernbergs – zweitrangig; jedenfalls spielt es im Rahmen der Psychoanalyse nur eine zugeordnete Rolle. Schließlich geht es ja um den Patienten, nicht den Analytiker; dessen Gegenübertragung ist ein Instrument, um den Patienten zu verstehen und ihm helfen zu können. Bevor ich auch dieses Argument der Psychoanalyse als einseitig und folglich falsch entkräfte, vertiefe ich die einzige Frage, die ich mehrmals gestellt habe: Was spielt sich in der Psyche des Patienten ab, wenn dieser aufgrund der Deutungen seines Analytikers annehmen muß, daß sein Problem nur seine Sache ist, und der Analytiker sich von diesem ausnimmt, sich also gegen ihn, den Patienten abgrenzt, weil er nicht mitagieren will? Erlebt der Patient nicht eben das, was laut Kernberg der Patient möchte, daß es der Analytiker erlebt, nämlich *Entwertung*? Ist es nicht die alte Entwertung, die der Patient nun in aktueller Wiederholung von seiten des Analytikers erlebt? Wiederum gibt ihm jemand zu spüren und zu verstehen, daß er nicht dazu gehört, es nicht wert ist, dabei zu sein. – Vielleicht antwortet man mir, der Patient merke nicht, daß sich der Analytiker aus seinem Problem herausnimmt. Unbemerkt merkt er es immer – und reagiert darauf. Es besteht ein Rückkoppelungsprozeß, ein sich verstärkendes System zwischen Analytiker und Patient: Jeder reagiert auf seine Weise auf die Entwertung durch den anderen: der Analytiker durch entwertende Deutung und der Patient durch entwertende Manipulation. Man könnte mich weiter fragen: Da doch der Patient den Analytiker unbewußt tatsächlich entwertet und es dank dessen Deutung merkt, muß er sich im Sinne einer Realitätsprüfung nicht damit auseinandersetzen? Ich frage nochmals zurück: Ist dies der Kern in der Beziehungsrealität zwischen Patient und Analytiker?

Kernberg spricht außerdem von »unbewußtem *Neid*« des Patienten »auf Fähigkeit und Geschicklichkeit des Therapeuten« und gleichzeitig von seiner *Unfähigkeit*, »mit wirklichen Beiträgen des Therapeuten« etwas anzufangen. Kernberg unterstreicht wiederholt die unbewußte Neigung des Patienten, dem Therapeuten etwas *wegzunehmen* und sich *anzueignen*, »was er ihm sonst *neiden* könnte«.[7] In diesem Zitat ist die durch Deutung bewirkte Polarisierung zwischen Analytiker und Patient wieder offenkundig. – So stelle ich meine alte Frage, ob die Neigung des Patienten, dem Therapeuten etwas wegzunehmen, innerhalb der gegebenen Interaktion zwischen beiden letztlich damit zu tun hat, daß der Patient zu recht das Gefühl hat, der Therapeut nehme ihm etwas weg, nämlich die solidarische Verbindung mit ihm in bezug auf das anstehende Problem.

Ich lasse es bei diesen Zitaten Kernbergs bewenden. Dessen persönliche Haltung den Patienten gegenüber, wie sie in seinem Buch zum Ausdruck kommt, ist keineswegs distanziert und kühl. Innerhalb der psychoanalytischen Literatur zeichnet sich gerade er durch besondere Einfühlungsgabe und Empfindsamkeit im Umgang mit Patienten aus. Das gleiche gilt in noch höherem Maße für Winnicott. Es geht mir nicht um diese beiden Autoren, sondern allgemein um die Auffassung der Psychoanalyse von Übertragung und Gegenübertragung.

Ich nannte Kernbergs Deutung vordergründig und schulde dafür eine Erklärung. Tiefer als die unbewußte Absicht des Patienten, den Analytiker zu entwerten, ihm das Gefühl zu vermitteln, zu versagen, auf ihn die eigene Sorge um sich selbst abzuschieben, ihn seiner Deutung zu berauben, aus Neid alles Hilfreiche von ihm abzulehnen und sich nur »magische Nahrung« von ihm zu nehmen[8], tiefer als diese Absicht *gegen* den Analytiker sind seine Ohnmachtsgefühle im Zusammensein *mit* ihm: die Ohnmacht des nicht gespiegelten, nicht gehaltenen, nicht ins eigene Wachstum gelockten Kleinkindes. Damit teile ich weder Kernberg noch anderen Kollegen etwas Neues mit. Die Tatsache, daß ich es in diesem Zusammenhang hervorhebe, hat mit der Bedeutsamkeit dieser Aussage für die spezifische Beziehung vom Patienten zum Therapeuten zu tun. Für eine »verbundene Wahrnehmung« nämlich zeigt die Tatsache, daß der Patient etwas *mit* dem Therapeuten erlebt, gleichzeitig, daß auch der Therapeut etwas *mit*

dem Patienten erlebt. Zwischen beiden besteht die *Resonanz in der gleichen Ohnmacht*, auch wenn der Therapeut sie in der eigenen Kindheit nie in der Schärfe des Patienten erlebt hat. Sie ist auch ihm bekannt; sonst könnte sie nicht in ihm anklingen. Was geschieht, wenn der Psychoanalytiker seine eigene Ohnmacht, die er in Resonanz mit der Ohnmacht seines Patienten empfindet, nicht spürbewußt in sich schwingen läßt? Er weicht in das psychoanalytische Machtspiel aus, das eigentlich ein Ohnmacht-Macht-Spiel ist. Die tiefste Dimension in der analytischen Interaktion von Übertragung und Gegenübertragung ist nicht ein »*gegen*« sondern ein »*mit*«.
Ich übersetze nun alle vorhin aufgezählten Punkte aus Kernbergs Buch aus der Sprache des »gegen« in die Sprache des »mit«, aus der Sprache der vordergründigen Polarisierung und des Machtkampfes, den Patient und Analytiker miteinander führen, in die Sprache der Resonanz, sinngemäß etwa auf folgende Weise: Es ist Ohnmacht, die auch ich kenne, ich spüre sie in Ihnen und zusammen mit Ihnen (nämlich dann, wenn der Analytiker die »Macht« des Patienten gegen sich gerichtet erlebt). – Ich spüre *Entwertung*. Sie sind daran, sich zu entwerten, (nämlich dann, wenn vordergründig gesehen der Patient gerade umgekehrt den Analytiker entwertet!). – Mit Ihnen zusammen spüre ich, was es heißt, zu versagen (statt: Sie vermitteln mir das Gefühl, zu versagen). – Gemeinsam mit Ihnen spüre ich Sorge um Sie. Ich teile Ihre Sorge mit Ihnen. – Ich spüre, wie schmerzlich es ist, nicht annehmen zu können. Das haben wir jetzt gemeinsam: Ihnen fällt es schwer, meine Hilfe anzunehmen, und mir fällt es schwer, anzunehmen, daß Sie diese nicht annehmen.
Die Beispiele könnten beliebig fortgesetzt werden. Es geht mir nicht um die einzelne Formulierung – diese muß sich aus der konkreten Situation ergeben –, sondern um die Tendenz, alles, was dem Analytiker *entgegen* kommt, im Miteinander der einen Resonanz zu spüren, auszudrücken und zu deuten. Im Anschluß an die »*Resonanzdeutung*« wird es möglich – und unumgänglich! – auch die »*Konfliktdeutung*«, die bisher in der Psychoanalyse die einzige war, anzubringen. Es ist für den Patienten in der Tat wichtig, zu vernehmen, daß das, was er in der Tiefe empfindet, in Folge von dem, was er aus Angstabwehr seiner Empfindung signalisiert, genau

umgekehrt – ins Gegenteil verkehrt – ankommt, als er es eigentlich möchte. Im umfassenden Zusammenhang des echten empfundenen »Mit« löst die sekundäre Deutung des »Gegen« viel weniger, vielleicht überhaupt keinen Widerstand aus; einer der Gründe, warum sich Analysen oft solange dahinschleppen, fällt weg. Doch darf die primäre Deutung des »Mit« nicht Mittel zum Zweck sein, die sekundäre Deutung des »Gegen« zu erleichtern. Auf Resonanz beruhende Analyse oder Therapie steht und fällt mit der inneren Wahrhaftigkeit des Analytikers oder Therapeuten. Die sekundäre Konfliktdeutung ist Teil der primären Resonanzdeutung. – So können die meisten Polarisierungen und Ohnmacht-Macht-Spiele vermieden werden, und der Patient lernt, auch seine Beziehungen außerhalb des Therapieraumes mit verbundener Wahrnehmung und in teilnehmender Resonanz zu gestalten.

Als ich anfing, mit Resonanzdeutungen zu arbeiten, befürchtete ich, meine Offenheit würde gegen mich ausgenützt. Ich mache aber die Erfahrung, daß durch den Verzicht des Analytikers auf Ohnmacht-Macht-Spiele und Polarisierungen die Neigung des Patienten, auf vermeintliche »Probleme des Analytikers« auszuweichen, keine Nahrung bekommt, denn auch auf diese Neigung reagiere ich ja zunächst mit einem »Mit«, also einer Resonanzdeutung, bevor ich auch das »Gegen«, also die Konfliktdeutung miteinbeziehe. – Davon abgesehen erzähle ich meist nichts oder wenig aus meinem persönlichen Leben. Es geht nicht um Inhaltliches, sondern um Energetisches: um Resonanz in der gleichen Empfindung.

Es geschieht häufig, daß ich gegen einen Menschen, mit dem ich arbeite, *Aggressionen* empfinde. Sobald als möglich wende ich auch auf meine Aggression die Resonanzdeutung an, zum Beispiel so: Die Aggression, die ich *gegen* den anderen zu empfinden meine, ist eigentlich meine Aggression *mit* ihm: Resonanz in seiner Aggression. Noch fehlt ihm das Spürbewußtsein für diese. Doch Aggression schwingt bereits in mir. Es ist unsere Aggression; indem ich sie mit Spürbewußtsein wahrnehme, wecke ich sein Spürbewußtsein. Ich achte auf Zeichen beginnender Aggression in seiner Körperhaltung, seiner Stimme, usw. und stütze sie. – Manchmal teile ich dem anderen mit, was ich in Resonanz mit ihm empfinde, manchmal nicht. Immer hat mein Mitempfinden früher oder später zur Folge, daß er, aus der Geborgenheit in unserer *gemeinsamen* Aggression, beginnt, seine Aggression zu spüren und auszudrücken. – Und so reagiere ich auf alle eigenen Empfindungen, die ich im Raum einer Analyse oder Therapie erlebe, sei es in der Einzel- oder Gruppenarbeit, denn dieser Raum ist für mich ganz und gar Resonanzraum. Die Resonanzdeutung beruht auf *Entsprechungen*, die Konfliktdeutung dagegen auf *Projektionen*. Die zweite ist der ersten zugeordnet, weil auch im Patienten Resonanz vor Projektion kommt.

Von *Winnicott* will ich nur ein einziges Zitat aus seinem hilfreichen Buch »Reifungsprozesse und fördernde Umwelt« wiedergeben und aus der Sicht der Psychoenergetik kurz kommentieren: Psychoanalyse ist »Arbeit, die er (der Psychoanalytiker) mit seinem Geist tut... Das soll nicht heißen, daß keine Gefühle beteiligt sind. Einerseits mag ich Magenschmerzen haben, aber das beeinflußt gewöhnlich meine Deutungen nicht; andererseits mag ich vielleicht durch eine vom Patienten geäußerte Vorstellung etwas erotisch oder aggressiv angeregt worden sein, aber auch dieser Umstand berührt gewöhnlich meine Deutungsarbeit nicht, was ich sage, wie ich es sage oder wann ich es sage«.[9]

Das ist eine verblüffende Passage von seiten eines Mannes, der im Blick auf das Kleinkind nicht müde wird, auf das notwendige mütterliche Einfühlungsvermögen, die lockende Begegnung der Mutter mit der Geste des Kindes hinzuweisen. Für Begegnungen mit erwachsenen Menschen scheint Winnicott anzunehmen, daß seine leibliche Befindlichkeit und Emotion keinerlei Einfluß auf diese ausüben, da ja die Worte korrekt gesetzt sind. – Doch ist alles, was in der analytischen oder therapeutischen Beziehung geschieht, ein Resonanzphänomen, ob der Auslöser stärker von der einen oder anderen Seite, dem Patienten oder dem Analytiker kommt. Nichts von dem, was ich im Beisein eines anderen Menschen empfinde, fühle, denke, mir vorstelle und phantasiere, geschieht gänzlich außerhalb der Interaktion. Das gilt auch für die analytische Beziehung. Auch die Frage, ob die Magenschmerzen unter Umständen mit dieser zu tun haben, dürfte zumindest gestellt werden. Signalisieren sie vielleicht ein Problem, das sowohl dem Analytiker als auch Patienten

Magenschmerzen bereitet, und sollte der Analytiker nicht wenigstens probeweise diesem möglichen Signal nachgehen? Winnicott fügt hinzu, es gehe »nur« darum, daß der Analytiker »ärztlich beteiligt sein kann«.[10] Eine wahrhaft seltsame Vorstellung von Heilung! Diese scheint für Winnicott unter Ausgrenzung der eigenen leib-seelischen Befindlichkeit aus dem ärztlichen bzw. dem psychoanalytischen Beteiligtsein zu geschehen.

Nicht alle Qualitäten, die Winnicott von einer Mutter erwartet, dürfen in der Beziehung des Analytikers zum Patienten als bloßes »Agieren« gedeutet und verworfen werden: als Ausweichen ins Tun statt der allein heilenden Deutungsarbeit. Die verbundene Wahrnehmung des gemeinsamen »Organismus«, den Therapeut und Patient zusammen bilden, hat nicht nur eine *mitfühlende*, sondern auch eine *gemeinsam fühlende* Haltung zur Folge. Ohne »Wir-Gefühl« (M. Buber) gedeiht keine menschliche Beziehung. Von dieser Regel macht die analytische und therapeutische Beziehung keine Ausnahme, im Gegenteil: in ihr ist das spürbewußte Wir-Gefühl der eigentliche Heilungsfaktor.

15
Die Liebe ist ein dritter Leib

Selbstheilung des Paares im dritten Leib

Paare sind Organismen eigener Art. Betrachten wir die Photographie irgendeines Paares und weiten dabei unseren Blick zu seinen Umrissen hin aus, bis diese nicht mehr zwei Menschen, sondern ein einziges Gebilde umschließen, dann nehmen wir auf einmal seltsam Befremdliches, seltsam Vertrautes wahr, vielleicht ein Bild mit Wellungen und Rundungen, oder eins mit skurrilen Ecken und Zacken, ein anderes aus einer Mischung beider: Ecken und Rundungen in Eintracht, ein viertes geometrischen Formen wie Rhomben oder Trapezen ähnlich, Bilder, die sich in die Höhe dehnen und solche, die in die Breite quillen: insgesamt Bilder von Fabeltieren, denen wir, obschon wir ihnen täglich zu Hunderten begegnen, bisher kaum Beachtung geschenkt haben. Vielleicht erinnern wir uns nun an Kinderspiele, in deren Verlauf wir uns mit Schaudern und Entzücken zu zweit oder mehreren unter der großen Hülle eines Bettlakens oder ausgedienten Vorhangs zu einem einzigen, fremdartigen Wesen wandelten, oder an Fasnachtsumzüge, in denen auch solche vielgestaltigen, rätselhaft sich bewegenden Wesen auftauchten.

Mit solchen Erinnerungen verlassen wir die statische Welt der Photographie und beleben die Empfindungen wieder, die wir hatten, während unsere Gebärden begannen, wie durch ein verbindendes Drittes geheimnisvoll gesteuert zu werden. Anfänglich hatte chaotisches Gegen- und Durcheinander im eben geborenen Menschentier geherrscht. Doch dann auf einmal, als besänne sich dieses seiner selbst, gingen und hüpften und tanzten wir unter seiner unsichtbaren Regie. Es war gleichzeitig in uns und außer uns: ein Wesen eigener Art mit eigenen Gesetzen, von dem wir, bevor wir uns zusammen unter die Membrane des großen Tuches begaben, nichts wußten. Auf einmal war das Eigene das Andere, und das Andere das Eigene, und sowohl das Eigene als auch das Andere das gleiche Ganze. Stockten wir zwischendurch in dessen großer Bewegung, war plötzlich wieder jeder er selbst, und der Andere anders. Vielleicht wurden wir dann verlegen still oder spielten lustige Spiele, aber das Fabeltier blieb unseren Sinnen entschwunden.

Durch solche Erinnerungen geweckt, nehmen wir auf einmal *Liebespaare*, die durch Straßen schlendern, auf Bänken oder in Cafés sitzen, sich in Garageneingängen stehend mit träumenden Gebärden liebkosen, als Bewegungsgestalten mit eigenen Gesetzmäßigkeiten wahr. Und wir sehen den Glanz, der ein Paar wie mit einer atmenden Lichtmembrane umgibt. Selbst wenn sich die Liebenden ein Stück weit voneinander entfernen, bleiben sie in dieser pulsierenden Membrane wie in einem Geheimnis verbunden. Falls wir später einem von beiden, der nun eigenen Tätigkeiten nachgeht, eigenen Gedanken nachhängt, mit anderen Menschen redet, lacht, gestikuliert, an einem neuen Ort begegnen, bemerken wir, daß immer noch die Lichtmembrane des Paares ihn umgibt und den leeren Raum in der unsichtbaren Hälfte ebenso wie den gefüllten in der sichtbaren Hälfte umfängt.

Stellen wir uns auch die umgekehrte Szenerie vor: Zwei Menschen schreien sich an, verletzen sich mit spitzen, treffsicheren Worten, wie sie nur ehemals oder immer noch Liebende zu finden wissen, und schauen wir sie mit dem gleichen weiten Blick wie von außen auf den gemeinsamen Umriß zukommend an: Wiederum sehen wir eine einzige Gestalt, die sich selber verletzt, eine einzige zuckende Membrane aus trübem Licht, die sie umgibt: ein Bild unheimlicher Selbstzerstörung, die *Selbstzerstörung des Paares*. Und begegnen wir einem von beiden später auf getrennten Wegen, liegt die gleiche Membrane wie ein Netz, in dem ein gefangenes und verletztes Tier zappelt, um ihn, und die unbesetzte Hälfte im Raum der Membrane wird vom gleichen Haß vergiftet, durch die gleiche Ohnmacht gelähmt wie die besetzte: ein Paar auch dieses, ein kranker dritter Leib.

Es ist hier nicht der Ort, den Ursachen nachzugehen, die zu so fatalen Verstrickungen führen. Hier geht es bloß um die Wahrnehmung eines verletzten dritten Leibes und um die daraus folgende Einsicht: Was ich dir antue, tue ich dem dritten Leib und durch diesen auch mir an. Keine Verletzung, die ich dir zufüge, bleibt auf dich beschränkt.

Jede schwächt den dritten Leib und in diesem dich und mich. Wenn du und ich in dieser Einsicht ausharren, erwacht früher oder später Spürbewußtsein in uns beiden: Es ist Verletzung da: Aggression, Traurigkeit, Verzweiflung, Wut. Die Verletzung ist in beiden, auch wenn sie zum Beispiel der eine eher als Aggression und der andere eher als Traurigkeit spürt. Keine Empfindung schwingt in dir, die nicht auch in mir anklingt, und umgekehrt. In unserem Spürbewußtsein sind deine und meine Empfindung auf einmal die eines Dritten, in dem wir beide sind. Diesen projizieren wir auf einen gemeinsamen Punkt: den Zankapfel. Er ist zur Zeit das einzige, was uns verbindet. Zwei Partner können in sich ein gemeinsames Spürbewußtsein wachsen lassen, in angenehmen oder unangenehmen Empfindungen: das Spürbewußtsein des Paares. In ihm erlebt jeder andere emotionale Akzente, entsprechend seiner individuellen Eigenart und Situation, doch immer im Zusammenhang mit dem emotionalen Ganzen des Paares. So findet nicht nur Ko-Evolution (Jürg Willi), sondern auch *Ko-Transzendenz* statt: die neue Geburt beider in einem Dritten. – Später werde ich an einem Beispiel die Entwicklung zweier Partner zu einem gemeinsamen Spürbewußtsein veranschaulichen. Vorerst wenden wir uns einigen Aspekten in der verbundenen Wahrnehmung des dritten Leibes zu, besonders im Paar.

In der Erfahrung des dritten Leibes wird klar, daß das Selbst das Andere und das Andere das Selbst ist: »Im Selbstbewußtsein der Einkörperlichkeit aller Dinge … ist das ›Andere‹ ohne weiteres zugleich das ›Selbst‹ und das ›Selbst‹ ohne weiteres auch das ›Andere‹.«[1] Die erweiterte Selbsterfahrung im dritten Leib hängt von der Einübung in die verbundene Wahrnehmung ab. Aus diesem Grund habe ich dieses Kapitel mit Phantasien über Paare eingeleitet. Ein anderer Weg, die verbundene Wahrnehmung – den »unscharfen« Blick, der nichts Bestimmtes ins Auge faßt, aber das Entscheidende wahrnimmt – einzuüben, liegt in der psychologischen Anwendung der *Heisenbergschen Unschärferelation.* Diese besagt, daß unsere Betrachtung der Dinge diese erst zu dem machen, was sie sind. Wenn der Physiker zum Beispiel das Teilchen als Welle ansieht, dann ist es eine Welle. So ist es auch in der Wahrnehmung eines Paares: Was wir aus der einen Perspektive wahrnehmen, ist richtig, solange wir sie einnehmen; wählen wir eine neue Perspektive, ist das nun Wahrgenommene ebenfalls richtig. Daraus könnten wir fälschlicherweise ableiten, daß alle Perspektiven sich ergänzen, und wir sie nur zusammen sehen müssen, um der »ganzen« Wahrheit näher zu kommen. Doch was wir dann für diese halten, ist auch nur wieder eine Perspektive. Dank dieser Einsicht befreien wir uns von der irrigen Auffassung, daß es letztlich doch nur *eine* Wahrheit gibt, der wir uns durch hartnäckiges Suchen annähern können. Alle Argumente, die in Partnergesprächen ausgetauscht werden, dienen bestenfalls dazu, ein Klima des Verständnisses und der Liebe zu schaffen. Alles, was wir uns gegenseitig sagen, ist gleichzeitig völlig richtig – dies unter der Voraussetzung, daß wir ehrlich sind – und doch auch völlig falsch. Die letztendliche Beliebigkeit der Inhalte in Beziehungsgesprächen setzt, sobald wir sie mit Spürbewußtsein erfassen, Liebe frei. Liebe ist Freiheit, sich mit jemandem in Gefühl und Lebensgestaltung zu verbinden, von dem wir eigentlich keine Ahnung haben, wer er ist, ebenso wenig wie von uns selbst. Natürlich ist auch das nur eine Perspektive, doch ohne sie bleiben wir für den dritten Leib blind.

In der *Beziehungsgestalt* eines Paares von Mann und Frau nehmen wir »am eigenen Leib« unsere *Bisexualität* wahr. Im Mythos und in Einweihungsritualen erscheint der dritte Leib oft als androgyn. Als Hermes Trismegistos den Heilgott Asklepios einweiht, fragt dieser: »Was, du sagst, daß Gott zwei Geschlechter besitzt, Trismegistos?« Und dieser antwortet: »Ja, Asklepios, und nicht Gott allein, sondern alle Tiere und Pflanzen.«[2] Da der dritte Leib ein Resonanzkörper ist, schwingen in ihm beide Geschlechtspole zusammen, der weibliche und männliche.

Wir tragen in uns die *Bewegungsgestalt einer Ganzheit*, die wir als isolierte Individuen nicht sein können. Es wäre unvollständig, zu sagen, daß das *Bild* unserer Ganzheit in uns schlummert. Bezeichnen wir den dritten Leib bloß als Bild, erfassen wir ihn also nur als Vorstellung durch den Sehsinn, dann abstrahieren wir von seiner realen Leiblichkeit und deren Entwicklung in der Zeit. Der dritte Leib aber läßt sich nur unvollständig in einem Bild oder, wie in meinen einführenden Phantasien, gleichsam auf einer Photographie wahrnehmen. Erst in der leiblichen Bewegung aller Sinne, in der

Gestaltungskraft der gemeinsamen Emotionen, leuchtet er uns ein. Er ist also nicht bloß ein imaginierter Leib. An diesem Punkt liegt eine Grenze der bisherigen jungschen Tiefenpsychologie. Der gleiche Unterschied besteht auch einerseits zwischen einem *Traum* oder einer *aktiven Imagination* (das heißt einem inneren Film, dem wir mit wacher Aufmerksamkeit folgen, ohne ihn durch die bewußte Absicht zu beeinflussen) oder einem *katathymen Bilderleben* (das heißt einer aktiven Imagination mit Vorgabe des Ausgangsmotivs und zeitweiligem Eingreifen des Therapeuten), und andererseits einem *Spontanritual*, in dem ein fälliges Lebensmotiv anfängt, sich in allen Sinnen zu verleiblichen, ohne die einschränkende Bewegungshemmung einer bloß imaginierenden Psychotherapie.

Vom ersten Moment unserer Existenz an bewegen wir uns in unzähligen Gebärden und Bewegungsabläufen auf ein Du hin. Unsere tiefe Sehnsucht gilt – ich wiederhole es – der Ekstase: dem Hinaustreten aus dem bloß Individuellen und der Erlösung von diesem, dem Einklang mit anderen in synchronen Schwingungen, in der Grenzen sprengenden Begegnung unter verschiedensten Formen: der sexuellen, freundschaftlichen, geistigen, kulturellen. Die ersehnte Rhythmusangleichung ist eine leib-seelische Erfahrung mit allen Sinnen: mit der tastenden, streichelnden, eindringenden und aufnehmenden Berührung, mit dem entzückten Schauen auf die andere Gestalt, im Akkord der Stimmen, Düfte, Geschmacksempfindungen und Gedanken (für die indische Philosophie ist das Denken einer der sechs Sinne!).

Das Kleinkind, das die Arme ausstreckt, die Lippen vorstülpt, Schaukelbewegungen des Beckens und des ganzen Leibes macht, drückt von Geburt an aus, daß es eine Beziehungsgestalt in sich trägt, die es für sich alleine nicht verwirklichen kann. Bis in die feinsten Verästelungen all unserer Anlagen hinein *sind* wir jederzeit ein dritter Leib. Da, wo wir ihn gerade nicht mit einem anderen Menschen ausformen, zeigen unablässige Gebärden: Bewegungen der Glieder, Organe, Emotionen und Stimmungen, daß wir in keinem Moment unseres Lebens nicht ein dritter Leib sind. Der dritte Leib ist unser einziges Lebensmotiv, läßt er uns doch in jedem Augenblick dem entgegengehen, was uns im Negativ des Fehlenden schon entgegenkommt.

Es ist also zuwenig, wenn wir sagen: eine Lücke, eine Differenz, ein existentieller Unterschied, ein Persönlichkeitsintervall läßt im offenen Raum der Imagination das Bild unserer Vollständigkeit in uns auftauchen. Dieses ist für Jung das Bild der »Heiligen Hochzeit«, des männlichen Ich mit der Anima, oder des weiblichen Ich mit dem Animus. Das Entscheidende bleibt in dieser Auffassung noch unausgesprochen und ungelebt. Die Verdichtung des dritten Leibes geschieht durch leibliche Bewegung im Aufsteigen der Lebenssäfte, im Erwachen spontaner Du-Gebärden, im Drängen nach dem polaren Wechselspiel des dritten Leibes.
Vielleicht werden einige Leserinnen und Leser eines Tages Neugierde verspüren, die in meinem Buch wiedergegebenen Spontanrituale im Blick auf eine einzige Frage nochmals lesend mitzuerleben, nämlich: Was geschieht mit dem sozialen Umfeld eines Selbstinitianden im Moment des spürbewußten Einrastens in seine spontane Selbstregulierung? Die Antwort verblüfft: Ausnahmslos bei allen Selbstinitianden fällt der Augenblick der einsetzenden individuellen Stimmigkeit mit dem der einsetzenden sozialen Stimmigkeit zusammen, letztere sowohl in den Rollenspielen des Spontanrituals, als auch in der Therapiegruppe, falls sich das Spontanritual in deren Mitte ereignet. Dabei ist es gleichgültig, in welcher Emotion, Stimmung oder Gebärde der Umschlag passiert: Das Wohlbefinden aller hängt nicht von der »Positivität« des Geschehenden ab: Die trennende Wertung in »positiv« oder »negativ« fällt jetzt weg. Von diesem Moment an bilden alle Anwesenden einen dritten Leib. Diese Tatsache erklärt unter anderem die stellvertretende Funktion eines individuellen Spontanrituals für andere. – Ein Mann, der an zwölf Gruppenwochenenden teilgenommen hatte, ohne sich ein einziges Mal in ein eigenes Spontanritual hineinzuwagen, beschrieb in einem Brief detailliert, auf welche Weise sich sein Leben durch die Teilnahme an einigen bestimmten Spontanritualen anderer verändert habe. Wenig später stieg er dann selber doch noch in die »Arena« und erlebte am eigenen Leib die Wichtigkeit auch dieses zusätzlichen Schrittes. – Wenn gleichzeitig im eigenen und im sozialen Organismus das »weise« Spürbewußtsein des Selbst die Regie übernimmt, steigt im Selbstinitianden und in allen Beiwohnern tiefe *Dankbarkeit* hoch: die Dank-

barkeit über die Begegnung mit sich und anderen in einem dritten Leib.

In jeder, selbst der innigsten und vollständigsten Liebesbeziehung, bleibt ein Teil unserer Gebärden gleichsam »in der Luft hängen«: sie finden keine Antwort. Der dritte Leib, den zwei Liebende zusammen bilden, kann in jedem der beiden nicht alle Sehnsüchte des dritten Leibes erfüllen: Mein Fehlendes ist nicht ganz dein Volles, und mein Volles nicht ganz dein Fehlendes. Doch spielt dies in einer lebendigen Liebesbeziehung kaum eine Rolle. Niemand kann jederzeit alles aus sich hinaus und in sich herein leben! Die in jedem Paar bestehenden Dissonanzen werden erst zum Problem, wenn sie durch besitzergreifende Emotionen verstärkt werden. Eifersucht, Neid, Frustration und ängstliche Ausschließlichkeit schwächen und kränken den dritten Leib durch Gegenrhythmen, die über die natürlichen Dissonanzen zwischen Partnern hinausgehen. All dies ist zwar »menschlich«, doch ist es noch menschlicher, solche hemmenden Empfindungen so lange mit Spürbewußtsein zu »bebrüten«, bis sie sich in offene Liebe wandeln, wir also alle Besitzansprüche an den anderen aufgeben. Solange jeder der Gefängniswärter des anderen gewesen ist, konnte Liebe nicht gedeihen. Nun aber bewirkt die offene Liebe – es gibt keine Liebe, die sich verschließt –, daß wir mit allen Fühlern, Fasern, Gebärden, Strebungen und Sehnsüchten unseres Wesens, soweit es uns entspricht, aufeinander zuwachsen, daß unser Wachstum sich am einzigen Ort ereignet, wo es sich ereignen kann, nämlich in einem dritten Leib.

Aus der Paartherapie zeige ich nun, auf welche Weise anfängliche emotionale Polarisierungen und Gegenrhythmen zwischen zwei Partnern sich in eine synchrone Schwingung hineintranszendieren können und in welchem Moment die entscheidende Wende geschieht. Die therapeutische Spielregel in der Begegnung lautet: Beide sitzen sich in kleinem Abstand gegenüber, behalten Blickkontakt und teilen sich einzig und allein das mit, was sie gerade empfinden, so lange, bis irgendeine Lösung eintritt. Die Mitteilung der jeweils stärksten Empfindung darf nicht mit Begründungen (etwa: »Ich bin traurig, weil du ein Ekel bist«) verknüpft werden, außerdem soll sie keine versteckten Du-Botschaften enthalten, etwa so, daß ein bestimmtes

Gefühl mit der unausgesprochenen Absicht eines Vorwurfs gegen den anderen mitgeteilt wird. Wie in einem individuellen Spontanritual ist das Spürbewußtsein völlig im eigenen Empfinden zentriert. – Ich berichte nun von einer konkreten Begegnung innerhalb dieser Spielregel. Alle biographischen Hintergründe sowie Hinweise auf Körpersignale lasse ich beiseite.

Eine Frau und ein Mann, seit fünfzehn Jahren verheiratet, sitzen sich gegenüber. Zunächst äußert die Frau, sie habe *Angst.* Nach einer Pause, in der sich die beiden weiterhin unverwandt anschauen, bemerkt der Mann, er fühle *Gleichgültigkeit.* Diese Ausgangssituation gibt die Polarisierung der Empfindungen zwischen den beiden wieder, die seit langer Zeit besteht: Sie sind in entgegengesetzten Emotionen fixiert, verschmolzen in sich gegenseitig bedingenden Abwehrgebärden. Ihr dritter Leib ist jetzt ein leidender, zerrissener Organismus, der seine Wahrheit nur in feindlicher Gegensätzlichkeit ausdrücken kann: eine im Zwischenraum verbindende Mitte, eine gemeinsame Schwingung ist nicht zu spüren. Es ist müßig zu fragen, was zuerst da war: die Angst der Frau, mit der sie ihren Lebensschwung behindert, oder die Gleichgültigkeit des Mannes, mit der er sich vor Gefühlen schützt. Solches Fragen würde von der Realität des dritten Leibes abstrahieren. In diesem ist beides gleichzeitig da. Könnte einer das krankmachende System durchbrechen, gäbe es dieses nicht mehr. »*Zwischen*« den beiden ist ein janusköpfiger dritter Leib: ein Gesicht offenbart Angst, sich dem Lebensschwung zu überlassen, das andere Gleichgültigkeit als Auswirkung »weggesteckter« Gefühle. In der Mitte zwischen beiden sehe ich eine Berührungsfläche, gegen die sich zwei Rücken stemmen: Sie meinen sich freizustoßen; in Wahrheit verhaken sie sich ineinander, weil jeder den anderen als Abschußrampe für die eigene Emanzipation und Lebendigkeit gebrauchen möchte: ein aussichtsloses Unterfangen und ein offensichtlicher Widerspruch, durch den sich Millionen von Paaren am Wachstum hindern: Millionen von Hoffnungen bleiben an der eigenen Abhängigkeit kleben. Das Ganze ergibt eine dissonante Stimmungsgestalt; dic Atmosphäre zwischen den beiden ist vergiftet. Keine Heilung ist in Sicht.

In einem zweiten Austausch drückt die Frau *Wut* aus und der Mann

Unaufmerksamkeit und *Abwehr.* – Durch spürbewußtes Ausharren im bezogenen Blickkontakt findet also eine Verschärfung der Polarisierung statt. Auch dieser zusätzliche Schritt in die Polarisierung ist beiden sattsam bekannt: Die Angst der Frau findet ein vorläufiges Ventil in der Wut über ihren mangelnden Lebensschwung; die Gleichgültigkeit des Mannes verdeutlicht sich zu einer Abwehr, die ihn daran hindert, sich auf den Austausch, der im Gange ist, zu konzentrieren. – Bis dahin also wenig Neues.

Ich erwähne, daß die Pausen zwischen den einzelnen Mitteilungen lange dauern, und der Blickkontakt sich intensiviert. In den Augen der Frau sind heiße Tränen der Wut, in denen des Mannes eiskalte Abwehr. – Nun geschieht lange Zeit nichts, jedenfalls im Ausdruck nach außen. An diesem Punkt sind die beiden vermutlich schon viele Male aus der Auseinandersetzung ausgestiegen: die fatale Selbstunterbrechung im dritten Leib vor der stets gleichen Klippe. Doch diesmal geht es weiter; Spielregeln haben ihr Gutes. Ich weise die beiden darauf hin, daß es wichtig ist, weiterzumachen. Nun geschieht etwas Merkwürdiges, schwer Faßbares, aber Entscheidendes. Durch das sich fortsetzende, unaufhaltsame, in Blick und Haltung bezogene Spürbewußtsein im dritten Leib und das ausschließliche Achten auf die eigenen Empfindungen geraten beide in ein *emotionales Vakuum.* Die Erfahrung setzt sich durch, daß es so nicht weitergeht. Auch dies ist eine Erfahrung des Spürbewußtseins. Beide realisieren das, was nun einmal ist: so geht es nicht weiter; es geht nicht weiter; nichts geht; *Nichts.* – Diese entscheidende Wende wird von den beiden nicht direkt angesprochen. Das alles ausfüllende Nichts: eine neue Erscheinungsform des dritten Leibes, läßt es nicht einmal zu, daß es benannt wird. Es herrscht sehr langes Schweigen. In der Gruppe sind alle auf einmal hellwach. Niemand realisiert, was sich geändert hat. Aber die Stimmung ist völlig anders: fließend wie ein unsichtbarer, unhörbarer, unspürbarer Strom. Indirekt läßt sich die eingetretene Wende – der unwillkürliche, radikale Verzicht auf Vor- und Verstellungen auf Opferattitüden und Manipulationen – an der nun folgenden Interaktion ablesen.

Die Frau sagt: »Ich fühle *Erschöpfung* und *Entspannung*«, und der Mann: »Ich bin auf einmal *aufmerksam* und habe ein *gutes Bezie-*

hungsgefühl«. – In der vorangehenden Wende zur fruchtbaren Leere haben beide den Druck losgelassen, unter den sie sich und den Partner setzten. Nun gibt es keinen Druck, keine Erwartung, keine Forderung mehr, zumindest innerhalb dieses Partner-Spontanrituals nicht; dieses verlangt nach Verwurzelung und Fortsetzung im alltäglichen Zusammensein. – In der Freiheit von Druck, Erwartung, Forderung sind beide einfach da: *gemeinsames Da-Sein*. Beide sind sie zusammen aufgelaufen und haben sich im gleichen Nichts vorgefunden. Und eben da hat die synchrone Schwingung eingesetzt, die sich nun im abgestimmten Atem, in den harmonisch bezogenen leisen Hin- und Herbewegungen der Körper und im beweglich gewordenen Blickkontakt eindeutig offenbart. Hier hat sich die *Ekstase in die Gemeinsamkeit* des dritten Leibes ereignet.

Manchmal geschehen zwischen Partnern »zufällig« solche *Sternmomente*. Weil aber in »glücklichen Zufällen« die Bedeutung des Geschehenden meist nicht spürbewußt erfaßt wird, fliegen sie wie Sternschnuppen über den sonst finsteren Himmel einer Beziehung. In der Therapie ereignet sich nichts anderes als im Alltag; nichts Neues geschieht, aber es geschieht mit Spürbewußtsein, und das ist entscheidend: die neue Richtung kann weiterverfolgt werden, weil wir einen spürbewußten Schritt dahin getan haben.

Im vierten gemeinsamen Durchgang äußern beide nacheinander: »Ich habe *Vertrauen*«: Sie haben sich zum Selbstvertrauen des dritten Leibes befreit, zum Vertrauen in ein verbundenes Wachstum.

Im Anschluß an dieses Partnerspiel ging es für beide darum, das Spürbewußtsein im gemeinsamen dritten Leib zu stärken, den Blick von der individuellen »Halbheit« hin zur Ganzheit des Paares zu weiten: zu den Gesetzen gemeinsamer Entwicklung und gemeinsamer Zerstörung, und innerhalb dieser verbundenen Wahrnehmung an die Lösung der anfallenden Probleme zu gehen. Die transzendente Erfahrung in einem Dritten – Jung nennt sie, nicht in bezug auf Konflikte im Paar, sondern auf Konflikte im Individuum, die *»transzendente Funktion«* – ereignet sich nicht durch bloß vernünftiges Bemühen um Lösung unserer Streitpunkte. Ab und zu müssen wir von allen Überlegungen und Worten absehen, um uns unmittelbar, ohne Kontrollabstand in den je eigenen Empfindungen zu begegnen und zwar so lange, bis ein Umschlag zum Verbindenden eintritt, selbst wenn dieses Trennung heißt. Wie auch bei individuellen Spontanritualen gehe ich von der Erfahrungstatsache aus, daß jedes Problemspiel in sich die Gestalt seiner Lösung trägt, auch wenn diese zu ihrer Entbindung manchmal viel Zeit braucht. Aus dieser Erfahrungstatsache folgt die Einstellung, unbeirrt bis zum Wendepunkt in der Begegnung auszuharren. Sie ist auch für Partner unerläßlich, die ihre Begegnungen im dritten Leib ohne Begleitung angehen.

Oft haben Streitigkeiten zwischen Partnern seltsame Aufhänger. Für Außenstehende nimmt das Trennende im dritten Leib manchmal ulkige Gestalten an. – Zwei jüngere Partner stritten sich über Monate, wer für das Staubsaugen der gemeinsamen Wohnung verantwortlich sei. In allen anderen Bereichen des Zusammenlebens gelang es ihnen, die Rollen flexibel zu verteilen. Doch der Staubsauger blieb Stein des Anstoßes durch die symbolische Besetzung, die er für beide besaß: für die Frau bedeutete er den Inbegriff hausfraulicher Eigenverknechtung, für den Mann eine Tätigkeit, womit ihn seine Mutter als Jugendlichen in die Knie gezwungen hatte. Zu dritt arbeiteten wir am Gedeihen des dritten Leibes, aber der Staubsauger blieb resistent. In der gleichen Nacht träumten beide von einem Staubsauger, der mild leuchtend in der Raummitte schwebte, und den beide wie ein Kultobjekt in gemeinsamer Faszination betrachteten: das merkwürdigste gemeinsame Traummotiv zweier Partner, von dem ich je gehört habe, abgesehen davon, daß übereinstimmende Traummotive in der gleichen Nacht bei Partnern eher selten sind. Vom trennenden Zwischen hatte sich der Staubsauger in ein verbindendes Zwischen gewandelt: eine spontane Phantasieaktivität des dritten Leibes, der in einer gespannten Partnerschaftssituation gleichsam als corpus delicti den heißesten Konfliktpunkt verkörpert, und diesen eventuell, wie in unserem Beispiel, zum springenden Punkt des gemeinsamen Wachstums transformiert, ähnlich wie im Spontanritual der wunde Punkt auch Ausgangspunkt für die angezeigte Entwicklung ist. Die Gestalt des Selbst, sei es im Individuum oder im dritten Leib, formt sich an der Front der Auseinandersetzung, denn auf dieser Grenzlinie konzentriert sich die Lebensenergie und bewirkt Entwicklungsdruck. Einzig die Selbstunterbrechung kann diesen Prozeß unterbinden.

Nicht nur das menschliche Paar bildet einen dritten Leib. In allen engeren und weiteren Kreisen der menschlichen Gemeinschaft und der Welt wächst oder zerfällt ein dritter Leib. In welcher Mitwelt wir uns gerade bewegen mögen: überall gilt es, einen dritten Leib mit Spürbewußtsein zu beleben. Auf diese Weise partizipieren wir aktiv an der Schöpfungskraft der Schöpfung. Sonst laufen wir Gefahr, daß wir als Paar im Glashaus einer zerstörerischen Symbiose, als Gruppe in einer kleinen, paranoid heilen Welt, als politische Bewegung in fanatischer Massenhysterie, als Natur in einer Kloake verkommen.

Archetypik des dritten Leibes

Es wäre reizvoll, der Thematik des dritten Leibes in der Kulturgeschichte nachzugehen. Zumindest einen Text, der die Archetypik des dritten Leibes, also das Allgemeinmenschliche an dessen Erfahrung, visionär verbildlicht, möchte ich den Leserinnen und Lesern, die mir bisher gefolgt sind, nicht vorenthalten. Es handelt sich um einen alten alchemistischen Text, was um so bedeutsamer ist, als sich in den manchmal abstrus und immer rätselhaft anmutenden Symbolen der Alchemie solche Grundtatsachen des Menschseins ausdrücken, die vom Christentum ausgegrenzt wurden. Der folgende Text stammt aus der sogenannten Simonianischen Gnosis und spricht über das weibliche und männliche Urprinzip in der Welt, also über jene Polarität, die im Christentum weitgehend zur Polarisierung degenerierte: »Einander gegenüberstehend paaren sie sich und lassen mitten im *Zwischenraum* eine *unbegreifliche Luft* erscheinen, die weder Anfang noch Ende hat. In dieser aber ist einer, der alles *trägt* und das *ernährt*, das Anfang und Ende hat,... eine *mann-weibliche Kraft*,... in *Einsamkeit* verharrend.«[3]

Ich maße mir nicht an, eine umfassende Deutung dieses Textes zu geben. Nur auf wenige Punkte – die von mir kursiv gesetzten Wörter – gehe ich ein: Die *»unbegreifliche Luft«* im *»Zwischenraum«* ist ein Bild für eine Energieverdichtung, die durch polare Bezogenheit entsteht. Das Bild der »unbegreiflichen Luft« ist mit dem des »Äthers«[4] verwandt, das ebenfalls die Lebensenergie versinnbildlicht. Der dritte Leib ist tatsächlich eine Verdichtung der Energie durch Bezogenheit. Das Zwischen, von dem auch Buber spricht, ist ein Raum, ein »Zwischenraum«: Ort der Begegnung zwischen den Polen, unter anderem im menschlichen Paar. Bei diesem meint es, wie im geschilderten Paarritual erwähnt, den »Freiraum« von Druck, Anforderung, Erwartung, Vorstellung und Selbstunterbrechung. Im Zwischen gibt es also »Luft zum Atmen«. Daher ist die »Luft« Prinzip der Schöpfung: Sie hat »weder Anfang noch Ende«.

Die »Luft« – Energie –, die durch »Paarung« entsteht, kondensiert sich zu einer *»Zentralgestalt«*. Die Verdichtung des dritten Leibes ist kein bloßer Gedanke, sondern leib-seelische Realität, in jeder polaren Bezogenheit unmittelbar mit allen Sinnen feststellbar. Ihre verbundene Wahrnehmung ist notwendig: Spürbewußtsein bewirkt Schöpfung des dritten Leibes und Hingabe an dessen umfassende und zentrierende Kraft. – Die numinose Zentralgestalt ist eine *»mannweibliche Kraft«*. Die mann-weibliche Polarität ist das menschliche Urbild aller Polaritäten und ihrer Schöpfungskraft. Infolge sexueller Vereinigung geschieht Schöpfung in der Geburt des Kindes.

Paare, wie das im Text geschilderte, werden in der Alchemie »*Syzygien*« genannt. Ich erwähne das deswegen, weil die zu erklärende Bedeutung der Syzygien bereits einen Vor-Blick auf die Thematik des nächsten, letzten Kapitels dieses Buches gibt. – Ursprünglich waren mit Syzygien nicht Paare, sondern die Zeiten des Übergangs bei Voll- und Neumond gemeint. Syzygie ist also ein liminaler Begriff, das heißt er bezeichnet eine Schwelle als Wendepunkt zu etwas Neuem. Jeder neue dritte Leib wird in der Tat immer in einem Übergang erfahrbar: Wo alte Fixierungen sich auflösen und »Nichts« da ist (die Schwelle selbst ist ein Nichts in bezug auf das Gewesene und das Kommende), da findet Begegnung und – wie die Alchemie sagt – »Koagulierung«, leibliche Verdichtung zu einer neuen Beziehungsgestalt statt. Das Einrasten in die synchronen Schwingungen des dritten Leibes signalisiert, daß die Grenze überschritten ist.

Die mann-weibliche Zentralfigur in unserem Text ist »*in Einsamkeit verharrend*«: Sie ist unabhängig von allem, was in der Geschichte der Welt kommt und vergeht, ein Urprinzip allen Seins. Deshalb »*trägt*« und »*ernährt*« sie uns, ist Quelle von Geborgenheit und seelischer Nahrung im Paar und in allen organischen Zusammenhängen, in die wir hineingestellt sind.

Der dritte Leib: ein Kind

Menschen rollen in Spontanritualen ihren Grabstein weg, unter dem sie sich selber lebendig begraben haben. »Ein Stein liegt auf meiner Quelle«, sagte ein Mann, von dessen Spontanritual ich berichtet habe. Dieser Grabstein ist unsere größte Kostbarkeit, verbirgt und birgt sie doch in seinen Versteinerungen unsere Lebendigkeit. Er entstand aus Gebärden, denen nicht begegnet wurde, Sehnsüchten, die ins Leere griffen, Sexualität, die in Angst erstarrte, Aggressionen, die sich in hochgezogenen Schultern konservierte, geistige Kreativität, die in Entmutigung verkrustete, Begegnungen die zu Vergegnungen gefroren, Lebensschwung, der wie für alle Zeiten in den stets gleichen Selbstunterbrechungen steckenblieb. Wird der Stein vom Grabesinneren her weggerollt, steht ein Kind auf und schreit sich lebendig. Der Verkleidungen, Rüstungen, Panzer, Grabsteine satt, entblößen wir uns von Anpassungen, Rücksichtnahmen, Konventionen, Selbstkontrolle und finden uns in Gebärden vor, die wir nie gelernt haben, also auch nicht verlernen konnten. Seit jeher sind sie im »Bewegungsapparat« unseres Selbstmusters vorgezeichnet. Gebärden, die jeder Mensch instinktiv versteht, wie immer es um seine kulturellen Prägungen steht. – Wahrscheinlich haben wir Beziehungen hinter uns, in deren Verlauf wir unseren Grabstein noch härter und kompakter machten. Doch nun, da das Kind erwacht ist, fangen viele der Gesichter, von denen wir umgeben sind, zu leuchten an: Kindlich offene Begegnungen finden statt, wie eben erste Begegnungen sind, und der dritte Leib webt sich in vielerlei Gestalten, auf denen der Glanz der Kindheit und die Frische soeben erwachter Gefühle liegen. Nicht nur in solchen Anfängen, sondern immer, wenn wir uns im Spürbewußtsein eines dritten Leibes bewegen, sind wir wie die Kinder. Und auch jeder dritte Leib ist ein Kind. Wieso?

In Partner-Spontanritualen geschieht, wir haben es im Spiel der beiden Ehepartner miterlebt, zunächst die Entflechtung all der erwachsenen Verwachsungen, in die wir uns gegenseitig hineingetrieben haben. Solange diese ein »Paarschicksal« bestimmen, sitzt der Grabstein fest auf dem dritten Leib. Die Lösung des gordischen Knotens in den Paarverstrickungen läßt den Grabstein plötzlich im Nichts verschwinden. Da wir uns jahrelang mit seinen Versteinerungen identifiziert haben, lösen auch wir uns zunächst in nichts auf. Vor Erstaunen darüber, daß sie lebt, hält die Natur in uns den Atem an: die scheinbare Erschöpfung vor der Geburt. Wir wissen nicht mehr ein noch aus. Doch auf einmal ereignet sich aus der Erschöpfung die Schöpfung: Aufmerksamkeit ist da, Spürsinn für das Gemeinsame und Vertrauen ins Leben wie nach einer Geburt: als dritter Leib sind wir auf die Welt gekommen.

Der dritte Leib ist ein Kind und als Kind ist er weise. Davon wissen die Mythen aller Völker. Weise Kinder zentrieren und orientieren neue Kollektivgestaltungen des dritten Leibes. Kulturstifter und Religionsgründer erscheinen zunächst als weise Kinder: Horus, Dionysos, Krischna, Moses oder Christus, um nur einige zu nennen. Als solche sind sie Kristallisationsfiguren aus dem Unverbrauchten, Quellgestalten des Lebens, zum Aufstehen und Auferstehen, Erwachen und Erwecken bestimmt. – Wenn sich zwei Menschen vielleicht nach langer Hemmung gemeinsam dem Entwicklungstrieb ihres dritten Leibes überlassen, bewegt sich in ihrer Paargestalt das weise Kind: das instinktive Wissen beider um die Gebärden der Vereinigung und Abgrenzung, der gemeinsamen Freude und des gemeinsamen Schmerzes, der übermütigen Ausgelassenheit zu zweit und der nachdenklichen Zurückgezogenheit. Und sollten wir eines Tages entdecken, daß wir uns wieder im Gewohnheitsnetz der Erwachsenen eingewickelt haben, dann setzen wir uns einmal mehr hin und suchen uns solange mit den Augen, bis der Schleier zwischen uns zerreißt und das Kind mir durch die soeben entstandene Lücke aus den Augen des Du wie einem alten Bekannten zuzwinkert. Jetzt ist es Zeit, daß wir nach all der Ernsthaftigkeit unserer langweiligen Probleme dem törichten Kind Raum geben, dem dritten Leib, den keiner sieht, der ihn bloß verstehen will.

Mit seinen flüssigen Empfindungen und Gebärden vermag das Kind als Bild des verbindenden dritten Leibes zweier Menschen immer wieder deren Partnerschaft zu retten. Nicht das leibliche Kind hält letztlich eine Beziehung zusammen, wohl aber das weise Kind des dritten Leibes, das jeder ist und beide zusammen sind. Das leibliche Kind kann für uns Spiegel des Kindes als dritter Leib sein, doch wenn dieses fehlt, hilft auch jenes nicht. Das kleine Kind in seiner intensiven, wärmenden und strahlenden leiblichen Präsenz mag uns wohl eine Ahnung vom dritten Leib unserer Partnerschaft geben, aber es ist nicht identisch mit ihm.

Walter Schubart schreibt: »Die Liebenden zieht die Sehnsucht nach dem werdenden Dritten zusammen. Was die Beziehung zwischen zwei Menschen polar macht ist eben dieses Dritte, die sich aus dem Gegensatz vollendende Einheit, die im Kinde Gestalt gewinnt.«[5]

16
Gemeinschaft der Nackten

Eine der beliebtesten Darstellungen der indischen Kunst zeigt auf einer offenen grünen Wiese den jungen Gott *Krischna,* »für den die Herzen aller Frauen und Mädchen in Liebe entbrannten«[1], im erotischen Tanz mit einem Kreis anmutiger Frauen, den Gōpis. Die Legende sagt, der Tanz sei immer inniger und leidenschaftlicher geworden. Mit einer Frau nach der anderen tanzte Krischna: den Kreistanz eines einzigen Mannes mit vielen Frauen. Auf einmal aber ist Krischna verschwunden. Verzweifelt suchen ihn die Gōpis. In allen steigt das gleiche Gefühl hoch: *Sehnsucht* nach Krischna. Als ihr ganzes Wesen nur noch Sehnsucht ist, erscheint Krischna wieder, und weiter geht der herrliche Tanz. – Weshalb ist Krischna in der Zwischenzeit verschwunden? Während er sich mit der stets gleichen Intensität dem Tanze hingab, kam jeder Frau, mit der er gerade tanzte, der Gedanke: »*Er ist mein.* Tanzt er nicht unvergleichlich mit mir? Ein für allemal ist er mein, *nur mein.*« Als im Kreisrund der Tanzenden keine mehr da war, mit der Krischna noch nicht getanzt, also keine, die nicht gedacht hätte: »Er ist mein«, war auch Krischna nicht mehr da. – Er, Verleiblichung der *Flußexistenz*, konnte gar nicht mehr da sein, als die Gōpis sich selbst im Tanz unterbrochen hatten – *Flußunterbrechung* ist *Selbstunterbrechung* – und von der unmittelbaren Ekstase im »geflügelten Augenblick« (William Blake) Abstand nahmen. Der Gedanke »Er ist für immer mein« macht etwas zur Vorstellung, was nur in der Flußerfahrung selbst, im Spürbewußtsein des Augenblicks lebt. Das »Immer«, das sich Liebende – aus dem »ewigen Augenblick« schon ein wenig heraustretend – zuflüstern, bedeutet bereits »nicht mehr«.

Männer mögen sich diese Geschichte umgekehrt erzählen. Sie tanzen abwechselnd im Kreisrund mit einer schönen, erotischen Frau, und süßeste Lust ergreift sie, während sie mit ihr über die leuchtend grüne Wiese tanzen. Sobald aber einem der tanzenden Männer der

Gedanke kommt: »Diese Frau muß ich unbedingt haben. Ich brauche sie. Sie gehört mir bis zu meinem Lebensende«, leert sich sein Herz. Selbst wenn die Frau weiter mit ihm tanzt, wird deren Glanz für ihn trübe. Noch wähnt er, mit ihr zu tanzen, doch ist es ein Phantom, das er in den Armen hält, eines, das vielleicht noch fünfzig Jahre lang »sein« sein wird: das Phantom in Gestalt der Illusion, daß Liebe halt-bar ist. Er merkt nicht, daß Sehnsucht und Liebe angefangen haben, sich von ihm zu entfernen, – genauer: daß er sich von ihnen entfernt. Zwar tanzt die Liebe immer noch ein wenig in seinem Herzen, aber er spürt sie kaum mehr. Der dritte Leib ist nicht gestorben, nur betäubt. Und sollte der Mann eines Tages, der eigenen Frau müde, Sehnsucht nach einer anderen empfinden, weiß er nicht, daß seine Untreue, die an diesem Tag keine mehr ist, in dem Moment anfing, als er gedacht hat: »Sie ist mein.« Und solange er es nicht weiß, und auch mit anderen Frauen in Sternmomenten der Glückseligkeit denken muß: »Sie ist mein«, kann die Liebe in seinem Leben nicht gedeihen.

Das Paradox des Festhaltens besteht darin, daß es Verlust bewirkt, nicht immer im Bereich des Habens, wohl aber des Seins, während umgekehrt das Paradox des Lassens sich darin äußert, daß wir im gleitenden Punkt der stärksten Empfindung bleiben und daher vermutlich in intensiven Partnerschaften leben, die uns lange, vielleicht ein ganzes Leben lang begleiten. Der dritte Leib ist kein Konstrukt für Eheanbahnungsinstitute. Als *»wesenhaftes Wir«* lebt er nur in der Unverstelltheit und Unmittelbarkeit des Augenblicks, ob eine Partnerschaft institutionalisiert ist oder nicht.

Es bleibt nicht aus, daß an diesem Punkt meiner Überlegungen Leserinnen und Leser und auch mir selbst die Frage kommt: Ist denn diese Klarheit augenblicklichen Daseins im wesenhaften Wir in einer langjährigen Partnerschaft mit ihren Gewohnheiten, Bequemlichkeiten, familiären Problemen der Organisation, des Geldes, der Verantwortung, aus der man sich nicht einfach wegschleichen darf, überhaupt möglich? – Viele kennen den glücklichen Augenblick, wenn, vielleicht nach einer Trennung oder nach einer Ehekrise oder während einer schleichenden Stagnation der Gefühle, auf einmal unerwartet und unversehens, das Entzücken der Liebe gleichzeitig wieder in den

Herzen beider aufbricht: »Er ist es doch!« und: »Sie ist es doch!«, und die Membrane des dritten Leibes frisch glänzend wie am ersten Schöpfungstag erstrahlt, der totgeglaubte dritte Leib jung und stark blüht.

Die Feststellung: »Eigentlich ist sie – oder er – es doch: der Mensch, den ich am meisten liebe, aber im Alltag fehlt uns oft die gemeinsame ›Flußerfahrung‹, das Spürbewußtsein für den dritten Leib«, umreißt die zwiespältige Ausgangssituation, die viele Paare und einzelne in Therapiegruppen führt. Sie als typisches Problem eines bürgerlichen Lebensarrangements abzutun, trifft den Punkt nicht. Ebensooft trifft sie für unkonventionelle Partnerschaften zu. Sie stellt die existentielle Frage nach der Vereinbarkeit einer Institution mit nicht planbarer, einfach aus der »Gnade des Augenblicks« heraus geschehender Begegnung und spontaner Gemeinschaft: Wie läßt sich Ereignis mit Struktur, Liebe mit Alltagsbeziehung und ihren Sachzwängen, Leben in Ursprünglichkeit mit sozialer Existenz, die verbundene Wahrnehmung des dritten Leibes mit der unverbundenen in beruflichen Zweckbeziehungen verbinden? – Diese Frage weist auf ein existentielles Grundproblem des Menschen in der Welt, nicht nur in bezug auf Partnerschaft und Familie, hin. Heilung – Thema dieses Buches – hängt mit seiner Lösung zusammen. In der Beschäftigung mit Spontanritualen sind wir einzelnen Aspekten dieses Problems nachgegangen. Eigene Kreativität in der Verleiblichung der jetzt heilsamen Wachstumsgebärden mit unserer konkreten Lebenssituation zu verknüpfen: dieses Anliegen haben wir wie einen roten Faden durch alle Kapitel hindurch verfolgt. Dabei haben wir festgestellt, daß Selbstheilung und Heilung des dritten Leibes, »Selbstfähigkeit« und Gemeinschaftsfähigkeit ein und dasselbe bedeuten. Der instinktsichere Verlauf eines Spontanrituals führt mitten in die Krise unserer derzeitigen Lebenssituation. Das Spontanritual verkörpert den ersten Schritt zu deren Bewältigung. Auf diesen letzten Seiten werde ich in einem kulturgeschichtlichen Zusammenhang die wichtigsten Faktoren dieses Prozesses nochmals hervorheben. Dabei wird sich herausstellen, daß sich das Spontanritual mit seinem Anliegen, individuelle mit sozialer Entwicklungsdynamik zu verbinden, mitten im großen Fluß menschheitlichen Forschens und Bemühens befindet.

Der Weg des Individuums führt aus der symbiotischen Gemeinschaft des Kindes mit der Mutter, dem Vater und den Geschwistern hinaus in die Gesellschaft. Hier soll es einerseits Persönlichkeit, Ich-Stärke, Selbständigkeit, Durchsetzungsvermögen und andererseits geschmeidige Anpassungsfähigkeit an die bestehenden Verhältnisse entwikkeln. Doch selten entspricht die Realität dieser Idealvorstellung: In den meisten Fällen ergreift der junge Mensch einen Beruf und gründet eine Familie, ohne je wirklich auf sich selber gestellt gewesen zu sein. Nie hat er sich ohne Rückhalt erlebt, nie wurde er ohne jeden Status auf seine nackte Existenz zurückgeworfen. Nie hat er mit klarem Spürbewußtsein den eindeutigen Drang ins unverwechselbar eigene Leben, in seine Berufung wahrgenommen. Immer waren andere da: Familienangehörige, Freunde, Bekannte, Berufskollegen. Eben dieser »glückliche« Umstand wird ihm nun zum Verhängnis. Weil er nie auf dem Nullpunkt – im Intensitätspunkt seines Daseins! – angekommen ist, läuft sein Leben bloß am Rande des Lebensflusses, fern der wichtigsten Pulsation. Bei aller Freude und Befriedigung, die er erlebt, langweilt er sich immer ein wenig. Nach einigen Jahren dieser schalen Existenz kommt ihm in einem Moment der Ehrlichkeit vielleicht der gleiche Satz über die Lippen wie jener Frau, die sich, nachdem sie ihn ausgesprochen hatte, mit dem Beistand von Meister Lustig aus Lustlosigkeit und Langeweile herauszog: »Ich bin unglücklich.« – So sieht die Situation der meisten Erwachsenen in allen Lebensaltern aus. Und die anderen, die sozial unangepaßten, die unfreiwilligen Randfiguren der Gesellschaft kennen zwar den Nullpunkt, aber die meisten unter ihnen durchleben ihn nicht solange mit Spürbewußtsein, bis er sich zum Punkt Null: zum Ausgangspunkt einer freien Entwicklung aus innerem Antrieb wandelt.

Alle traditionellen Gesellschaften wußten um die Gefahr, daß junge Menschen in den Erwachsenenstatus eintreten könnten, ohne wirklich erwachsen zu sein, das heißt ohne Verantwortung für sich und die Gemeinschaft zu übernehmen. Aus diesem Grunde entwickelten sie Initiationsrituale. In *Schwellen- oder Übergangsgemeinschaften* waren die Initianden ganz auf sich gestellt: ohne Besitz, sozialen Status, Privilegien, materielle Freuden. Nichts wurde ihnen von außen geboten. Alle trugen sie die gleiche ärmliche Kleidung oder gingen nackt. In den Prüfungen, die sie – oft jeder für sich alleine – zu bestehen hatten, waren sie – die männlichen Jugendlichen – manchmal schweren realen Gefahren ausgesetzt. Unter ihnen herrschte innige Kameradschaft, die sich aus der gemeinsamen Krisensituation nährte, und völlige Gleichheit. Der Sohn des Häuptlings unterschied sich in nichts von den anderen, oft wurde er sogar besonders rüde angefaßt, damit auch er jedes Statusgefühl verlor. Dasselbe galt auch für alle späteren Initiationen, zum Beispiel für die zum Häuptling. Ein Individuum, das die Stufenleiter hinauf will, muß zunächst ganz hinuntersteigen. Für den künftigen Häuptling gab es besonders demütigende Schwellenriten.

Ziel von Schwellenritualen war aber nicht, wie wir heute annehmen könnten, die Initianden so lange mürbe zu machen, bis sie willige Subjekte einer bestehenden Gesellschaftsordnung wurden. Schwellenrituale dienten in erster Linie der Befreiung von Abhängigkeiten, sei es, bei »Pubertätsritualen«, von der Ursprungsfamilie, sei es, bei Berufungsritualen, von Eitelkeit, Ehrgeiz und Bequemlichkeit, also der Erfahrung nackter, unabhängiger Existenz. Daher nahmen sich die Initianden Freiheiten heraus, die bei anderen schwer geahndet worden wären. Ohne Zugehörigkeit zu festen Ordnungen befanden sie sich in einem gesetzlosen Raum, im Vakuum zwischen einer nicht mehr und einer noch nicht gültigen Ordnung. Dies gab ihnen numinose, unheimliche Macht. Weil die Ursprungsgemeinschaften der Initianden spontaner, nicht gesetzlich geregelter Art war, geschahen in ihnen häufige Affektüberflutungen und Grenzüberschreitungen, wie dies ja auch in den ihnen verwandten Therapiegruppen der Fall sein kann[2].

Ausnahmslos alle wirklich »durchgreifenden«, »einrastenden« Spontanrituale gelangen zu eben diesem Krisenpunkt, da im Individuum nichts Aufgesetztes, bloß passiv Übernommenes und Geschenktes, keine Anpassung, Konvention, tradierte Norm, kein Traum der Eltern, kein Trauma aus der Kindheit, kein abwartendes, beobachtendes, vergleichendes, kontrollierendes, unterbrechendes Bewußtsein mehr da ist. All das hat sich totgelaufen. In meiner Erzählung »Tanz der Freundschaft« führen die meisten Geschichten – ähnlich wie Spontanrituale – zu diesem gleichen Punkt des Nichts, zum kritischen Ort einer gefährlichen, schwer zu ertragenden Leere.

Den Punkt der Krise so lange auszuhalten, bis er zur Geburtsöffnung für spontane Wachstumsgebärden wird, und dies nicht einmal, sondern regelmäßig, bis die kreative Spontaneität in Empfindungen, Gebärden und Gedanken zum natürlichen Antrieb und Reflex, das Spürbewußtsein zum selbstverständlichen Wahrnehmungsorgan wird, macht das Individuum gemeinschaftsfähig. Darin liegt seit jeher der Sinn von Übergangsritualen. Spürbewußte Einsamkeit schafft Bezogenheit. Zusammen mit dem individuellen Leib beseelt sich auch der Gemeinschaftsleib, den ich dritten Leib nenne. Das ist eine Grundtatsache jeder Initiation. Übergangsrituale – handle es sich um traditionelle Einweihungs- und Berufungsrituale – oder um Spontanrituale, sind Schritte des Menschen in Heilung, Wachstum und Gemeinschaft.

Leben im Übergang bedeutet *Nacktheit.* Es trifft nicht zu, daß der Körper nicht lügen kann. Er lügt, indem er seine Lebendigkeit verbirgt. Hemmung aus Angst, Scham und Minderwertigkeitsgefühl sind die Wesenslüge des Körpers. Die Wahrheit des Körpers besteht darin, wahrhaftig zu leben, das heißt sich spürbewußt auszudrücken. Der Reichtum und die Bedeutungsvielfalt unserer Gebärden entspricht dem Reichtum und der Bedeutungsvielfalt unserer Beziehungen, Emotionen, Stimmungen und Gedanken. Der Mensch verfügt über eine ebenso differenzierte Sprache der Gebärden wie der Worte, Bilder, Empfindungen und Klänge. Beim Lesen körpertherapeutischer Werke kann der Eindruck entstehen, die menschliche Gebärdensprache beschränke sich auf Bewegungsabläufe, die sich aus dem Sexual- und Aggressionstrieb ergeben: Heilung eines Individuums sei identisch mit dem ungehemmten Fluß der sexuellen und der aggressiven Energie. Ich hoffe, daß ich mit diesem Buch eine Ahnung vom unerschöpflichen Reichtum menschlicher Gebärdensprache vermitteln konnte. Der Entwicklungstrieb ist der fundamentale, alle anderen Triebe umgreifende und regulierende Trieb. Daher reduziert sich die Körpersprache nicht auf störungsfreie Bewegungsabläufe zur Triebabfuhr. Auch Sexualität und Aggression formen vielfältige Gebärden unseres ganzheitlichen Menschseins.

Warum gehen uns die Gebärden eines Clowns oder Mimen so sehr ans Herz? – Weil sich in ihnen ein Aspekt der Conditio humana offenbart. Eine unbeholfene Gebärde ist manchmal die einzig wahre. Sexuelle Begegnungen mit dem intensivsten Orgasmus müssen nicht immer die beglückendsten sein. Manchmal ergreifen uns sogar ein bloßer Blick, eine bloße Berührung, ein leiser zärtlicher Austausch bereits tiefer als diese, dann nämlich, wenn sie mit einem Menschen geschehen, den wir lieben, und wenn sie im Moment noch die adäquateste Ausdrucksform der Partnerschaft bildet. Die beglückendste sexuelle Begegnung ist eingebettet in einer ganzheitlichen Begegnung. Dann allerdings steigert jene diese zur unüberbietbaren Erfahrung menschlicher Erfüllung in einem dritten Leib.

Das Ausdruckswesen Mensch ist keine Triebmaschine. Sein Schöpfungstrieb integriert und relativiert (das heißt wörtlich: »setzt in Beziehung«) zugleich alle anderen Triebe. – Diese Bemerkungen schmälern in keiner Weise die Pionierleistung Reichs, der auch ich in jeder Hinsicht viel verdanke. Vor allem dürfen sie nicht als Vorwand genommen werden, körperliche Hemmungen, Verspannungen und Verpanzerungen therapeutisch nicht anzugehen. Außerdem gibt es auch folgende Erfahrung: Unter den widrigsten inneren und äußeren Bedingungen oder mitten in einer Partnerschaftskrise kann sich die reine, ekstatische, ganzheitliche Begegnung ereignen, die völlig stimmige sexuelle Vereinigung. Unter den unpassendsten Umständen ergreift, durchströmt und befreit dann der Orgasmus den ganzen Menschen: das Ereignis einer durch und durch heilenden Erneuerung.

In diesem Buch zur Heilung mit Spontanritualen ging es mir auch darum, auf die Notwendigkeit einer *integralen Gebärdensprache* hinzuweisen, die aus dem schöpferischen Entwicklungstrieb des Menschen stammt. Wir lernen diese, indem wir auf die Bewegungsimpulse des Spürbewußtseins achten. Seit Jahrzehnten präsentiert die psychologische Literatur die gleichen Erlebnismuster der frühen Kindheit, die gleichen archetypischen Bilder in Kunst, Märchen und Mythen, die gleichen funktionalen Bewegungsmuster in der Enthemmung des Sexual- und Aggressionstriebes. Ich habe die Herausforderung angenommen, mich vom selbstorganisierenden Entwicklungstrieb des Menschen aus auf die integrale Gebärdensprache einzulassen. In ihr fließen Ausdrucksmuster aus der phylogenetischen Vergangenheit und der ganzen Evolution, archetypische Bilder als Wachstumsmotive, Kindheitserinnerungen, funktionale Bewegungsabläufe aus der Triebstruktur, emotionaler Ausdruck in Mimik und Haltung, Worte, kulturelle Muster des Zusammenlebens und andere Gestaltungskräfte des Menschen zusammen. Im Medium der Spontanrituale integriert die Gebärdensprache alle Ausdrucksformen des Menschen in eine eigengesetzliche, dynamische Synthese. Dieses Buch ist Versuch und Anfang einer kreativen Psychotherapie, die nichts ausgrenzt, was der leibliche Mensch in spontaner Folgerichtigkeit aus der Dynamik des Spürbewußtseins zu seiner Heilung und Entfaltung in Szene setzt.

Ich kehre zur Wesenslüge des sich im Prozeß der Verleiblichung selbst unterbrechenden Leibes und im gleichen Zuge zum Thema der Nacktheit zurück. Nacktheit bedeutet Entlarvung dieser Wesenslüge. Im zugleich körperlichen, seelischen und geistigen Sinne ist Nacktheit mein momentanes So-Sein. Selbstentblößung und Suche nach dem Energiepunkt sind Synonyme. Nacktheit ist konsequentes Leben am Ort des intensivsten Wachstums. Ihr einziger Schutz ist die Grundhaltung der Wahrhaftigkeit. Manche Menschen empfinden Scheu, sich sogar langjährigen Freunden in körperlicher Nacktheit zu zeigen. Das bedeutet, daß sie sogar diesen nahen Menschen gegenüber in jeder, auch in seelischer und geistiger Hinsicht, gehemmt sind: Sie verbergen von der eigenen Person, was sie selbst nicht lieben und nicht entwickeln. Sollten sie sich dann doch einmal nackt zeigen, nicht nur kurz beim Umziehen, sondern zum Beispiel an der Sonne, beim Baden oder in der Sauna, dann weicht eine alte zwischenmenschliche Barriere, und wächst eine neue entspannte Vertrautheit: Wir haben uns nackt gezeigt und gesehen und mögen uns noch mehr als zuvor! Ähnliches geschieht in der Psychotherapie durch Entblößung des eigenen Lebensschicksals. Viele zögern sie lange hinaus, doch lassen sie sie endlich zu, dann fluten durch sie intensive Gefühle der Dankbarkeit und Verbundenheit.

In Verbindung mit der existentiellen Nacktheit ist eine zusammenfassende Bemerkung zum Adjektiv *»spontan«* im Wort *»Spontanri-*

tual« am Platz. Im Lateinischen bedeutet es wörtlich: »dem Antrieb folgend«. Die Frage stellt sich, welchen Antrieben wir im Spontanritual denn folgen. Sind Spontanrituale erhabene Feiern des reinen Archetypischen? Setzen sich also in ihnen schließlich die im Selbstmuster angelegten Entwicklungen, ungeachtet der konkreten Sozialisation eines Individuums, unverfälscht und klar durch? – Spontaneität ist ein gefährliches Wort. In Momenten der Denkfaulheit, Verantwortungslosigkeit und Regression in Einzelimpulse, die sich vom Lebensganzen trennen, kommt dieses Wort manchem »Sponti« zu leicht über die Lippen. – Die im Spontanritual gemeinte Spontaneität hat damit nichts zu tun. Zwar mischt auch in Spontanritualen die Biographie bis zum Ende kräftig mit, im Förderlichen und im Hinderlichen. Von rein archetypischen Prozessen kann also nicht die Rede sein. Und doch nehmen sie über vielerlei Klippen und Umwege die Richtung zur Selbstgestaltung im Rahmen der jeweiligen sozialen Möglichkeiten. Wie kann dies geschehen? Durch das immer spürbewußtere Einswerden mit den eigenen Energiesignalen, also mit jenen leiblichen Ausdrucksformen, welche in einem gegebenen Moment die stärkste Ausstrahlung in den ganzen Organismus haben. Durch deren Verkörperung und Inszenierung entsteht in uns ein Zustand absichtsloser und nach vorne offener Zentrierung, den ich mit dem Ausdruck *»wache Trance«* umschrieben habe. In diesem Zustand eindeutigen In-der-Welt-Seins (die anfängliche Zwei- oder Mehrdeutigkeit ordnet das soeben noch im chaotischen Miteinander Vermischte zu einem sinnvollen organischen Nacheinander) setzen sich die schöpferischen Impulse zur Selbst- und Weltgestaltung immer stärker durch, allerdings nie in archetypisch reiner Form. Die Gefühle von Bei-sich-Sein, von Lösung und Befreiung, die wir an Wendepunkten des Spontanrituals erleben, stammen stärker von der nun richtigen Richtung als von einem erreichten Ziel her. Ebenso wie das Wort *Nacktheit* in unserem Zusammenhang eigentlich den Prozeß der *Entblößung* meint, meint das Wort *Spontaneität* den Prozeß der *Selbst-Orientierung*. Und beide bedeuten in ihrer Kernaussage dasselbe.

Schiwa-Jünger gehen in Indien oft völlig nackt durch die Lande. Sie sind, wer sie sind, ohne Status und mit einer mehr oder weniger anziehenden Körperlichkeit, mit dieser oder jener Unregelmäßigkeit und Unvollkommenheit, wie es sie ja in allen Bereichen des Menschseins gibt. Leibliche Nacktheit im existentiellen Sinn hat nicht mit sexueller Aufreizung, Voyeurismus und Exhibitionismus, sondern mit leidenschaftlicher Aufrichtigkeit und Klarheit zu tun. Das große Faszinosum im Leben des Franz von Assisi lag im Bild des nackten Christus. Im Nichts von dessen Selbstentäußerung (griechisch: Kénosis – wörtlich: Leerwerdung) fand Franz den Antrieb seines Daseins. Er selber schlief nackt auf dem Boden, und als der Tod auf ihn zukam, wollte er, daß seine Jünger ihn nackt auszogen.

Die Berufung zur Nacktheit als dauernder Lebensform, das heißt in unserem Zusammenhang zur kompromißlosen Wahrhaftigkeit am Rande der Gesellschaft, kennzeichnet viele Mystiker und Künstler sowie einige namenlose Randfiguren auf der Grenze zwischen Verrücktheit und Ekstase. Für uns alle aber sind Übergangsphasen der Nacktheit, in denen wir uns einen weiteren Schritt zu unserem Selbst hin gestalten, lebensnotwendig. Im Buddhismus und Hinduismus herrscht der Brauch, sich von Zeit zu Zeit in ein Kloster oder Ashram zurückzuziehen. Vermeiden wir solche Regenerierungsphasen, so werden wir destruktiv. Wo wir uns verhüllen, da ver-kümmern wir, werden traurig und resigniert. Oder als Ersatz für die eigene Selbstentblößung stellen wir andere bloß und richten den anklagenden Zeigefinger treffsicher auf eben jenen Punkt bei ihnen, wo wir selber uns nicht entblößen und wo die unerkannte Sehnsucht in uns brennt, es endlich zu tun. Oder wir fliehen vor der durch Spürbewußtsein motivierten heilenden Selbstentblößung hinein in plakative, masochistische Selbstbloßstellung und bestrafen uns selbst für das, was wir als Schuld empfinden: für unser nacktes Dasein.

In der leiblichen Nacktheit gibt es keine Nivellierungsunterschiede. Wenn Michelangelo Christus und den Teufel, die Seligen und die Verdammten nackt darstellt, kommen diese sich auf einmal seltsam nahe. In der gemeinsamen Nacktheit fühlen sich die Fremdesten verwandt. Dank ihr wird es offensichtlich, daß niemand ein ganzer Teufel oder ein ganzer Engel ist. Alle bewegen wir uns im Zwischenbereich von Schöpfung und Zerstörung. Verteufelung kommt aus der Verhüllung des nackten Menschseins. In Geschichtsperioden,

in denen die christliche Kunst am meisten Nacktheit verhüllt hat, wurden die meisten Ketzer und Hexen verbrannt, etwa in der nachreformatorischen Zeit und in der Gegenreformation.
Pfarrer und Richter haben ein häufiges Traummotiv gemeinsam: Nackt stehen sie am Ort ihres beruflichen Wirkens, in der Kirche oder im Gerichtssaal, und vermissen ihre Unterlagen: Predigt oder Gerichtsakten. – Angst vor Entblößung und die Sehnsucht nach ihr werden in solchen Träumen spürbar: Menschsein jenseits und unter der sozialen Maske.
Victor Turner nennt Menschen in Übergangsphasen »Schwellenpersonen«.[3] Auf dem springenden Punkt der Grenze, auf der Schwelle, wo wir weder hier noch dort sind, ist der numinose Punkt der Transformation. Eigentlich befinden wir uns jederzeit auf dieser kritischen Schwelle des Daseins. Wenn wir es recht bedenken, sind wir immer Schwellenpersonen. Doch brauchen wir, um uns in »die Horizontale« zu entfalten, ruhige Phasen in festen Strukturen. In diesen tritt die Flußerfahrung zurück. Ohne *strukturelles Handeln* innerhalb der Gestaltungen des dritten Leibes, von der Partnerschaft zur Familie bis zur Gesellschaft als Ganzes, bekommt das ekstatisch mystische, von sozial geförderten Strukturen sich ständig lösende Dasein leicht etwas Magisches, zu grenzenloser Macht sich Überhebendes. Doch ist diese Macht »kein Ersatz für klares Denken und festes Wollen«.[4] – Nach einer ersten Phase der Selbstentblößung oft bis zur völligen Nacktheit führen deshalb Spontanrituale aus den neuen Impulsen des »nackten Daseins« in die Umstrukturierung des eigenen Lebens innerhalb des jeweiligen sozialen Handlungsfeldes. Andererseits braucht unser strukturell eingebundenes Handeln in allen Lebensbereichen die regenerierende Quelle spontaner Gebärden, ebenso wie im Bereich der Wahrnehmung unser reflexives Bewußtsein zu seiner Belebung und Orientierung das Spürbewußtsein braucht. Menschwerdung ereignet sich im Zusammenklang beider. – In stabileren Lebensphasen neigen wir, wie angedeutet, eher zu strukturellem Handeln mit reflexivem Bewußtsein, in Übergangsphasen eher zu spontanen Gebärden und kreativem Tun mit Spürbewußtsein. – Zwar bedeuten Struktur und Abstand nehmendes Bewußtsein immer auch Verhüllung. Doch bilden Verhüllung und

Enthüllung, Struktur und Schöpfung, nach-denkendes und mit-spürendes Bewußtsein in gemeinsamen Wellenbewegungen eine dynamische Polarität.
Das gleiche Spannungsverhältnis herrscht zwischen der Schwellengemeinschaft einer Therapiegruppe und den strukturierten Gemeinschaften, vor allem den Zweckgemeinschaften in Beruf und Freizeit. Besonders deutlich erleben wir dieses Spannungsverhältnis in einer Liebesbeziehung. Sensibel reagiert der dritte Leib zweier Liebender auf jede Gleichgewichtsstörung zwischen den beiden Polen, vor allem auf das Überhandnehmen der Strukturierung auf Kosten des spontanen, schöpferischen, augenblicklichen Daseins. Trifft letzteres zu, muß jeder in die Regeneration spürbewußter Einsamkeit eintauchen. So wird sich auch der dritte Leib des Paares neu beseelen und zu einer beweglicheren Struktur finden.
In welcher Phase wir uns auch gerade befinden: ob wir eher zu Strukturierung und Verfestigung oder zu Spontaneität und Verflüssigung neigen: keine Phase ist wertvoller als die andere. Wenn in einer bestimmten Zeit der Partnerschaft Struktur, Abgrenzung und Spiegelbewußtsein vorherrschen, dürfen wir nicht Gefühle äußern, die wir gar nicht empfinden, und uns zu Gesten gemachter Zärtlichkeit zwingen, selbst wenn unsere momentane Kühle den anderen kränkt. Ebensowenig sollen wir uns in einer Zeit spontaner Wärme, Nähe und Zuneigung zurückhalten, aus Angst, abgewiesen zu werden oder unsere Unabhängigkeit zu verlieren, und aus dem Spürbewußtsein in die Kontrolle flüchten. Die strukturierende, Distanz und persönlichen Freiraum schaffende Gegenbewegung wird von alleine kommen. Nur klebrige Halbheit und Ambivalenz machen unfrei. Nichts verletzt den dritten Leib nachhaltiger als Unehrlichkeit und Unklarheit in Gefühl und Gebärde.
Zwei Liebende mögen sich ab und zu splitternackt gegenübersetzen und in ständigem Blickkontakt das Entscheidende ausdrücken, was mitzuteilen sie Angst oder einfach Trägheit bisher gehindert haben. Jede und jeder spricht, ohne verbale und mimische Unterbrechung durch den anderen, solange als nötig. Durch Freimut und Aufrichtigkeit wächst Vertrauen: Wie viele Entfaltungsmöglichkeiten gibt es doch in und zwischen zwei Menschen in der gegenseitigen Haltung

existentieller Nacktheit! – Natürlich brauchen sie sich nicht jederzeit alles aus dem eigenen Tun, Fühlen und Denken zu offenbaren. Auch der Offenbarungszwang schafft ein Klima der Enge und Unfreiheit. Sie können ein Gespür dafür entwickeln, welche Nahrung ihr dritter Leib gerade braucht.

Liebe ist keine bloße Empfindung, die wie ein Juckreiz kommt und geht. Liebe ist ein dritter Leib: ein lebender Organismus in selbstschöpferischer Bewegung, geheimnisvoll wie alles Lebendige, ein Leib, der wir ebenso sind wie unser individueller Leib, und in dem wir *mehr* sind. – Gäbe es die Liebe, den dritten Leib, die organische Gemeinschaft, das Feld, in dem wir uns handelnd berühren, nicht, würde keine innere Stimme rufen: »Nimm deine Couch und geh!«

Bibliographie

Aitken R., Zen als Lebenspraxis, München 1988
Asper K., Verlassenheit und Selbstentfremdung, München 1990
Bandler R./Grinder J., Neue Wege der Kurzzeit-Therapie, Paderborn 1989
Bandler R., Bitte verändern Sie sich jetzt, Paderborn 1991
Barz E., Selbstbegegnung im Spiel, Zürich 1988
Bellow S., Mehr noch sterben an gebrochenem Herzen, München 1991
Berendt J.-E., Das Dritte Ohr, Reinbeck bei Hamburg 1985
ders., Nada Brahma, Frankfurt a.M. 1989
Bhagavadgîtâ, Stuttgart 1955
Bleuler E., Lehrbuch der Psychiatrie, Berlin, Heidelberg, New York 1975
Briggs J./Peat F.O., Die Entdeckung des Chaos, München, Wien 1990
Brockhaus-Lexikon (F.A.), München 1984
Buber M., Das dialogische Prinzip, Heidelberg 1979
Buddha Gautama, Die vier edlen Wahrheiten, München 1985
Campbell J., The Masks of God: Occidental Mythology, New York 1976
ders., Myths to Live by, Bantom Books 1988
Chögyam Trungpa, Mudra – Gesten der Weisheit, Aitrang 1990
Conze E., Der Buddhismus, Stuttgart 1962
Dürckheim K., Zen und wir, Weilheim/Obb. 1972
ders., Wunderbare Katze, Bern, München, Wien 1975
Eberhard W., Lexikon der chinesischen Symbole, Köln 1987
Eliade M., Schamanismus und archaische Ekstasetechnik, Frankfurt a.M. 1975
ders., Die Sehnsucht nach dem Ursprung, Frankfurt a.M. 1976
ders., Histoire des croyances et des idées religieuses, 1 – 3, Paris 1983
ders., Kosmos und Geschichte, Frankfurt a.M. 1984
Epikur, Philosophie der Freude, Stuttgart 1956
Freud S., Gesammelte Werke, London 1940 – 1952
Glasenapp H.v. (Hrsg.), Pfad zur Erleuchtung, Köln 1974
Glasenapp H.v., Die Philosophie der Inder, Stuttgart 1974
Grof S., Geburt, Tod und Transzendenz, München 1985
Grof S. u. Ch. (Hrsg.), Spirituelle Krisen, München 1990
Harrigel E., Zen in der Kunst des Bogenschießens, Weilheim/Obb. 1965
Hope M., The Psychology of Ritual, Longmead 1988
Huang A., Lebensschwung durch T'ai chi, Bern und München 1984
Jetter W., Symbol und Ritual, Göttingen 1986

Jung C.G., Gesammelte Werke, Olten 1971 – 1981
Jung C.G./Wilhelm R., Das Geheimnis der Goldenen Blüte, Olten 1973
Jungclaussen E. (Hrsg.), Aufrichtige Erzählungen eines russischen Pilgers, Freiburg/Brsg. 1974
Keleman S., Körperlicher Dialog in der therapeutischen Beziehung, München 1990
Kernberg O.F., Borderline-Störungen und pathologischer Narzißmus, Frankfurt a.M. 1983
Klein M., Die Psychoanalyse des Kindes, München 1973
Klein P., Tanztherapie, Bremen 1988
Kohut H., Die Heilung des Selbst, Frankfurt a.M. 1979
Krishnamurti J., Einbruch in die Freiheit, Berlin 1990
Lao Tse, Tao Tê King, Zürich 1959
Libis J., Le mythe de l'androgyne, Paris 1980
Lowen A., Liebe und Orgasmus, München 1980
ders., Bio-Energetik, München 1986
Maertens J.-T., Ritanalyses 1, Paris 1987
Meister Eckhart, Deutsche Predigten und Traktate, Zürich 1979
Mindell A., The Dreambody, Fellbach-Oeffingen 1987
ders., Die Schatten der Stadt, Paderborn 1989
Neumann E., Tiefenpsychologie und neue Ethik, München 1973
ders., Kulturentwicklung und Religion, Frankfurt a.M. 1978
Nietzsche F., Also sprach Zarathustra, München 1980
Nonnos de Panopolis, Dionysiaques, Paris 1982
Osho, Das Orangene Buch, Berlin 1989
Otto R., Das Heilige, München 1963
Paul M. und P., Le chant sacré des énergies, Sisteron 1983
Perls F., Gestalt, Wachstum, Integration, Paderborn 1980
ders., Gestalttherapie, Bd. 1 u. 2, Stuttgart 1985
Pierrakos J., Core Energetik, Essen 1987
Reich W., Charakteranalyse, Frankfurt a.M. 1985
ders., Die Entdeckung des Orgons – Die Funktion des Orgasmus, Köln 1987
Rose H.J., Griechische Mythologie, München 1969
Schellenbaum P., Le Christ dans l'Energétique teilhardienne, Paris 1971
ders., Die Christologie des Teilhard de Chardin, in: Theol. Berichte II, Zürich 1973
ders., Plötzenseer Totentanz, in: Die getretene Liebe, München 1975
ders., Das Nein in der Liebe, Stuttgart 1984
ders., Die Vaterfigur im religiösen Denken, Trierer Scripte der Katholischen Akademie, Trier 1984

ders., Wir sehen uns im Anderen, Schriftenreihe der Ökumenischen Akademie im Nidelbad, 1986

ders., Ehe ohne Kinder – gewollt, ungewollt, in: Kinder haben? (Hrsg. H.J. Schultz), Stuttgart 1986

ders., Abschied von der Selbstzerstörung, Stuttgart 1987

ders., Die Wunde der Ungeliebten, München 1988

ders., Gottesbilder, München 1989

ders., Wandlungen im Selbstverständnis des Mannes, in: Der Mann im Umbruch (Hrsg. P.M. Pflüger), Olten 1989

ders., Tanz der Freundschaft, München 1990

ders., Ueber den Liebeskummer, in: Schmerz (Hrsg. H.J. Schultz), Stuttgart, 1990

ders., Homosexualität im Mann, München 1991

ders., The Role of the Anima in Analysis, in: Gender and Soul (Hrsg. N. Schwartz-Salant), Wilmette/Chicago 1992

Schoop T., … komm und tanz mit mir!, Zürich 1981

Schubart W., Religion und Eros, München 1966

Sedlmayr H., Verlust der Mitte, Frankfurt a.M., Berlin, Wien 1983

Teilhard de Chardin P., Le milieu divin, Paris 1957

Turner V., Das Ritual – Struktur und Antistruktur, Frankfurt a.M. 1989

ders., Vom Ritual zum Theater, Frankfurt a.M. 1989

Watzlawick P., Anleitung zum Unglücklichsein, München 1985

Winnicott D.W., Reifungsprozesse und fördernde Umwelt, München 1974

Wosien M.G., Tanz im Angesicht der Götter, München 1985

Zimmer H., Indische Mythen und Symbole, Köln 1981

ders., Abenteuer und Fahrten der Seele, Köln 1987

Anmerkungen

Einleitung

1 Sigmund Freud in einem Brief an Lou Andreas Salomé, zitiert in: Lou Andreas Salomé, »Fröhlich dessen, was ich lebe«, in: Psychologie Heute, 18. Jg., Heft 8, 1991

ERSTER TEIL:
Kapitel 1

1 W. Reich, Die Entdeckung des Orgons – Die Funktion des Orgasmus, S. 82
2 Ebd., S. 246
3 C.G. Jung, Zur Psychologie des Kinderarchetypus, in: GW 9/I, S. 291
4 Vgl. P. Schellenbaum, Abschied von der Selbstzerstörung, Kapitel 4, S. 41ff
5 Zitiert bei C.G. Jung, in: Zur Psychologie des Kinderarchetypus, in: GW 9/I, S. 185
6 H. Kohut, Die Heilung des Selbst, S. 280

Kapitel 2

1 V. Turner, Das Ritual – Struktur und Antistruktur, S. 31
2 Vgl. M. Eliade, Histoire des croyances et des idées religieuses 2, S. 234
3 C.G. Jung/R. Wilhelm, Das Geheimnis der Goldenen Blüte, S. 13
4 Besonders in P. Schellenbaum, Das Nein in der Liebe
5 R. Bandler/J. Grinder, Neue Wege der Kurzzeit-Therapie, S. 78
6 D.W. Winnicott, Reifungsprozesse und fördernde Umwelt, S. 64

Kapitel 3

1 M.G. Wosien, Tanz im Angesicht der Götter, S. 18
2 V. Turner, Das Ritual – Struktur und Antistruktur, S. 20
3 M. Eliade, Die Sehnsucht nach dem Ursprung, S. 160
4 Ebd., S. 160 und M. Eliade, Schamanismus und archaische Ekstasetechnik, S. 135, S. 144/5

5 M. Eliade, Histoire des croyances et des idées religieuses 1, S. 229
6 Ebd., S. 233
7 V. Turner, Das Ritual – Struktur und Antistruktur, S. 128-158
8 Ebd., S. 135
9 Zitiert in: W. Jetter, Symbol und Ritual, Anm. 24, S. 114
10 J.-E. Berendt, Nada Brahma, S. 141
11 M. Eliade, Histoire des croyances et des idées religieuses 2, S. 29
12 V. Turner, Das Ritual – Struktur und Antistruktur, S. 21
13 Zum Begriff Klippenmotiv vgl. P. Schellenbaum, Homosexualität im Mann, S. 223 – 230
14 W. Jetter, Symbol und Ritual, S. 104
15 Zitiert durch M. Eliade, Kosmos und Geschichte, S. 34
16 Vgl. P. Schellenbaum, Abschied von der Selbstzerstörung, S. 48ff
17 Vgl. H. Zimmer, Indische Mythen und Symbole, S. 168 – 174. Vgl. auch die Beschreibung meiner Begegnung mit tanzenden Schiwa-Priestern in: Die Wunde der Ungeliebten, S. 105/6

Kapitel 4

1 V. Turner, Vom Ritual zum Theater, S. 41
2 Vgl. E. Harrigel, Zen in der Kunst des Bogenschießens
3 Vgl. R. Bandler/J. Grinder, Neue Wege der Kurzzeit-Therapie
4 Vgl. P. Schellenbaum, Die Wunde der Ungeliebten, S.27 – 34
5 Vgl. V. Turner, Vom Ritual zum Theater, S.89 – 94
6 Vgl. P. Schellenbaum, Das Nein in der Liebe, S. 152 – 157
7 Vgl. W. Jetter, Symbol und Ritual, S. 142

Kapitel 5

1 M.G. Wosien, Tanz im Angesicht der Götter, S. 23
2 A. Lowen, Bioenergetik, S. 83
3 Vgl. S. Bellow, Mehr noch sterben an gebrochenem Herzen

Kapitel 6

1 C.G. Jung/R. Wilhelm, Das Geheimnis der Goldenen Blüte, S. 94/5
2 Ebd., S. 96
3 Ebd., S. 100
4 Vgl. F. Perls, Gestalt, Wachstum, Integration, S. 39
5 Ebd., S. 47

6 R. Bandler/J. Grinder, Neue Wege der Kurzzeit-Therapie, S. 110
7 Vgl. J. Pierrakos, Core Energetik, S. 174
8 Ebd., S. 175
9 H. Zimmer, Abenteuer und Fahrten der Seele, S. 303/4
10 J. Pierrakos, Core Energetik, S. 189

Kapitel 7

1 Vgl. P. Schellenbaum, Die Wunde der Ungeliebten, S. 90 (über Jacques Lacan)
2 Vgl. P. Schellenbaum, Homosexualität im Mann; Gottesbilder
3 Vgl. P. Schellenbaum, Das Nein in der Liebe; Abschied von der Selbstzerstörung; Die Wunde der Ungeliebten
4 Vgl. R. Bandler/J. Grinder, Neue Wege der Kurzzeit-Therapie, S. 79
5 C.G. Jung/R. Wilhelm, Das Geheimnis der Goldenen Blüte, S. 124
6 Lao Tse, Tao Tê King, S. 87
7 Zitiert bei C.G. Jung/R. Wilhelm, Das Geheimnis der Goldenen Blüte, S. 25
8 J. Krishnamurti, Einbruch in die Freiheit, S. 73
9 F. Perls, Gestalt, Wachstum, Integration, S. 33

Kapitel 8

1 Vgl. E. Bleuler, Lehrbuch der Psychiatrie, S. 54, S. 525 – 527
2 Vgl. P. Schellenbaum, Die Wunde der Ungeliebten, S. 20 – 34
3 Vgl. J. Pierrakos, Core Energetik, S. 151
4 Die scholastische Philosophie definiert die Gewohnheit als »habitus difficile mobilis«.
4 In den Augen C.G. Jungs »lösen« wir nicht unsere Neurosen, sondern »überwachsen« sie.
6 Vgl. Osho, Das Orangene Buch, S. 65 – 67
7 Vgl. J. Pierrakos, Core Energetik, S. 217, S. 220
8 Vgl. P. Schellenbaum, Die Wunde der Ungeliebten, Kapitel »Druck und Drang«, S. 96 – 104
9 J. Pierrakos, Core Energetik, S. 77 und A. Lowen, Bio-Energetik, S. 221

Kapitel 9

1 F. Nietzsche, Also sprach Zarathustra, S. 29

2 Vgl. J. Pierrakos, Core Energetik, S. 172 – 174
3 Vgl. W. Reich, Die Entdeckung des Orgons – Die Funktion des Orgasmus, S. 204
4 Ebd., S. 114
5 J. Pierrakos, Core Energetik, S. 173
6 C.G. Jung, Seelenprobleme des modernen Menschen, in: GW 10, S. 112
7 Ebd., S. 112
8 W. Reich, Die Entdeckung des Orgons – Die Funktion des Orgasmus, S. 243/4
9 Ebd., S. 243/4

Kapitel 10

1 Vgl. P. Schellenbaum, Das Nein in der Liebe, S. 27 – 34 (das Kapitel: »Die Tragik des glücklichen Paares«)
2 R. Bandler, Bitte verändern Sie sich jetzt
3 Zitiert nach R. Bandler/J. Grinder, Neue Wege der Kurzzeit-Therapie, S. 173
4 G. Buddha, Die vier edlen Wahrheiten, S. 113
5 Vgl. A. Lowen, Bio-Energetik, S. 35/6

Kapitel 11

1 F.A. Brockhaus-Lexikon, Band 11, S. 191
2 C.F. Meyer, Der römische Brunnen

Kapitel 12

1 D.W. Winnicott, Reifungsprozesse und fördernde Umwelt, S. 188ff
2 Zitiert in M. und P. Paul, Le chant sacré des énergies, S. 377
3 Letztere sind Äußerungen der Lebensenergie. Zum Begriff der Lebensenergie, vgl. P. Schellenbaum, Die Wunde der Ungeliebten, S. 37 – 43

Kapitel 13

1 Vgl. P. Schellenbaum, Die Wunde der Ungeliebten, S. 96 – 115
2 Ebd., S. 97
3 Vgl. M. Eliade, Histoire des croyances et des idées religieuses 3, S. 156

4 Nonnos de Panopolis, Dionysiaques, S. 15, S. 24
5 Vgl. M. Hope, The Psychology of Ritual, S. 169

Kapitel 14

1 Lao Tse, Tao Tê King, S. 132
2 J.-E. Berendt, Nada Brahma, S. 151
3 Ebd., S. 151
4 Ebd., S. 151
5 O.F. Kernberg, Borderline-Störungen und pathologischer Narzißmus, S. 283
6 Ebd., S. 284
7 Ebd., S. 379, S. 381
8 Ebd., S. 379
9 D.W. Winnicott, Reifungsprozesse und fördernde Umwelt, S. 212
10 Ebd., S. 212

Kapitel 15

1 K. Dürckheim, Wunderbare Katze
2 J. Libis, Le mythe de l'androgyne, S. 71
3 Zitiert nach C.G. Jung, GW 14/I, S. 148/9
4 Vgl. P. Schellenbaum, Die Wunde der Ungeliebten, S. 39
5 W. Schubart, Religion und Eros, S. 153

Kapitel 16

1 H. Zimmer, Indische Mythen und Symbole, S. 100
2 V. Turner, Das Ritual – Struktur und Antistruktur, v.a. S. 69 – 75
3 Ebd., S. 139
4 Ebd., S. 135

Register

Die Wunde der Ungeliebten

Blockierung und Verlebendigung der Liebe

189 Seiten. Gebunden

Jeder Mensch fühlt sich in bestimmten Aspekten seiner Persönlichkeit unverstanden, allein gelassen und ungeliebt. Meist haben »Ungeliebte« bereits in der Kindheit eine traumatische Erfahrung mit der Liebe gemacht, die sich in ihre Persönlichkeitsstruktur eingefressen hat und alle Beziehungen verfärbt und beeinträchtigt. In jeder späteren Beziehung läuft dann ohne eigenes Dazutun das Programm »Ungeliebt« in der individuellen Spielart ab.

Ungeliebt – Verstehen – Spüren – Befreien: so lauten die vier Teile des Buches. Mit zahlreichen Beispielen aus seiner Praxis, aber auch aus Literatur, Mythologie und Philosophie, zeigt Peter Schellenbaum, wie es uns gelingen kann, unsere Liebesfähigkeit zu stärken.

»Ungeliebte meinen sich von aller Welt verlassen. Daß sie sich selbst verlassen, wissen sie nicht. Sobald wir aber begreifen, daß der springende Punkt nicht im Verlassenwerden durch andere, sondern in der Selbstverlassenheit, in der Absonderung vom eigenen Wesen liegt, fangen wir an, die Blickrichtung zu ändern.«

Peter Schellenbaum

Tanz der Freundschaft

210 Seiten. Gebunden

Peter Schellenbaums Buch ist in Inhalt und Darstellungsweise ungewöhnlich: Es ist ein psychologisches Buch, das von erzählerischen Mitteln lebt. Immer wieder werden Abschnitte mit irrealem Traumcharakter eingeblendet, um die Tiefendimension seelischer Abläufe und somit Wirklichkeit in einem umfassenden Sinn aufscheinen zu lassen. Realität und Phantasie wirbeln durcheinander und ermöglichen so einen Zugang zu neuen Gesichtspunkten der Freundschaft – dem Kernelement von Liebe und Partnerschaft.

Homosexualität im Mann

Eine tiefenpsychologische Studie
264 Seiten. Gebunden

Peter Schellenbaum stellt in seiner tiefenpsychologischen Studie neben analytischen Ansätzen von Freud, Adler, Kohut und Jung sein eigenes umfassendes Modell männlicher Homosexualität vor. Er bezeichnet dieses Buch selber als ein Plädoyer für die Liebe über Grenzen hinaus, die einem Mann gesetzt wurden, oder die er sich selber setzt.